E. H. d´ Avigdor

Das Wohlsein der Menschen in Großstädten

E. H. d´ Avigdor

Das Wohlsein der Menschen in Großstädten

ISBN/EAN: 9783742890900

Hergestellt in Europa, USA, Kanada, Australien, Japan

Cover: Foto ©Suzi / pixelio.de

Manufactured and distributed by brebook publishing software
(www.brebook.com)

E. H. d´ Avigdor

Das Wohlsein der Menschen in Großstädten

Das

Wohlsein der Menschen in Grosstädten.

Mit besonderer Rücksicht auf Wien.

Von

E. H. d'Avigdor,

Civil-Ingenieur.

Wien.

Druck und Verlag von Carl Gerold's Sohn.

1874.

Herrn

MAX Baron von KÜBECK,

dem

aufgeklärten Kämpfer für das Wohl seiner Mitbürger,

mit besonderer Hochachtung gewidmet

vom

Verfasser.

Das VORWORT

wird gewöhnlich nicht gelesen. Der Verfasser ersucht aber diesmal gütigst
eine Ausnahme machen zu wollen. Es ist sehr kurz.

———————

Die Ursachen, welche mich zur Veröffentlichung des
vorliegenden bescheidenen Werkes bewogen haben, erlaube
ich mir in einigen Worten meinen geneigten Lesern vor-
zulegen. Die sanitäre Technik als solche, und als eine von
der eigentlichen Sanitätspflege getrennte Wissenschaft, ist
weder in Oesterreich noch in Deutschland gehörig anerkannt. Die Sanität ist und bleibt allein den Aerzten überlassen; der Ingenieur, welcher sich mit Canalisation, Entwässerung und Berieselung allein befasst, dessen Wirkungskreis dort anfängt, wo die Arbeit des Arztes aufhört, existirt als anerkannte Autorität bis jetzt nur in England und
Frankreich. Und doch erscheint es sonderbar, dass die
Verbesserung der Communicationen für wichtiger gehalten
wird, als die Verlängerung des menschlichen Lebens; dass
Schiffahrtscanäle mehr als Unrathscanäle berücksichtigt
werden, und dass die Hebung der so argen Gesundheitsverhältnisse in Grosstädten ganz allein den Aerzten überlassen wird. Dieselben können weder ein Entwässerungs-
netz projectiren, noch dasselbe ausführen; die Art und Weise
gute Canäle herzustellen, gehört nicht in ihren Bereich;
ihre Aufgabe ist, durch die Medicin zu heilen, durch weise
Vorschriften jeden Einzelnen gesund zu erhalten, nicht
aber die grossartigen Bauten zu verfassen, welche für eine
durchgreifende Herabminderung der Sterblichkeitsziffer unumgänglich nothwendig sind.

In England und Frankreich bestehen alle Sanitäts-Commissionen aus Aerzten und Technikern; der Mediciner findet die Mängel, der Ingenieur schafft sie ab; ja es hat sich sogar in London eine Gesellschaft gebildet, welche sich bereit erklärt, die Mortalität einer beliebigen Stadt contractlich herabzusetzen, d. h. sie verpflichtet sich, gegen eine gewisse Summe alle jene Arbeiten auszuführen, welche sie für nöthig erachtet, um z. B. das Sterblichkeits-Verhältniss von 30 per mille auf 20 herabzumindern. Für jeden Todesfall über die contractlich bestimmte Ziffer hinaus, bezahlt sie eine nicht unbedeutende Conventionalstrafe, dagegen fällt ein Todesfall in überfüllten Häusern, wo die Behörde nicht intervenirt hat, der Stadt zur Last. Sie hat sogar in zwei Fällen ihre Aufgabe erfüllt.

Um auf diesen hochwichtigen — vor allem anderen zu berücksichtigenden — Gegenstand die Aufmerksamkeit zu lenken, habe ich die Capitel über Wohnungen, über frische Luft, über Berieselung und Canalisation geschrieben.

Ich erlaube mir noch hinzuzufügen, dass während dieses kleine Werk im Druck war, mir neuerdings Gelegenheit geboten wurde, die englischen Berieselungen persönlich zu untersuchen, und deren Fortschritt und Erfolg zu constatiren.

Die Berieselung sowie die sanitäre Technik im Allgemeinen ist jetzt in England und Frankreich nicht mehr im Versuchsstadium, sondern steht schon als selbstständige Wissenschaft da, und habe ich getrachtet, soweit meine schwachen Kräfte es gestatten, ihr dieselbe Anerkennung hier in Oesterreich zu verschaffen.

WIEN, im Februar 1874.

Capitel I.

Das 19. Jahrhundert hat gewiss schon für den materiellen Fortschritt des Menschen mehr aufzuweisen, als fünf der früheren Jahrhunderte zusammengenommen. Die Erfindungen der Neuzeit überragen in ihrer riesigen Tragweite jene irgend eines früheren Zeitalters; die Kunst wird aber deshalb nicht minder geehrt, und es ist gewiss seit der Periode der alten Griechen und Römer keine Epoche gewesen, wo Maler, Bildhauer und Architekten einerseits, sowie Ingenieure, Aerzte und Fabrikanten anderseits in so hohen Ehren gehalten wurden und so leicht Geld und Ruhm erlangten. In einigen Punkten können wir jedoch selbst was das materielle Wohlsein betrifft noch unter den Alten unsere Beispiele suchen. Die Griechen und Römer hielten mit Recht, dass Gesundheit und Reinlichkeit mit Wissenschaft und Kunst im innigsten Verbande ständen. Das Sprichwort „*mens sana in corpore sano*" steht als kurze Darstellung der römischen Theorie da; die *Cloaca Maxima*, die Bäder des Diocletian und die vielen anderen öffentlichen Badeanstalten sind noch Monumente ihrer Praxis.

Diese Spuren einer früheren Civilisation, welche das Schöne mit dem Praktischen so innig zu verbinden wusste, dass sie getrennt nie auftraten, dass das schönste Gebäude auch das geräumigste und angenehmste, die grösste Stadt auch die gesündeste war, haben mir die Grundidee dieses kleinen Werkes gegeben. Denn die grossen Paläste, die Rathhäuser und Museen sollen nicht allein schön, ge-

1

räumig, gesund und geschmackvoll sein. Die Principien der Kunst und der sanitären Wissenschaft lassen sich auch auf die Wohnungen der Armen und die Hütten der Arbeiter ausdehnen. Wenn der Werth der Gesundheit für die verschiedenen Classen sich überhaupt bemessen lässt, so möchte ich beinahe sagen, dass er für den Armen grösser ist, als für den Reichen. Ohne Gesundheit verliert der erstere das tägliche Brod und hat nicht einmal die Mittel sich zu pflegen und für die zukünftige Arbeit wieder zu stärken; dem Reichen stehen alle Hilfsquellen des Geldes und der Wissenschaft zu Gebote. Umsomehr erscheint es unsere Pflicht, der arbeitenden Classe das zu bieten, was für sie eine Lebensfrage ist, und was sie ohne Beihilfe nicht erlangen kann — eine gesunde Wohnung und die Mittel zum materiellen und geistigen Fortschritt. Die Arbeit ist doch endlich die Quelle jedes Wohlstandes, und um eine gute Arbeit zu erzeugen, muss der Arbeiter physisch und geistig gesund sein. Er bleibt sonst den Eindrücken der Kunst unempfänglich, er leistet nur genau dasjenige, was für sein täglich Brod nöthig ist, er arbeitet schablonenmässig ohne Lust und ohne Eifer; das Land, welchem er angehört, muss im grossen Wettkampf des Fortschrittes dann zurückbleiben. Vom finanziellen Standpunkt wird die Steuerbefähigung einer gesunden, fleissigen und gebildeten Arbeiterclasse viel grösser sein als diejenige eines Haufens Proletarier, welche nur mit Mühe ihr tägliches Dasein fristen; in jeder Richtung muss also das Leben des Arbeiterstandes dem Staatsmann wie dem Künstler, dem Menschenfreund wie dem Financier, am Herzen liegen.

Ich möchte in der Heimath, welche ich gewählt habe, mein Weniges beitragen, um das grosse Problem der Menschheit zu lösen — nämlich das grösstmögliche Wohlsein für die grösstmögliche Zahl. Ich glaube, die Lösung dieser Aufgabe ist nur durch ein genaues Studium der Bande, welche das Aesthetische mit dem Gesunden verknüpfen,

möglich; was künstlerisch schön ist, ist geistig und physisch
gesund, und umgekehrt. Von allen Zeiten, von allen Ländern kann man lernen und einsehen, wie das Eine ohne
das Andere unmöglich ist und wie zu jedem grossen Werk
die Erkenntniss des Schönen und Guten mit einander verflochten und innig verbunden mitgewirkt haben.

Wenn ich daher in den folgenden Zeilen nach der
Meinung meiner Leser Paris oder Londen zu hoch preise,
so soll man sich erinnern, dass es sich in diesem bescheidenen Opuskel nicht um nationalpolitische Fragen handelt;
nicht ob die Deutschen den Franzosen oder Engländern in
Cultur und Bildung überlegen sind, oder umgekehrt. Die
Kunst ist Weltbürgerin. Wo sie zu Hause ist, soll man
sie bewundern und sie studiren, gleichgiltig ob in Paris,
Berlin, Delhi oder Wien. Und keine Bemerkungen, welche
den Laien zur wahren Erkenntniss der Kunst bringen sollen, scheinen überflüssig. Kommen sie auch von einer
schwachen Seite, ohne das Gewicht einer langjährigen Praxis
im Kunstbau, ohne die Autorität, welche durch Titel und
Würden verliehen wird, kommen sie auch von einem Fremden, welcher die in der Fremde und zu Hause gemachten
Erfahrungen jetzt seinem Adoptivland zu Gute kommen
lassen will, so verdienen sie doch Berücksichtigung: das
lesende Publicum in Wien hat Einsicht genug, das Unkraut
vom Weizen zu sondern, und wenn das gesunde Korn auch
nur einen sehr geringen Theil dieses bescheidenen Werkes
ausmacht, so glaubt der Verfasser nicht umsonst geschrieben zu haben, und obige Bemerkungen haben hauptsächlich
den Zweck, den Vorwurf einer kleinlichen nationalen Kritik
und einer ebenso kleinlichen nationalen Eitelkeit abzuwen-
den. Dem Techniker und dem Künstler muss der Eklek-
ticismus die wahre Religion sein: gewiss soll der Stolz
einer Nation dadurch nicht beleidigt werden, wenn man
ihr sagt, dass man in der Fremde Dies oder Jenes besser

1*

verstcht. Dafür versteht man hier etwas Anderes besser;
ein vollkommenes Volk gibt es ebensowenig auf Erden,
wie es einen vollkommenen Menschen gibt.
Gerade das rege Interesse, welches ich für Oesterreich
und Wien hege, gerade der Wunsch, es seiner so schweren
Aufgabe gewachsen zu sehen, bestimmt mich zu skizziren,
was des Schönen und Guten ich in der Fremde gesehen
und Andeutungen zu geben, wie vielleicht dieses Schöne
und Gute hier zu verwenden wäre.

Ja wie wäre es denn möglich, dass Wien seiner Aufgabe als Weltstadt schon genügen könnte? Seit der Schaffung des Eisenbahnnetzes, seit der Feststellung der freiheit-
lichen Verfassung hat die Stadt einen bewunderungswürdi-
gen Aufschwung genommen, dessen Gleichen wohl nur in
der neuen Welt zu finden wäre. Jedoch wie ist es wohl
möglich, dass Wien in diesem kurzen Zeitraum, welcher
noch nicht nach Decennien zählt, in allen Richtungen den
Weltstädten London und Paris gleichkommen soll? Beinahe
seit Jahrhunderten ist London der Sitz des Welthandels:
die Kohlen und das Eisen Englands haben den Reichthum
unter seiner dichten Bevölkerung beinahe bis in die nie-
derste Classe vertheilt. Während Oesterreich noch im Zopf-
system schlummerte, Alles und Jedes von der Regierung
bevormundet wurde und der Geist des 19. Jahrhunderts
kaum die Oberfläche der Gesellschaft berührte, herrschte
schon in England die rege Unternehmungslust, der Genius
der Erfindungen und die Energie sie durchzuführen. Kein
Wunder, dass in dieser Beziehung Grossbritannien einen
gewaltigen Vorsprung gewonnen, eher ist es ein Wunder
zu nennen, dass Oesterreich-Ungarn in den letzten Jahren,
trotz der vielen Schwierigkeiten der Verhältnisse, der continentalen Lage mit einem nur kleinen Streifen Meeresufer,
der gebirgigen Gegenden, des rauhen Klimas und der gröss-
tentheils armen Bevölkerung, einen so riesigen Aufschwung

genommen hat. Und damit der geneigte Leser ja nicht
glaube, dass der Verfasser als einziger Kritiker unter den
Fremden dastehe, als der Einzige unter den vielen Be-
suchern der Weltausstellung, welcher von den Zuständen
nicht gänzlich befriedigt ist, so wird hier ein Theil der
ausgesprochenen Meinung eines wohlwollenden englischen
Kritikers wiedergegeben, um den Eindruck, welchen die
Stadt auf einen Fremden, besonders auf einen Nicht-Deut-
schen macht, dem Leser zu verwirklichen.

Am 1. Juni 1873 schreibt man wie folgt dem berühmten politischen und belletristischen Blatt, der „Pall-Mall Ga-
zette", welches eigentlich das Organ der höheren Intelligenz
Englands ist:

„Diejenigen, welche vor sieben oder acht Jahren in
Wien zu Hause waren, mussten sich ganz fremd fühlen,
als sie zur Ausstellungseröffnung die Kaiserstadt wieder
besuchten. Die alte Stadt steht zwar noch unverändert
da, und Fremde können sie mit ihrer jungen Nach-
barin vergleichen. Diese alte Stadt erschien dem Besucher,
welcher von Pall-Mall herreiste, eine der unbequemsten Wohn-
sitze Europa's. Die Burg der Habsburger — denn sie wohnen noch immer in dem Schloss, welches seit fünf Jahrhunderten der Sitz der Familie war — wendet sich von den
schönen Gärten, welche sie im Rücken hat, ab ; die Fenster der verwickelten Reihen der Staatszimmer, nur durch
lange krumme Gänge erreichbar, gewährten eine Aussicht
auf finstere mit geschwärzten Statuen geschmückte Höfe.
Magnaten, welche ein ganzes Comitat, ein halbes Dutzend
Städte und Hunderte von Dörfern besassen, bewohnten Sa-
lons in engen Gässchen, wo das Tageslicht mit Mühe durch
viele Stockwerke sich bis hinunter drängte, und die frische
Luft durch den Dunst von Ställen und Canälen verunreinigt
wurde. Viele der Hauptverkehrsstrassen sind bis dato nur
enge Gassen — die Herrengasse, zum Beispiel, ist das Wiener

Bondstreet. Die offenen Plätze, wo die schöne Welt Einkäufe besorgt, Kaffee schlürft, Bier trinkt und Klatschereien austauscht, haben die gewöhnlichsten Namen, und die Märkte heissen nach den häuslichen Gegenständen, welche früher dort verkauft wurden. So haben wir den Kohlmarkt, den Fleischmarkt, den Bauernmarkt, den Mehlmarkt. Selbst die grössten dieser Plätze sind noch klein, und in der ganzen alten Stadt besteht ein beengtes Gefühl von Gedränge und von schlechter Luft, wie in einem Eisenbahnwaggon an einem warmen Sonntag, wenn alle Fenster zu sind und jeder raucht. Die kriegerischen Türken sind den reichen Wienern von jeher arge Feinde gewesen. Selbst wenn die türkischen Einfälle keine andere Spur zurückgelassen hätten, so würde man dieselben an der Architektur Alt-Wiens wieder erkennen. Die hohen Häuser sind in einem engen Raume zusammengedrängt. Die Zahl der Oesterreicher, welche bei der Belagerung oder in Schlachten für das Vaterland kämpfend fielen, hat gar kein Verhältniss zu der Zahl ihrer Nachkommen, deren Leben durch Ueberfüllung verkürzt wurde. Dies ist auch nicht die einzige Gefahr, welcher sie durch die engen Grenzen der inneren Stadt ausgesetzt sind. In Pera oder Galata selbst sind die Verkehrsadern nicht schmäler; in Wien besteht noch obendrein ein lebhafter Wagenverkehr. In vielen Gassen sind gar keine Trottoirs; in der Kärnthnerstrasse, wo die bestrenommirten Gasthäuser sich befinden, besteht es nur aus einem engen Streifen. Die Wiener Kutscher fahren mit dem Hute nach rückwärts, der Pfeife im Munde, schlaffen Zügeln und im Ganzen einer vollkommenen Gleichgiltigkeit gegen Fussgänger. Die grossen Stellwägen, deren eine bedeutende und bequeme Anzahl verkehrt, wackeln schwerfällig hin und her und scheinen fortwährend die Fenster des ersten Stockes zu bedrohen. Die Wiener lieben ein ruhiges Leben und haben Zeit genug, die nöthigen Vorsichtsmassregeln zur Erhaltung desselben zu ergreifen. Sie stellen sich gegen die Mauern und treffen ihre Einrichtung, um an einem ihnen entgegenkommenden Passanten vorbei zu gehen, mit der Bedachtsamkeit einer Reihe Lastthiere, welche einander auf einem Alpenpasse begegnen. Der Fremde jedoch, welcher gewohnt ist an seinen Minuten zu sparen, und sich nach seiner westeuropäischen Erfahrung für ein Stelldichein gerichtet hat, muss eine gefährliche Zeit durchmachen. Er muss fortwährend vom Trottoir herunter und wieder hinaufspringen — besorgt schaut er über die Schulter nach dem ihn verfolgenden Schicksal in Gestalt eines kühnen ungarischen Kutschers, ob zwar das unerbittliche Fuhrwerk in seiner Front seine unausgesetzte Aufmerksamkeit beanspruchte. — Dies Alles ist bei schönem Wetter arg genug; wenn es regnet, wird Alt-Wien dem Fussgänger ein wahres Fegefeuer. Die schmierigen Strassen sind mit tiefem Koth bedeckt, die schmutzigen Rinnen überschwemmen das Trottoir. Es leuchtet ein, dass nicht Alle aufgespannte Schirme halten können, wo der Raum knapp für einen einzigen ausreicht. Die Räder der Wägen spritzen den Koth massenweise auf, die Schaufenster der Gewölbe sind mit ihm bedeckt. Umsomehr bekommt der Fussgänger, welcher den Fuhrwerken noch näher ist, eine wahre Kothverkleidung. Die Noth ist die Mutter der Erfindung, die Wiener haben daher ein System von sogenannten Durchhäusern elaborirt. Es sind dies gedeckte Gänge, welche zur Abkürzung des Weges dienen, wenn man sie genau kennt, dem Fremden aber als ein labyrinthähnliches Gewirr, in welchem er sich jedenfalls verirren muss, erscheinen. Die werthen Wiener Bürger rennen hinein und heraus wie Kaninchen in ihren Löchern; aber selbst wenn Du, Fremder, mit dem Leitfaden bekannt bist, so begegnen Dir die Ausdünstungen der Bierhäuser, der Canäle und des schlechten Tabakes derart, dass Du Dich lieber im giftigen Dunst einer un-

terirdischen Bahn befinden möchtest, als in einem Durch-
haus.

So war das Wien von gestern. — Es war daher Vieles
zu verbessern, und die Verbesserungen sind wunderbar.
Eine prächtige Ringstrasse, breiter als die alten Pariser Boulevards, umfasst die ganze innere Stadt. In der
Pracht der Façaden sind die Häuser den französischen
überlegen und sie besitzen eine Mannigfaltigkeit, welche
den Parisern fehlt. — Und nicht allein an der Ringstrasse
hat sich die Thätigkeit der Baugesellschaften energisch entwickelt; ganz neue Stadttheile sind auf den Glacisgründen
aufgewachsen und breite Strassen streben hinaus, um noch
andere emporwachsende Stadttheile in den Vororten mit den
alten zu verbinden. Es gibt neue imposante Hôtels, wo
man ein freundliches Quartier finden kann, und helle gut
erleuchtete Restaurationen, wo man speist, statt der dunk-
len Kellergewölbe oder der erstickenden Hofzimmer der alten
Stadt; jedoch muss man dazu einen unerschöpflichen Geld-
beutel besitzen. In so fern kann sich der Fremde gratuliren; es bleibt aber doch dahingestellt, ob die vielen Verschönerungen ihm jemals Wien zum angenehmen ständigen
Aufenthalt machen können. Statt der glänzenden Existenz
voller Abwechslung, welche er gleich am Tage seiner Ankunft in Paris findet, wird er nach kurzer Zeit in Wien
von dem Druck einer schweren Einförmigkeit und Leere
ebenso gewiss wie in Berlin bewältigt. Aus Gewohnheit
halten sich die Wiener noch immer an die alten Mittelpunkte des Kohlmarktes und des Grabens. Ist das Wetter schön, so wandern sie *en masse* zum Prater und zu den
zahllosen Bierhäusern und Restaurationen der Umgebung
hinaus. Die Ringstrasse hat für das Volk, welches noch
immer sein Bier und seine Gemüthlichkeit in den alten Kel-
lern aufsucht, wenig Anziehungskraft, und die Reicheren
sind nicht genug zahlreich, um in die weiten Strassen Leben

zu bringen; auch die Letzteren aber hängen an ihren alten
Gewohnheiten. Ist das Wetter sehr schön, so genügen noch
so viele Spritzen nicht, am den Staub zu löschen, welcher
an allen Ecken und Enden im leisesten Luftzug wirbelt —
ist es regnerisch, so wäre es leichter, in der Wasserstadt
Amsterdam trocken zu bleiben.

Es gibt jetzt breite Trottoirs — doch die berühmten
Platten sind für Fussgänger ein rauhes, elendes Pflaster,
und man sieht deutlich den Beweis, dass sie nicht für Bumm-
ler gemacht waren.

Die verschiedenen Ausdünstungen, welche in der alten
Stadt noch viel ärger waren als in Köln, werden hoffent-
lich durch ein Canalisirungssystem endlich beseitigt. —
Schliesslich glauben wir aber, dass wenn Alt-Wien dem
Fremden ein Fegefeuer war, die Stadtverbesserungen es
kaum zum Paradies gemacht haben, obgleich sie mit riesigen
Geldopfern ausgeführt wurden."

Vieles im obigen Artikel ist übertrieben und vieles
mag den Stolz des Wieners beleidigen. — Es ist aber bekannt, dass man selbst seine Fehler nur schwer einsieht,
und dass ein fremdes Urtheil, wenn es auch zuweilen wehe
thut, seine gute Wirkung nur dann verfehlt, wenn Feind-
seligkeit oder Neid die Feder führte. Dies ist hier nicht
der Fall. Der Schriftsteller gibt in Briefstyl den Eindruck
wieder, welchen Wien auf ihn, einen vielgereisten und er-
fahrenen Engländer, hervorgebracht hat; und jeder Wiener,
der in West-Europa gewohnt hat, muss gestehen, dass seine
Ansichten, *cum grano salis* genommen, etwas Wahres enthalten. Der Verfasser zollt ja für die gemachten Fortschritte
seine volle Anerkennung und stellt sie als wunderbar und
riesig hin. und man muss bedenken, seit wie vielen Jahren
frische Luft und Licht in England als Hauptbedingungen
des Lebens betrachtet worden sind. seit wie lange man an
der Verbesserung der sanitären Verhältnisse auf jede erdenk-

liche Art arbeitet, seit wie vielen Jahren London der Sammelplatz von Fremden aller Nationen war und mit welch unermesslichen Reichthümern die Engländer ihre Verbesserungen und Verschönerungen in Angriff nehmen konnten. Dasselbe gilt von Paris. Wenn London schon lange das Centrum des Welthandels war, so war Paris der diplomatische Schwerpunkt Europa's. Nicht allein die politischen Ereignisse, welche Frankreich während beinahe zweier Jahrhunderte eine überwiegende Macht in Europa verliehen, waren im Spiele; sondern auch Kunst, Literatur und sociales Leben fanden in Paris einen gemeinschaftlichen Sammelpunkt, welcher auch durch die kluge Politik der Herrscher so anziehend wie möglich gemacht wurde. Von allen Weltgegenden zogen Dichter, Künstler und Salonmenschen nach Paris und fanden dort oft eine Würdigung, welche ihnen in der Heimath versagt war. So sind seit Decennien viele Fremde in Paris angesiedelt, so hat sich ihre Zahl trotz politischer Umwälzungen und socialer Stürme fortwährend vermehrt; so hat jede Regierung mit fast gar keiner Ausnahme seit der Zeit Ludwig XIV. getrachtet, durch äusserliche Schönheit und leichte Verkehrsverhältnisse den Aufenthalt in Paris so angenehm als möglich zu machen in der weisen Ueberzeugung, dass das so ausgegebene Geld zehnfach hereingebracht und zugleich die Eitelkeit und der Stolz der Pariser auf ihre herrliche Stadt befriedigt würde.

. Kein Wunder also auch, dass Wien in ästhetischer Rücksicht Paris nachsteht. Seit Jahren wurde dort von einem fleissigen und geschickten Volke, durch fähige Kräfte einheitlich geleitet, ein Ziel verfolgt, welches heute sogar in Wien kaum anerkannt wird, und welchem Anerkennung zu verschaffen ein Hauptzweck dieser Schrift ist. Denn Eines fehlt in Wien, was von Herrn von Pacher in dem Referat an die Niederösterreichische Gewerbekammer (März 1873) mehreremal betont wurde, und bisher keine genügende

Berücksichtigung gefunden hat — nämlich die einheitliche Durchführung eines vollkommen ausgearbeiteten Planes für Stadtverbesserungen, Localbahnen, Canalisirung u. s. w. Die Pariser hatten da einen Vortheil, über welchen sie oft genug geschimpft haben und den hier einzuführen wohl unmöglich war. Unter allen Regierungen, unter dem Kaiserreiche, sowie während der Herrschaft des Bürgerkönigs und dem Regime des Herrn Thiers sind die Präfecten der Seine die beinahe absoluten Alleinherrscher der Stadt Paris gewesen und unter diesen Präfecten zeichnet sich Haussmann sowohl durch Talent, wie durch seine unermüdliche Energie besonders aus. Die Stadt ist zwar mit Schulden belastet und waren die Ausgaben während 20 Jahren ohne jedes Verhältniss zu den Einkünften fortwährend im Steigen, so dass man oft glaubte, dass die Stadt Paris dem Bankerotte nahe sei; immer erholten sich jedoch die Finanzverhältnisse; jedes neue Anlehen wurde begierig überzeichnet und jede Steuer trug viel mehr ein als man erwartet hatte. So ging es von Jahr zu Jahr; es stiegen die schönsten Neubauten aus dem Schutt des alten Paris hervor, die schönsten Gärten blühten an den Stätten, welche früher enge Gassen und schmutzige Höfe besetzten; das scheussliche, Hühneraugen erzeugende alte Pflaster wurde durch den sanften ebenen Asphalt ersetzt; neue Strassenzüge durchstachen die übelriechendsten und unzugänglichsten Stadtviertel; sie schafften überall Licht und Luft; mit Licht und Luft drang auch Wohlsein in die dumpfigen Räume der ärmsten Classen, der Gesundheitszustand besserte sich von Jahr zu Jahr, und wenn die wahre Bildung und Erziehung nicht mit dem materiellen Fortschritt auf gleicher Stufe waren, so ist die Schuld eher dem Principe der Regierung, als dem Einfluss eines Haussmann aufzubürden.

So eine Autokratie ist in Wien nicht möglich, ist auch nicht erwünscht. Das Ziel kann erreicht werden, ohne zu

solchen heroischen Mitteln zu greifen; wenn nicht so schnell
so doch wenigstens eben so sicher und ohne einen gefährlichen Rückschlag, wie jenen der Commune in Paris, fürchten zu müssen. Jedoch muss man jede Hoffnung aufgeben,
einen einheitlichen Plan von den jetzt bestehenden Factoren
ohne Weiteres durchführen zu sehen. Es collidiren zu viele
Interessen. Trotz des guten Willens, den wohl Alle an
den Tag legen, trotz des wahren und regen Interesses, welches die Gemeinde, die Statthalterei und der Staat an der
Verschönerung und Verbesserung der Stadt Wien bezeugen,
ist es kaum zu erwarten, dass die grosse Aufgabe, die Stadt
nach den Erfordernissen der Neuzeit umzubauen und sie mit
den nöthigen Mitteln für den Localverkehr, für die Gesundheitspflege und für die Aesthetik auszurüsten, von so verschiedenen Körperschaften, von welchen jede in ihrem eigenen
Sinne in einem gewissen Wirkungskreise handelt, ausgeführt werde. Bei der Stadterweiterungs- und Donaureguli-
rungs-Commission haben wir ja doch Beispiele, dass durch
eine richtige und praktische Zusammenstellung der bestehenden Kräfte eine zweckentsprechende Leitung geschaffen
werden kann. Es scheint daher an der Stelle, hier zu er-
gründen, wie eine Commission zur Stadtverbesserung im Allgemeinen zusammengesetzt werden sollte, und welche Aufgabe sie auszuführen hätte.

Wenn wir das Letztere zuerst ins Auge fassen —
denn um die rechten Leute zu bestimmen, die etwas thun
sollen, muss man sich zu allererst ganz klar werden, was
zu thun ist, — so scheint mit Rücksicht auf das Vorher-
gegangene die Verbesserung des Ansehens der Stadt eine
wichtige Rolle zu spielen. In einem späteren Abschnitt
hoffe ich auf die Details dieser Verbesserung zurückkommen zu können. Aufgabe einer solchen Commission wäre
es nur, das Grosse und Ganze zu bestimmen; nicht die
Details, die Bauart oder sogar die Baumaterialien vorzu-

schreiben. — Von dem Princip ausgehend, dass Wien als
Weltstadt allen Erfordernissen der neuesten Zeit wenigstens
ebensoviel Rechnung tragen muss, wie dies Paris und London thun, scheint mir, dass das Programm der Commission
folgende Hauptpunkte ins Auge fassen solle:

1. Die Abschaffung der Wohnungsnoth, welche besonders
   der ärmeren Mittelclasse empfindlich ist.
2. Die Hebung der sanitären Verhältnisse.
3. Die Erleichterung des Wagenverkehrs durch neue
   Strassenzüge, Verbreiterung und Regulirung der bestehenden Strassen in Verbindung mit
4. der Anlage eines wohl durchdachten Netzes für die
   vielen projectirten Localbahnen.
5. Die Verschönerung der Stadt.
6. Die Approvisionirung.

Diese sechs Hauptpunkte greifen so sehr in einander,
dass es schwer sein wird, die einen zu besprechen, ohne
andere mit in Rechnung zu ziehen.

Umsomehr scheint es nöthig, dass eine kräftige energische
Commission, welche auch die Macht hätte, ihre Entschlüsse zur
praktischen Ausführung zu bringen, das Ganze in die Hand
nehmen solle. Denn obgleich eine Commission des Ge-
meinderathes für Localbahnen, eine andere gegen die Wohnungsnoth und eine dritte über Approvisionirung zu berathen hat, so sind dieselben doch ohne alle Macht,
ihre Beschlüsse geltend zu machen; sie können wohl
berathen und beschliessen, sind aber bei der Ausführung von allen Seiten gehemmt und haben selbst untereinander, besonders aber mit den Staats- und Landesbehörden,
nur eine unvollständige Fühlung. Dass aber ein und dieselbe Oberleitung von Seiten des Staates, des Landes und
der Stadt mit genügenden Kräften ausgerüstet allein in der
Lage wäre, diese schwierigen Fragen zu lösen, muss einleuch-
ten. Denn die neuen Strassenzüge müssen in Ueberein-

stimmung mit den für die Localbahnen nöthigen Massregeln
bestimmt werden; die Canäle und andere sanitäre Vorkeh-
rungen müssen sich nach denselben richten; bei der Parcellirung neuer Stadttheile muss für Bahnhöfe, Markthallen
und öffentliche Gärten vorgesehen sein; der Schönheitssinn
muss den ganzen Plan nach den Regeln der Kunst harmonisch leiten, und es greift in einem Worte jedes Glied dieser
Rüstung so in das andere, dass kein Project gesund sein
kann, welches nicht jeden der sechs erwähnten Hauptpunkte
vollständig würdigt.

Unwillkürlich arbeitet aber eine jede der bestehenden
Commissionen mit einer gewissen Beschränktheit. Nicht
etwa dass es den Männern, aus welchen sie bestehen, an
Talent und gutem Willen mangelte, im Gegentheile, Wien
kann gewiss einer jeden andern Stadt in dieser Richtung,
was hervorragende heimische Kräfte betrifft, die Spitze
bieten. Die erwähnte Beschränktheit ergibt sich aus den
Umständen selber.

So hat z. B. die Commission zur Abhilfe der Wohnungsnoth ihre Aufgabe selbstständig zu lösen und obzwar
sie auf die Verbesserung der Communication durch Localbahnen eine gewisse Rücksicht nimmt, so ist es nicht ihre
Aufgabe, dies oder das andere Project zu empfehlen und
es kann sich leicht ergeben, dass das von der Localbahn-
Commission empfohlene Bahnnetz keineswegs der Wohnungsnoth abhilft, während die Wohnungsnoth-Commission
umgekehrt leicht Massregeln empfehlen kann, welche wegen
der genehmigten Localbahnen nicht ausführbar sind.

Die Presse bringt täglich Beispiele der fehlenden Einig-
keit. So wurde am 14. Juni 1873 von der Commission,
deren Aufgabe es ist, für die Approvisionirung Wiens zu
sorgen, die Errichtung einer zweiten Central-Markthalle am
Eislaufplatz empfohlen. Diese Massregel mag gut oder
schlecht sein — die Frage, ob die Stelle gut gewählt sei,

ob es nicht besser wäre, die zweite Markthalle in einem
anderen Stadttheile aufzuführen, lassen wir dahingestellt sein;
jedenfalls aber ist dieser Ausspruch der Commission ein
Beweis des gänzlichen Mangels an einheitlicher Leitung.
Der Eislaufplatz wurde nämlich schon im Winter von der
Stadterweiterungs-Commission an eine Baugesellschaft ab-
getreten, ferner haben mehrere der bestehenden Projecte für
Localbahnen die Benützung desselben zu Bahn- oder Stras-
senanlagen ins Auge gefasst. Sollen diese Projecte also
verworfen und der Eislaufplatz zu einer Markthalle verwendet werden, so muss die Gemeinde die schon veräusserte
Fläche mit theurem Gelde wieder an sich bringen; es ist
jedoch nicht einmal festgestellt, dass die Projecte verworfen
werden sollen; man wird also möglicherweise in die Lage
kommen, erstens einen Grund, welcher früher der Gemeinde
gehörte, mit bedeutenden Geldopfern zurückkaufen zu müssen, dann einen sonst guten Plan für eine Localbahn deshalb abzuweisen, weil er diesen Grund benöthigt und endlich eine Markthalle auf einer Stelle zu errichten, welche
durch die zukünftige Richtung des Localverkehrs nicht
mehr günstig ist. Hat man dann endlich die Bahn und die
Markthalle gebaut, und schliesst man die Rechnung ab, so
wird sich herausstellen, dass beide zu viel Geld gekostet,
und doch ihren Zweck nicht erreicht haben.

Dies nur zur Realisirung der Sachlage. Denken wir
uns jetzt das Ganze in den Händen einer einzigen mäch-
tigen Commission. Dieselbe würde die Approvisionirung, die
Localbahnen und die Veräusserung städtischer Gründe zugleich überwachen. In obigem concreten Falle z. B. wollen
wir annehmen, dass sie sich ebenfalls für die Errichtung
einer Markthalle auf dem Eislaufplatz entschieden hätte.
Sie würde dann gesorgt haben, dass der Grund der Gemeinde verbliebe, und bei der Prüfung der Localbahn-Pro-
jecte eine Station daneben festgesetzt, so dass einerseits die

Approvisionirung der zukünftigen Markthalle von der Localbahn aus, anderseits auch der Verkehr der Käufer
und Verkäufer erleichtert und diesem Punkte zugeführt
würde. Endlich würde eine solche Commission die Strassen-
und Brückenregulirungen mit Hinblick auf die zukünftige
Markthalle und Localbahn-Station derart einrichten, dass
auch der Strassenverkehr anstandslos vor sich gehen könnte,
und die Markthalle von vielen Seiten zugänglich würde.
Jetzt ist gerade dieser Eislaufplatz von vielen Seiten sehr
schwer zu erreichen. Durch die Verbindungsbahn und das
Zollamt von zwei Seiten ganz abgesperrt, ist er von der
Stadt nur über die Stubenbrücke, von der Vorstadt nur
durch die Hauptstrasse, Landstrasse, oder auf zwei grossen
Umwegen zugänglich. — Eine Central-Commission, welche
alle Interessen vertreten würde und von der alle Pläne ge-
billigt werden müssten, wäre allein in der Lage, hier das
Nöthige zu veranlassen.

Uebrigens ist es keineswegs das Ziel des Verfassers,
eine Polemik über die Lage der neuen Markthalle einzugehen. Das Obige sollte nur dienen, den Mangel an einheitlicher Leitung und die Vortheile, welche durch eine
solche erzielt würden, durch ein concretes Beispiel zu beweisen. Es steht auch nicht vereinzelt da, vielmehr wird
es einem Jeden, der der städtischen Geschichte in den letzten Jahren mit einiger Aufmerksamkeit gefolgt ist, leicht
sein, sich vieler ähnlicher Fälle zu erinnern und besonders
wahrzunehmen, wie viel die Bewohner Wiens durch den
Mangel an einheitlichem Vorgehen zwischen der Gemeinde
selbst und den Vororten, welche jetzt integrirende Bestandtheile Wiens geworden sind, leiden.

Es ist über diesen Gegenstand vorläufig genug gesagt.
Leider wird es nöthig sein, bei jedem Abschnitte dieses bescheidenen Werkes auf denselben zurückzukommen. Da
bei der kaum verschwundenen Cholera-Epidemie und den so

oft eingetretenen Fällen von Ueberfüllung die öffentliche Aufmerksamkeit in der letzteren Zeit besonders auf die Wohnungsverhältnisse gerichtet war, so wird diese Frage, als eine der wichtigsten, zuerst behandelt, und nimmt der Verfasser als Fremder und als einer, der nur für den Fortschritt Wiens in dem betretenen Wege der Neubildung und der Vervollkommnung arbeitet, die Güte seiner geneigten Leser im Vorhinein in Anspruch, sicher, dass sie zuweilen einen Sprachfehler finden, aber immer entdecken werden, dass guter Wille und ehrliches Bestreben die Feder geführt.

Capitel II.

Die Luftnoth.

Lebensbedingungen des Menschen. — Nothwendigkeit der frischen Luft. — Beschreibung einer kleineren Wohnung im Winter. — Lungenkrankheit. — Trunksucht und Verschwendung. — Die Wohnungen im Sommer. — Mangelhafte Ventilation und Erklärung derselben.

Um den erwachsenen Menschen gesund zu erhalten, das Kind zum gesunden Bürger aufzuziehen und den kranken Menschen zu heilen, ist unter Anderem Folgendes hauptsächlich nöthig:

1. dass er frische, unverdorbene Luft einathme;
2. dass er gesunde Nahrungsmittel erhalte;
3. dass er dem raschen Witterungswechsel nicht allzuviel ausgesetzt, respective vor demselben geschützt werde;
4. dass er einerseits die zur körperlichen Gesundheit nöthige Bewegung habe, anderseits aber die Glieder nicht zu viel anstrenge, oder wenigstens nach der Anstrengung in Ruhe eines gesunden Schlafes pflegen könne.

Ohne in die Sanitätsfrage, d. i. in die Heilung der Kranken einzugehen, welche dem eigentlichen medicinischen Fachmann vorbehalten bleiben soll, erscheint die Erfüllung obiger Bedingungen für die allgemeine Gesundheitspflege unerlässlich, aber genügend, und ich glaube sie auch in gehöriger Reihenfolge, ihrer Wichtigkeit gemäss, geordnet zu haben. Manche werden vielleicht bestreiten, dass frische Luft erste Hauptbedingung des menschlichen Wohlseins sei, sie werden geneigt sein, der guten Nahrung und dem Schutz vor dem Einfluss der Witterung einen grösseren Effect zuzuschreiben. Man bedenke aber, dass Luft aus Sauerstoff,

Stickstoff und ganz wenig Kohlensäure besteht, und dass
der Sauerstoff allein die Kraft besitzt, das Blut zu erneuern
und die zu entfernenden Bestandtheile des Organismus zu
ersetzen. Der Stickstoff ist nur als Vehikel da, um den
allzu aufregenden Sauerstoff genügend zu mässigen. Die Luft,
die schon verwendet wurde, verliert ihre lebendige Kraft
und kann das thierische Leben nicht mehr fristen. Diejenige
Luft aber, welche mit verwesenden Bestandtheilen überladen
ist, kann einen Menschen nicht gesund erhalten, weil der
Sauerstoff der Luft durch die in Verwesung übergehenden
Substanzen zur Oxydation in Anspruch genommen wird.
Dieselbe mit faulen Stoffen geschwängerte Luft ist auch
unmittelbar für den Organismus schädlich, weil sie dem
Körper diese faulen Stoffe zuführt, und dieselben, wenn sie
nicht, wie es zuweilen geschieht, als Gift direct wirken, doch
entwickelungsfähige Keime in sich bergen, welche in Berührung mit dem Organismus früher oder später Krankheiten jeder Art erzeugen. Die unausbleiblichen Folgen
der Einathmung schon gebrauchter oder gar mit Verwesung
beladener Luft sind daher erstens, die Lebenskraft durch
den Mangel an Sauerstoff bedeutend zu schwächen, und
zweitens, dem so geschwächten Organismus schädliche Substanzen zuzuführen, welche das Blut vergiften oder die
Lungen verderben.

Bedenkt man ferner, dass das Allererste, was der Mensch
bei seinem Eintritt in das Leben thut, das Athmen ist; dass
er fortwährend, ob wachend oder schlafend, athmen muss;
dass die Wirkung der Lungen eine unwillkürliche ist, und
dass, wenn sie stockt, das Leben sofort aufhört; dass er
ebenfalls fortwährend transspiriren, d. h. Substanzen von der
Haut abgeben muss; dass ferner das Essen oder Fasten,
das Trinken, ja das Schlafen immer in der Macht eines
Jeden steht; dass zu einer gewissen Zeit, wenn er hungerig
ist und gute Nahrungsmittel nicht zugänglich sind, er warten

kann, bis er das, was ihm zusagt, bekommt, ohne durch
den Aufschub mehr als ein vorübergebendes Leiden zu verspüren; dass er seine Schlafzeit bis zu einem gewissen Grade
auch aufschieben kann, dass er aber besonders, was das
Trinken anbelangt, mit sehr wenig frischem Wasser, in kleinen
Quantitäten und in langen Zwischenräumen sich noch vollkommen gesund erhalten kann; dass er sich mit Kleidern
gegen Kälte schützen, im Schatten gegen Hitze vertheidigen kann, dass er aber fortwährend, jeden Augenblick und
unaufhörtlich athmen und schwitzen muss, ob die Luft gut
oder schlecht, frisch oder schon verpestet sei; dass eine
solche mit Stickstoff oder anderen Gasen geschwängerte
Luft auf die Organe und auf das Blut wie ein Gift wirkt,
welches dem Menschen nicht freisteht, einzunehmen oder
nicht, sondern welches er einathmen muss, so lange er sich
in dieser Atmosphäre befindet: so wird man, wie ich glaube,
gestehen, dass reine Luft bei Erhaltung der Gesundheit des
Menschen die allergrösste Rolle spielt.

Dies wird auch von den meisten Gebildeten theoretisch
anerkannt, aber wie wenig praktisch zur Anwendung gebracht! Unter den niederen und ärmeren Classen ist diese
Wahrheit fast gar nicht eingedrungen. Indem die Kälte,
der Regen oder die Hitze einen mehr unmittelbaren, augenblicklich zu empfindenden Eindruck auf die Haut machen,
während der schädliche Einfluss einer schlechten Luft im
Geheimen wirkt, und obzwar sehr schnell üble Folgen hat,
doch dieselben dem, welcher nicht gewöhnt ist, sie zu be-
obachten, nicht so sehr ins Auge fallen, so schützt sich der
in dieser Richtung Ungebildete vorsichtig gegen Wind, Kälte
und Hitze, vernachlässigt aber gewöhnlich gänzlich die frische
Luft. Hierüber sagt Dr. M. von Pettenkofer, auf dessen
Autorität ich mehreremal Gelegenheit haben werde, mich
zu berufen, nachdem er erwähnt hat, dass die Sterblichkeit in London nur 22 per mille, in München aber 33 beträgt:

„Von grosser Wichtigkeit sind auch die Wohnungsverhältnisse. Die Wohnung hat namentlich auf zwei Wegen
einen grossen Einfluss auf unsere Gesundheit, erstens für
unseren nothwendigen Luftgenuss und dann für die Wärme-
ökonomie unseres Körpers. Es ist nicht zu leugnen, dass
diese beiden Zwecke, die wir mit ein und demselben Mittel gleichzeitig zu verfolgen haben, in der Wirklichkeit oft
in einem gewissen Streite mit einander liegen, etwa ähnlich
wie zwei Nachbarn, die in einem gemeinsamen Hofe Verrichtungen für verschiedene gewerbliche Zwecke vorzuneh-
men haben; da hilft nichts, als dass sie sich verständigen
und vertragen lernen. Zu einem guten Vertrag gehört aber
nicht blos Verträglichkeit sowohl der betheiligten Sachen,
als der Personen, sondern vor Allem eine richtige Erkenntniss der gegenseitigen Bedürfnisse, gute, durchführbare Be-
stimmungen zur Befriedigung derselben und dann gewissen-
hafte und verständige Durchführung des aufgestellten Ver-
trages in der Praxis. Es wäre sehr verlockend für mich,
bei diesem Thema über die Wohnung in Einzelnheiten einzugehen, aber die Zeit, die ich für meinen Vortrag habe,
würde nicht ausreichen, auch nur Einiges zu begründen;
ich kann nur Andeutungen geben, indem ich bemerke, dass
die Luft in den englischen Wohnungen durchschnittlich reiner
gehalten wird, als bei uns, theils dadurch, dass sie in Folge
grösster Reinlichkeit im Hause bei ihrem Durchgange durch
dasselbe weniger verunreinigt wird und dann auch, weil sie
schneller wechselt. Dazu trägt namentlich der englische
Kamin in jedem Wohnzimmer viel bei, welcher einem stets
offenen Fenster für den Abfluss der Zimmerluft ins Freie
gleich zu achten ist. Der englische Kamin ist ein sehr
schlechter Apparat zum Heizen, aber er ventilirt gut und
trägt dazu bei auch zur Zeit, wo nicht geheizt wird. Man
fürchtet sich in England überhaupt weniger vor Zug, als
bei uns, und ich glaube wirklich, dass diese Praxis oder

Gewohnheit einen wesentlichen Antheil an der allgemeinen
Gesundheit hat.

::Weiter ist eine wichtige Frage der Grad der Ueberfüllung der Wohnungen mit Menschen, denn ein Raum, der
für zwei Personen hinreichend ist, kann für drei und vier
schon viel zu klein sein, wenn sie zum Sitzen, Gehen, Stehen
und Liegen auch noch alle Platz haben. In München besteht eine Wohnungsnoth nicht sowohl in dem Sinne, dass
die Zahl der Wohnungen zu gering ist, sondern dass sie
zu klein und zu wenig geräumig sind. Unsere Baumeister
scheinen förmlich darauf zu studiren, wie sie die grösste
Anzahl von Zimmern oder Piècen auf die kleinste Quadrat-
fläche zusammendrängen, in den kleinsten Raum hinein-
pressen können, so dass eine jetzt gebaute Wohnung mit
acht Zimmern oft nicht mehr Raum hat, als früher eine mit
drei oder vier Zimmern. Man denke sich die kleinen, überfüllten Wohnungen und die Furcht der meisten Menschen vor
Zugluft und Kälte; ferner dass ein grosser Theil der Luft-
menge, welche von aussen in die Häuser Münchens ein-
dringt, ihren Weg vorher durch Abtrittschläuche und Küchen-
ausgüsse nimmt, ehe sie von den Bewohnern der Zimmer
eingeathmet wird, und man wird sich der Ueberzeugung
kaum erwehren können, dass in unsern Wohnungsverhält-
nissen Manches liegen mag, was der allgemeinen Gesundheit schadet, die Sterblichkeit erhöht und in Zukunft theils
durch Belehrung, theils durch Verordnungen gebessert werden muss."

Dr. Sonderegger, eine bekannte Berliner Autorität,
welcher dort beinahe unter denselben Umständen schreibt,
wie sie leider hier bestehen, schreibt ebenfalls wie folgt:*)

„Für Alles, was wir essen und trinken, hat uns die
Natur prüfende Organe gegeben; Gesicht, Geruch, Ge-

---

*) „Vorposten der Gesundheitspflege." Berlin 1873.

schmack und Gefühl; für die Luft, welche wir athmen,
haben wir leider weniger Prüfungsmittel. Selbst der Che-
miker misst ihre Verunreinigung fast nur an Kohlensäuregehalt, während er ein Trinkwasser doch nicht
blos auf Ammoniak oder Salpeter untersucht, und der
gemeine Erdbürger ist in dieser Lebensfrage nur auf
seine Nase angewiesen. Aber wie selten hat der Mensch
das Glück, überhaupt eine feine Nase zu besitzen, und
wie oft verderben üble Gewohnheiten und diätetische Sünden auch die gewissenhafteste Nase, so dass sie Alles hin-
nimmt!"

Besuchen wir als Beweis hiefür den Arbeiter oder sogar den kleinen Gewerbetreibenden im Winter in seiner
Wohnung. Gewöhnlich tritt man zuerst in eine kleine Küche,
in welcher natürlich die Luft mit allerlei Dünsten geschwängert
ist. Der Dampf des heissen Wassers und der Speisen, der
Rauch vom Ofen und der durch die Hitze entwickelte Dunst
der Bewohner zwingen uns, schnell durch diese Küche zu
eilen. Von der frischen Luft eben hereingetreten und an
eine solche Atmosphäre nicht gewohnt, können wir sie gar
nicht ertragen, und wundern uns, wie Menschen darin leben
und athmen können. Im Wohnzimmer, welches zugleich
das Schlafzimmer des Ehepaares ist, geht es nicht besser
zu. Man scheut sich die Fenster zu öffnen, weil, wie gesagt, die hereintretende Kälte den Bewohnern augenblicklich empfindlich wird, und damit durch die grosse Abküh-
lung der Luft nicht allzuviel Heizmaterial wieder nöthig
werde. In den meisten kleinen Wohnungen werden die
Fenster des Wohnzimmers, wo zwei oder mehr Menschen
bei Nacht schlafen und am Tage sitzen, Monate lang, ja,
den ganzen Winter über nicht geöffnet. Der von den Bewohnern ausgeathmete Stickstoff, die Ausdünstungen von
ihrer Haut, die Dünste, welche von der Küche hineinziehen,
die Gerüche der häuslichen Verrichtungen, alter Tabak-

rauch von dem erbärmlichsten Canaster, bleiben wie ein
giftiger Nebel in dem Local hängen; dazu kommt noch,
dass die Mauern im Winter nach und nach von Feuchtigkeit gesättigt und undurchlässig werden, so dass sie nicht
allein die Ventilation verhindern, sondern auch einen
nassen Dunst abgeben. Ja, die Spalten der Thüren, der
enge Raum unter dem Fensterschluss, wo etwas frische
Luft hinein, und etwas Dunst hinauskönnte, werden bei
kaltem Wetter mit Sandwürsten oder Fetzen sorgfältig verschlossen, so dass bei einem andauernden Frost Tage lang
kaum ein Atom frischer Luft in den Raum dringen kann.
Was sind die Folgen eines solchen Vorganges? Die Temperatur steigt selbst bei strenger Kälte auf 15 oder 16
Grad Réaumur, die Bewohner finden das gemüthlich und
angenehm. Aber ihre Lunge, welche bei jedem Athemzug
zu wenig Sauerstoff erhält, leidet darunter. Alle müssen
schneller athmen, sie verlieren ihre gesunde Gesichtsfarbe,
sie werden entweder mit ungesundem Fett überladen und
die Leber leidet, oder sie magern auffallend ab. Sie wachen
mit Kopfweh auf, ihre Glieder werden matt und weich.
Wenn sie hinaustreten, wirkt die frische kalte Luft wie
ein Sprung in eiskaltes Wasser. Die Lunge, an warme,
ungesunde Luft gewöhnt, wird durch den plötzlichen Zudrang erschüttert; das schnelle Athmen, welches durch die
enge Wohnung bedingt war, kann nicht sogleich aufhören;
die Luftorgane werden afficirt; der schwache engbrüstige
Mensch, dessen Entwicklung durch den Mangel an Sauerstoff gehindert wurde, flüchtet sich sobald als möglich in
seine Spelunke zurück; jedesmal jedoch, dass er hinausgeht, tritt dieselbe Wechselwirkung ein, seine Lunge wird
endlich angegriffen, er bekommt Tuberculose, und siecht
noch einige Monate dahin, um bei dem nächsten eintretenden Herbst zu sterben. Der stärkere Mensch, dessen Körperbau den widrigen Einflüssen seiner Wohnung widerstan-

den hat, oder welcher schon erwachsen vom flachen Lande
vielleicht eingewandert ist, bekommt eines schönen kalten
Tages, wo er aus seiner dunstigen Kammer in eine frische
Luft von 6 oder 7 Grad unter dem Gefrierpunkt heraustritt, ein heftiges Frösteln, welches schnell zur Erkältung
und eventuell zur Lungenentzündung sich entwickelt. Dieser
stirbt in einigen Tagen, und hat daher noch ein besseres,
obzwar schnelleres Schicksal als sein engbrüstiger Collega.
Oder aber widersteht seine Lunge selbst den Einflüssen
der Temperatur und der Luftveränderung — dann wird
häufig die Leber angegriffen oder die Bright'sche Nieren-
krankheit entwickelt und er stirbt weniger schnell, jedoch
ebenso gewiss.

Es leidet keinen Zweifel, dass Lungenkrankheiten aller
Arten jederzeit in Wien grassiren. Doch wird der schreckliche Verlust an Menschenleben, welcher durch die Ent-
artung der Hals- und Athmungsorgane jährlich entsteht, nie
durch die schlechte Luft der schlechten Wohnungen, sondern immer durch die kalten Winde, den Staub und den
häufigen raschen Temperaturwechsel des Wiener Klima's
erklärt. Man sagt; »der arme Mensch hat sich verkühlt«,
oder »das liebe Mädchen hätte an dem und jenem Tage
sich eine Lungenentzündung durch den kalten Wind zu-
gezogen.« Oder, heisst es bei den ärmeren Leuten: sie
hätten nicht genug Kleidung gehabt, um sich gegen die
Kälte zu schützen, oder sie hätten kaltes Wasser getrun-
ken, während sie erhitzt waren, oder endlich, was am aller-
dümmsten ist, sie hätten sich einem Luftzug ausgesetzt. Ein
Luftzug ist nur dann schädlich, wenn durch ihn der erhitzte
Körper oder ein Theil desselben plötzlich einem kalten
Strome ausgesetzt wird. Der von allen so verabscheute
Luftzug ist oft durch den Luftwechsel, welchen er bringt,
gesund, und fast nie entspringen die obenerwähnten Krank-
heiten aus dieser Ursache.

Sonderegger schreibt sehr drastisch :*)

„Diese (die Zugluft) ist das alte Gespenst vieler ängst-
lichen Seelen, macht zuweilen Zahnweh oder Rheuma-
tismen; die dumpfe eingeschlossene Luft aber, welche
wenige fürchten, führt langsam und sicher zur Scrophu-
lose und Schwindsucht, zur Blutarmuth und peinlicher
Nervösität. Aesop's junge Feldmaus fürchtete bekanntlich
den krähenden Hahn und fand die sanfte Katze liebens-
würdig: Eva's Töchter aber sind oft wenig gescheidter,
und fürchten nur das Unangenehme und Augenblick-
liche.“

Selten, ja nie werden diese Krankheiten auf ihre wahren
Ursachen zurückgeführt. Ich will den üblen Einfluss des
Wiener Klima's gar nicht abstreiten, nicht behaupten, dass
es das gesündeste und beste auf der Welt sei; doch gar
so arg ist es nicht, und ebenso wenig sind die Lungenkrankheiten ihm allein zuzuschreiben, wie der deutsch-fran-
zösische Krieg der Hohenzollern-Candidatur in Spanien.
Die Ursachen des Krieges lagen viel tiefer; sie lagen in der gegenseitigen Eifersucht der Franzonen und Preussen, welche
früher oder später durch eine x beliebige Veranlassung selbst
ohne die spanische Candidatenfrage zum Ausbruche gekommen
wäre. Dieses Erkenntniss hat jetzt jeder, und ich möchte
behaupten, dass die zahlreichen Todesfälle durch Tuberculose, Lungenkatarrh, Lungenentzündung, Lungenentar-
tung u. s. w. nicht dem Klima allein, sondern dem Einfluss des Klima's auf einen durch schlechte Luft
schon verdorbenen Organismus zuzuschreiben sind.
In anderen Worten: wären die Wohnungen luftiger, würden
die Leute belehrt, selbst in ihre jetzigen schlechten Wohnungen frische Luft einzulassen, die Temperatur derselben
nicht übermässig zu erhöhen, die häuslichen Arbeiten, wie

---

*) „Vorposten der Gesundheitspflege.“ Berlin 1873.

Waschen, Auskehren u. s. w., bei offenen Fenstern zu verrichten, so würden vielleicht hie und da einige gelinde Erkältungen und Schnupfen auftreten, aber die Sterblichkeit durch Lungenkrankheiten würde bedeutend herabgemindert. Der gesunde Organismus des Menschen kann, wenn er gehörig vorbereitet wird, einem jeden Klima zwischen den Polarkreisen vollkommen widerstehen. Der Mensch, die Katze und der Hund sind in allen Weltgegenden zu Hause. Es ist wahr, dass die Beschaffenheit der Krankheiten, welche den Tod nach sich führen, in jedem Klima je nach der Temperatur eine andere ist. So z. B. sterben die Menschen in Ostindien meistens an Fiebern oder Unterleibskrankheiten, während diese Fieber im Norden gänzlich unbekannt sind und dort Lungenleiden und Katarrhe vorherrschen. Jedoch besteht keine Ursache, dass der gesunde Mensch, der in guten Verhältnissen, in gesunder Luft mit genügender Nahrung aufgewachsen ist, nicht selbst in einem strengen Klima ein hohes Durchschnittsalter erreichen sollte. Sterben muss er freilich und wird er in einem solchen Klima eher durch Lungenkrankheiten als durch Fieber sein Ende finden. Aber er wird eben so lange, eben so gesund leben, als wäre er unter einem gesegneteren Himmel geboren. Die Hauptbedingung hiezu ist nun, dass er als Kind, von Anfang an, die zur Entwicklung unbedingt nöthige frische Luft und Bewegung erhalte. Ein Blick auf den Anfang des Lebens der Wiener Kinder in den mittleren und ärmeren Menschenclassen beweist uns, wie wenig diese Bedingungen erfüllt werden, und wie trostlos die Zukunft eines solchen Säuglings erscheint. Mitten in dieser schlechten Luft geboren, von Anfang an jeden Dunst eher als gesunden Sauerstoff einathmend, von einer Mutter genährt, welche in ebenderselben verpesteten Atmosphäre, in ebendenselben Verhältnissen lebt, seit Jahren gelebt hat, welche vielleicht selbst schon lungensüchtig ist, meistentheils aber

die Anlage dazu hat; durch ihre Zärtlichkeit vor jedem
Luftzug, jedem Wetter geschützt, wächst das arme Kind
mühsam zum schwächlichen Knaben oder Mädchen auf.
Seine Lunge hat sich in der frischen Luft nie entwickeln
können, seine Glieder haben niemals freien Spielraum gehabt. Es ist ein Wunder zu nennen, wenn das Kind nicht
engbrüstig und schwachbeinig wird. Und bekanntlich
sind die ersten Jahre für die Entwickelung bei weitem die
wichtigsten. Eine schreckliche, fürchterliche Zahl Kinder
sterben in den ersten Monaten; wie viel solcher Sterbefälle
den obenerwähnten Ursachen zuzuschreiben sind, kann wohl
beurtheilt, nicht aber positiv behauptet werden. Lebt das
Kind aber glücklicherweise doch diese gefährliche Zeit durch
und erreicht es das Alter von sechszehn Jahren, so kommt wieder die verhängnissvolle Periode der angehenden Schwindsucht, der vielen damit verbundenen Krankheiten. In wie weit
kann man hoffen, dass ein derart aufgewachsenes Mädchen.
ein solcher engbrüstiger, siecher Jüngling den vereinten Einflüssen der verdorbenen Luft und der rauhen Witterungs-
verhältnisse widerstehen könnte? Dazu gehört ein ganzer
Mensch, ein in jedem Theile gesunder Organismus. Ein
solcher wird sogar einige Jahre die enge Wohnung und
die giftige Luft vielleicht aushalten, ein im Keime verdorbenes Geschöpf nie. Wären die Wohnungen in Wien geräumig, gehörig ventilirt, gut geheizt und trocken, so würde
die Race der Wiener Kinder von Anfang an eine andere,
das Klima hätte viel weniger schädlichen Einfluss und die
Menschen könnten diesen Einflüssen widerstehen.

Es ist aber schwer, diese Wahrheiten den weniger Gebildeten beizubringen. So lange es selbst unter den Reicheren
beinahe als festgestelltes Princip gilt, den ganzen Winter
ihre Kinder zu Hause zu behalten und sie niemals in die
Luft gehen zu lassen, kann man nicht erwarten, dass die
Aermeren in dieser Beziehung ein Beispiel geben sollen.

Natürlich ist es bei den Inhabern von besseren Wohnungen viel weniger schädlich, wenn sie und ihre Kinder nicht hinauskommen, weil dieselben geräumiger, besser ventilirt und gesünder sind; jedoch kann das Einsperren, ausser wenn die Temperatur factisch sehr niedrig ist oder ein äusserst kalter Wind geht, nur von schlechten Folgen behaftet sein. Es werden dadurch verzärtelte Pflanzen, nicht gesunde Menschen aufgezogen, und die fahlen Gesichter, der untersetzte Körperbau und die schwachen Glieder, welche selbst in den höheren Ständen hier so häufig sind, müssen gewiss dieser Ursache zugeschrieben werden. „Man sieht im täglichen Leben", sagt Dr. Sonderegger*), „sehr oft brustschwache junge Leute. Die einen sind Bauern, Briefträger, Aerzte, bei jeglichem Wetter und täglich im Freien, und sie erhalten sich zum Erstaunen ihrer Freunde und zur Rechtfertigung des Naturforschers. Andere haben sich in Werkstätten, Bureaux oder Schulstuben zurückgezogen, werden blässer und sinken in frühen Jahren dahin, nicht obschon, sondern weil sie sich „schonten", d. h. die halb unreine und ganz schlechte Luft der Zimmer für gesünder hielten als die reine Luft im Freien."

Die Erfahrung lehrt uns, wie wenig Einfluss bei gehöriger Bewegung selbst eine äusserst kalte Temperatur auf den Menschen hat. Ein jeder, der bei sechs oder acht Grad Kälte, ja noch mehr, Schlittschuhe gelaufen ist, wird sich zu erinnern wissen, wie lästig nach kurzer Zeit ihm der Pelz wurde, wie er ganz leicht gekleidet und vollkommen unempfindlich gegen die Kälte, stundenlang draussen sein konnte, um dann mit erhöhtem Appetit, vor Gesundheit strotzend sich nach Hause zu begeben und sogar die mässig erwärmten Zimmer zu heiss gefunden hat. In kleinerem Maasse ist dies bei jedem anzuwenden. Der Erwachsene

---

*) „Vorposten der Gesundheitspflege". S. 49.

soll zu seinem Geschäfte rasch gehen; das Kind, sobald es laufen kann, soll recht warm gekleidet, an jedem schönen Wintertage seine kleinen Lungen mit frischer Luft füllen, seine Glieder strecken und seine dem Kinde natürliche Lebhaftigkeit entwickeln. Es wird ihm augenblicklich warm, wenn man es im Herumlaufen und Spielen nicht hemmt. Man braucht dem Kinde nicht zu sagen, dass es laufen soll, um warm zu werden; es wird von selbst das Nöthige thun. Selbst die kürzeste Zeit in der frischen Luft ist besser, als jeden Tag monatelang zu Hause zu sitzen. Und beinahe überall findet sich irgend ein sonniger, vom Winde geschützter Fleck, wo eine halbe Stunde zu Mittag auf die Gesundheit und die Entwicklung der Kinder besser wirkt, als zwanzig Aerzte und ihre Verschreibungen. Es versteht sich von selbst, dass nicht allen Kindern die gleiche Behandlung gedeihen kann. Menschen sind nicht nach der Schablone geschaffen, alle genau einander gleich; der eine ist für Kälte mehr empfindlich als der andere; der eine widersteht dem grössten Witterungswechsel, der andere wird durch denselben sofort krank. Im grossen Ganzen kann man aber mit Sicherheit behaupten, dass frische Luft einem Jeden, ob er gesund oder krank sei, unumgänglich nöthig ist, ja dem Kranken noch viel mehr, als dem Gesunden, und dass man nur auf die Temperatur dieser Luft ein besonderes Augenmerk richten soll. Durch die neueren Erfindungen und Verbesserungen auf dem Gebiete der Ventilation ist es ein Leichtes, mit sehr geringen Spesen in neuen Häusern die kalte Luft vor ihrem Eintritt in die bewohnten Räume derart zu erwärmen, dass sie selbst einem Lungensüchtigen nicht schädlich werde; ja kleine mit Drahtnetz versehene Oeffnungen unter der Decke, zu welchen die schon benützte und daher erwärmte Luft hinströmt und durch die sie ihren Ausgang findet, genügen im Allgemeinen schon, die grobe Verpestung bei gehörig geheiz-

ten Zimmern zu verhindern; die ausströmende Luft wird
durch jede noch so kleine Oeffnung, durch jede noch so
enge Spalte und durch die Mauern selbst, so lange sie
trocken sind, ersetzt, und es entsteht, wenn diese einfachen
Ventilatoren richtig angelegt sind, ein unmerklicher aber
fortdauernder Luftzug, welcher in kleinen Räumen, wo nicht
zu viele Menschen beisammen sind, genügt, um die innere
Atmosphäre des Zimmers rein zu erhalten.

Wir haben nun im Winter die Familien-Wohnung besucht — es ist aber immer nur von einer Familie die Rede
gewesen. Wie steht es denn beim ledigen Arbeiter? Manchmal vielleicht besser, weil er oft ein Cabinet allein oder
höchstens mit einem Kameraden zusammen besetzt, und er
von dem Dunst der Küchen und häuslichen Arbeiten verschont ist. Ist er aber Bettgeher, so geht es ihm noch
schlechter als dem Familienvater; er muss sich in einem
miserablen Winkel zu schlafen bequemen, athmet dieselbe
schlechte Luft wie die Familie, und noch dazu in einem
noch engeren Raume; tagsüber, wenn er draussen ist, wird
sein Schlupfwinkel selten oder gar nicht gelüftet; da er
nicht da ist, schert sich Niemand um die Bequemlichkeit
und Reinlichkeit des engen ihm angewiesenen Raumes; er
weiss, was ihn zu Hause erwartet, und verbringt daher
seine Abende lieber in den Bierhäusern und Schwemmen,
wo die Luft vielleicht noch schlechter ist, als in seinem
Zimmer (denn nach den Untersuchungen von Pettenkofer
in München und Göttisheim in Basel steigt der Kohlensäuregehalt in Schulzimmern leicht auf drei bis fünf, in Bierlocalen
aber sogar oft auf sieben per mille), wo er aber Gesellschaft,
Licht, Wärme und Getränke findet. Der schlechte Zustand
der Wohnungen ist gewiss die Wurzel des so oft gerügten
Uebels der Trunkenheit. Je angenehmer der Aufenthalt
zu Hause ist, desto lieber bleibt man zu Hause — dieser
Lehrsatz ist wohl so einleuchtend und klar als irgend etwas.

Das Ausbleiben ist aber doppelt theuer; erstens, weil die
Leute im Uebermaass trinken müssen, um nicht umsonst im
Wirthshaus zu sitzen und also viel baares Geld ausgeben;
zweitens, weil sie sich durch den übermässigen Trunk an
der Gesundheit schaden und weniger arbeiten, also weniger
verdienen können.

Die Heilung der Trunksucht und der damit verbundenen vielen Laster, die Hebung der moralischen und materiellen Zustände der minder bemittelten Classen muss mit
der Verbesserung der Wohnungen ihren Anfang nehmen.
Durch kein Sperrsechserl, durch keine Schliessung der
Wirthshäuser, durch keine Polizei ist es möglich, die Leute
zu zwingen nach Hause zu gehen und dort zu bleiben, wenn
es ihnen zu Hause nicht behagt. Und wenn die schlechte
Luft und die Dünste, welche sie in ihren Wohnungen einathmen, schädlich sind, so sind die Folgen des Wirthshaus-
lebens gewiss nicht minder schädlich. Der Arbeiter kann
für seine Bildung und seine Erziehung nichts thun, wenn
er nicht zu Hause wenigstens Ruhe und Bequemlichkeit
fühlt. Gebt ihm ein frisches, gesundes Quartier, ein an-
ständiges Zimmer und die Möglichkeit der Ruhe, und ihr
werdet mehr für seinen physischen und geistigen Fortschritt
gethan haben, als alle Doctoren und Pastoren. Jetzt fällt
der Vergleich zwischen dem Wirthshaus und seiner Wohnung immer zu Ungunsten der letzteren aus; ist er ver-
heirathet, so bleibt noch halbwegs ein Beweggrund, welcher
ihn nach Hause führt; ist er aber ledig, so spricht Alles
zu Gunsten des Wirthshauses. Er kann dort Bier trinken,
was er zu Hause nicht kann; der Tabakrauch und der
Biergeruch geniren ihn nicht, wohl aber die wirthschaft-
lichen und Küchendünste zu Hause; er hat angenehme
Gesellschaft, zu Hause ist er allein; vor Allem hat er dort,
wie er glaubt, umsonst Licht und Wärme, welche ihm in
seinem Schlupfwinkel abgehen. Er bemerkt es nicht, dass

er bei jedem Krügel Bier das Licht und die Heizung den Wirthen mit Nutzen zahlt, er bedenkt nicht, dass die Hälfte des Geldes, welches er auf Bier ausgibt, ihm alle jene Annehmlichkeiten verschaffen würde, welche ihm zu Hause fehlen. Während die Wirthe durch äussere Ausstattung, durch Reclamen und durch alle erdenkliche Mittel sich Kunden zu verschaffen suchen, steht die hochgepriesene Civilisation mit gefalteten Händen da und erlaubt dem Hausherrn seine Wohnungen so abschreckend als möglich zu machen. Einerseits ist das Laster mit jeder möglichen Anziehungskraft versehen; der Pfad zum Lumpen, zum Faullenzen und endlich zum Zuchthaus wird mit Blumen geschmückt, der enge Weg zur Bildung und zum materiellen Fortschritt durch Arbeit, der schon von Natur steil und schwierig ist, wird noch viel lästiger, viel unangenehmer gemacht. Wir sollten im 19. Jahrhundert schon über den Standpunkt des Hercules am Scheidewege hinaus sein. Aber die Fabel gilt ebenso gut für heute, wie für die damalige dunkle (!) Zeit. Es wird noch immer Nichts gethan, um den Menschen den Pfad der Tugend angenehmer zu machen und ihnen das Faullenzen zu verleiden. Man straft sie, wenn sie sich verführen lassen, aber macht ihnen den rechten Weg so schwer, dass es kein Wunder sein kann, wenn sie den unrechten nehmen. Sobald die Arbeiter und die ganze untere Mittelclasse um mässigen Zins gesunde Wohnungen finden, wird ein grosser Strich durch die Rechnung der Gastwirthe gemacht. Erstens werden die Menschen physisch gesünder, sie benöthigen weniger Bier oder geistige Getränke. Zweitens werden sie moralisch gesünder und gehen nach ihrer Mahlzeit lieber in ihr ruhiges Stübchen, um vor dem Schlafengehen noch etwas zu lesen oder sich in irgend einer Art zu beschäftigen, als dass sie stundenlang im Wirthshaus sitzen und unzählige Krügel Bier vertilgen. Und ebenso, wie ein Uebel fortwährend ein an-

3

deres zeugt, so ist jeder Fortschritt immer die Stufe zu einem grösseren Fortschritt. Wenn der Vater mehr zu Hause ist, wird die Frau zufriedener und sittlicher, die Kinder werden besser erzogen, der Haushalt bleibt in Ordnung. Umgekehrt wirkt wieder so ein ordentlicher Haushalt auf den Familienvater, dass er mehr zu Hause bleibt, an etwas anderes, als an Biergelage und erbärmliches Politisiren denkt und mit kleinen aber sicheren Schritten an seiner geistigen Ausbildung arbeitet. Man vergleiche nur das Aussehen der Frau und Kinder eines Trunkenboldes mit dem der Famile eines arbeitsamen Mannes! Man denke nur an den Unterschied in dem Zustande der Wohnung des Einen und des Andern! Wenn unter so schwierigen Verhältnissen, wo der Zins einer geräumigen gesunden Wohnung kaum zu erschwingen ist, wo Ventilation und Canalisation nur leere Worte sind, wo die Behörden wenig, das Publicum aber gar Nichts thut, um Besserungen einzuführen und sogar kaum zur Erkenntniss, dass die jetzigen Verhältnisse schlecht sind, gelangt ist — wenn mit alle dem es doch in Wien Leute gibt, die für ihre Gesundheit und die ihrer Kinder Tag und Nacht arbeiten, keine Mühe scheuen, um die Schwierigkeiten, welche ihnen täglich und stündlich in dem Weg stehen, zu beseitigen, und es doch mit ihren beschränkten Mitteln endlich dazu bringen, physisch und moralisch gesunde Bürger aufzuziehen; so soll man doch mit allen Kräften trachten, diesen fleissigen braven Leuten ihre Aufgabe minder schwer zu machen, ihre Zahl zu vermehren, jedem Lumpen, jedem Trunkenbold die Rückkehr zu besseren Sitten zu erleichtern; denn man hat es mit einer grundehrlichen Bevölkerung zu thun, welche auch schon ganz auf den Hund gekommen wäre, wenn der Kern nicht wirklich gesund, arbeitsam und mässig wäre.

Sieht es etwa im Sommer beim Arbeiter und überhaupt bei den minder Bemittelten besser aus als im Winter?

Keineswegs, eher schlimmer; denn obzwar die Fenster
meistens offen sind, so strömt keine frische Luft durch dieselben hinein, sondern nur der Dunst eines Hofes oder der
Qualm einer engen Gasse. Dagegen sind alle Gerüche,
welche im Winter lästig waren, im Sommer unausstehlich.
Alles geht rascher in Verwesung über, jedes lebende Wesen transspirirt mehr, jeder Gestank ist durch die Hitze ver-
vielfacht. Hier spielt die Canalisation eine so wichtige
Rolle, dass man die engen Wohnungen ohne Rücksicht auf
dieselbe kaum besprechen kann. So einen Gegenstand darf man
aber am Ende eines Capitels nicht behandeln; man denke
sich also, wenn eine so starke Einbildungskraft möglich ist,
vorläufig eine kleine Wohnung im Sommer ohne Canalge-
ruch. Was spürt da nicht Alles eine empfindliche Nase,
wenn ihr Eigenthümer z. B. über den Hof geht und den
Drechsler besucht! Saure Gurken, Wäsche, Kraut, mehr
oder minder frisches Fleisch, der Dunst der Menschen selbst
und endlich der Ort, welcher seine Gegenwart ohne das
bezeichnende Hier mit lauter Stimme bezeugt, alle begegnen den Fremden. Und man soll sich merken, dass die
Gase, welche die Geruchsnerven nicht oder kaum reizen,
oft schädlicher sind, als die, welche am schlechtesten riechen.
Viele organische Substanzen riechen gar nicht empfindlich,
wenn sie in Verwesung übergehen: der giftige Keim der
Blattern und des Scharlachs ist nicht riechbar. Er hängt
aber da. Im engen Hofe weht kein Lüftchen; kein wohl-
thuender Zug trägt die sauren Dünste hinaus, um sie in der
freien Luft tausendfach zu verdünnen und unschädlich zu
machen; ja der Schatten selbst, welcher den Bewohnern so
angenehm ist, hat einen schädlichen Einfluss, indem die
Luftschicht ober dem Hause wärmer ist, als diejenige im
Hof und die letztere also nicht steigen kann, sondern nur
sehr langsam oder fast gar nicht wechselt. Hier liegt aber
die Schuld sehr nahe und ist meistens der Anlage der

Häuser selbst zuzuschreiben. Die meisten Hofzimmer haben absolut keinen Durchzug. Sie sind durch eine Thür zugänglich und werden durch ein Fenster auf derselben Seite beleuchtet; auf der entgegengesetzten Seite befindet sich schon die dichte Feuermauer, rechts und links sind andere Zimmer. Gesunde Zimmer müssen so gelegt sein, dass ein Luftzug hergestellt werden kann.

„Das Oeffnen von Thüren und Fenstern ist die beste Nachhilfe" — sagt Sonderegger — „und in Privathäusern vollständig ausreichend, wenn sich die Oeffnungen gegenüberstehen."

Miss Nightingale sagt wohl mit Recht, wenn in einem kleineren Hause künstliche Ventilation nöthig sei, so habe der Baumeister die Thüren und Fenster nicht am rechten Orte angebracht.

Ein langer Gang, mit Zimmern rechts und links, deren Fenster auf zwei Höfe oder Hof und Gasse Aussicht haben, ist weit gesünder, als zwei ähnliche Reihen Zimmer durch eine Feuermauer getrennt; er ist nicht theuerer und bedingt nur ein einheitliches Wirken der Architekten zweier anrainenden Häuser. Ein zweiter grosser Fehler liegt in der übermässigen Höhe der Häuser im Verhältniss zum Hofraum; es ist einleuchtend, dass in einem Hofe, welcher 10^0 breit ist, das Parterre eines 6^0 hohen Hauses mehr Licht erhält, als dasselbe in einem 10^0 hohen Hause. Dass er mehr dem Luftwechsel ausgesetzt ist, leidet auch keinen Zweifel. Der wohlthuende Wind wird schon durch eine ganz niedrige Mauer aufgehalten und abgewendet; er fährt über die Mauer hinweg und es bleibt beiläufig ein Prisma hinter derselben, in welchem die Luftschicht vom Winde nur wenig oder gar nicht berührt wird. Je höher die Mauer, desto höher und zugleich breiter wird das Prisma. In einem von vier hohen Mauern umringten Raume übergreifen sich diese windstillen Prismen, und wenn nicht ein künstlicher

Zug von unten erzeugt wird, bleibt der ganze Raum
bei selbst mässiger Mauerhöhe in gänzlicher Ruhe. In Praxis
tritt diese gänzliche Ruhe allerdings fast nie ein, denn obzwar der Hof Tages über kühler ist, als die über demselben liegende Luftschichte und daher das Steigen der Dünste
verhindert wird, so verursacht dagegen bei klarer Nacht
die Strahlung ein so schnelles Abkühlen der Atmosphäre,
dass die Dünste steigen und die schönen Nächte daher zur
Reinigung der Höfe dienen. Diesem Umstande ist es auch
zuzuschreiben, dass die Strassen und Höfe in klaren Som-
mernächten, besonders bis Mitternacht, auffallend unangenehmer sind, als am Tage. Bei Tag können die kälteren
Dünste und Gase aus den Canälen, Fenstern und Thüren
nicht schnell in die erhitzte Luft steigen; bei Nacht sind
sie freigelassen, verpesten die Nachbarschaft und vergiften
die Menschen in ihrem Schlafe. Ein mehr oder minder
nützlicher Zug wird auch durch das offene Hausthor erzeugt;
doch bei engen Gassen und kleinen Höfen genügen diese
natürlichen Mittel nicht, um einen für die Gesundheit aus-
reichenden Luftwechsel zu erzeugen. Wenn man bedenkt,
dass der Erwachsene nicht weniger als 60 Cub. Meter frische,
noch unbenützte Luft per Stunde zum Athmen und zur
Transspiration benöthigt, so wird eine kurze Berechnung sofort beweisen, wie karg den ärmeren Classen die erste Le-
bensbedingung zugemessen wird.

Es ist keineswegs übertrieben, wenn wir annehmen,
dass in vielen Häusern im Hof, welcher 12 Meter lang, 10
breit und 12 hoch ist, 100 Fenster sich befinden, welche
wenigstens 50 Personen mit Licht und Luft versehen sollen.
Von diesen 100 Fenstern sind selten oder nie ein Dritt-
theil fortwährend offen; nehmen wir aber an, je zwei Personen hätten ein offenes Fenster von 2 ▢ Meter. Der
Luftvorrath im Hofe ist gleich 1440 Cub. Meter; es
kommen also auf jede Person 28.8 Cub. Meter. Damit also

kein Luftmangel eintrete, müssten zwei Bedingungen erfüllt
werden. Erstens müsste die ganze Luft im Hofe in einer
Stunde mehr als zweimal gänzlich gewechselt werden.
Ein solcher Wechsel würde für jeden Bewohner 57.6 Cub.
Meter Luft abgeben, was, wenn man die Ausdünstungen
der Anstandsorte u. s. w. in Betracht zieht, kaum genug
ist. Dieser vollkommene Luftwechsel in einer halben Stunde
tritt nun, wie man sich durch ein einfaches Experiment
überzeugen kann, nicht ein. Man verbreite im Hofe durch
das Brennen von einer Handvoll Schafwolle oder dergl.
einen ätzenden Geruch. Gewöhnlich wird man eine halbe
Stunde später diesen Geruch noch deutlich verspüren; ein
vollständiger Luftwechsel ist also nicht eingetreten.

Ueber die ganze dicht bebaute und gedrängte Fläche
Wiens dehnt sich eine Decke von Dünsten aus, welche nur
bei starkem Winde vollkommen verschwindet, sonst aber
dem Auge deutlich bemerkbar ist, wenn der Zuschauer sich
auf einer benachbarten Anhöhe oder einem Thurme befindet. Diese Decke besteht zum grossen Theil aus Rauch,
ist aber mit den Ausdünstungen aller Wohnungen, Fabriken
und Canäle geschwängert; sie findet sich bei jeder grösseren
Stadt ein und ist bis zu einem gewissen Grade unvermeidlich, verhindert aber bei Windstille oder schwachem Luftzuge
gänzlich den raschen Luftwechsel in den Höfen und Gassen und
macht wegen ihrer Hitze das Steigen der unteren kühleren
jedoch verpesteten Luft in den reinen Aether unmöglich.

Die zweite Bedingung aber, dass in einer Stunde
3000 Cub. Meter frische Luft durch die 100 □ Meter Oeffnungen einströmen soll, kann nur dann entschieden Platz
greifen, wenn eine bedeutende Temperaturdifferenz zwischen
dem Hofe und den Zimmern besteht, oder durch einen
mechanischen Druck auf die Luft in gewisser Richtung erzeugt wird; bekanntlich ist nun an Sommertagen der Unterschied der Wärme zwischen einem schattigen Hofe und

einem weder von der Sonne noch künstlich erwärmten Zimmer sehr unbedeutend. Es wird in dieser Hinsicht beinahe Gleichgewicht eintreten und die Ventilation selbst durch offene Fenster — geschweige denn durch geschlossene — wird sehr langsam vor sich gehen. Was den mechanischen Druck anbelangt, welchen wir Wind nennen, so haben wir oben gesehen, dass er in einem engen, durch hohe Mauern begrenzten Hofe fast gar keinen Einfluss hat.

Wir müssen daher zum Schluss kommen, dass die weniger Bemittelten in Wien und anderen Grosstädten nicht allein im Winter, sondern auch im Sommer an Luftnoth leiden, welche Luftnoth aber mit der Wohnungsnoth innig zusammenhängt.

Capitel III.

Die Wohnungsnoth.

Verunreinigung der Luft. — Der Congress deutscher Volkswirthe über die Wohnungsnoth. — Ersparniss durch Abschaffung derselben. — Mortalitäts- und Morbilitätsziffern. — Ursachen des Mangels an gesunden Wohnungen. — Steuerbefreiung und unentgeltliche Ueberlassung von Gründen. — Wahl der neuen Stadttheile. — Meinung des Dr. v. Pettenkofer.

Wir haben schon gesehen, wie die schlechte Ventilation im Winter gewisse Krankheiten nach sich zieht. Im Sommer ist sie beinahe, wenn nicht ganz so schädlich: sie stellt sich dem Laien aber in noch abschreckenderer Form dar. Denn ob nun die Pest des 19. Jahrhunderts, die mit Recht gefürchtete Cholera, in schlechtem Trinkwasser, wie früher behauptet wurde, oder aus gewissen Keimen in der Luft und den Abfällen des Menschen, wie jetzt häufig behauptet wird, oder aber aus gewissen Verhältnissen des Grundwassers und einer Beschaffenheit ihren Ursprung habe, eines steht jedenfalls fest und wird von allen Aerzten anerkannt: schlechte Luft ist eine mächtige Bundesgenossin des furchtbaren Feindes. Ueber diesen Gegenstand bemerkt Herr Dr. Max von Pettenkofer, der doch eigentlich der Erfinder der Grundwasser- und Bodentheorie ist, und daher nicht zu den Enthusiasten auf der anderen Seite gezählt werden kann, Folgendes:*)

„ . . . . Wir sollen nicht nur reine und gesunde Kost, „gute Getränke und reines Wasser geniessen, sondern wir „sollen auch reine gesunde Luft geniessen und dagegen „wird gar zu häufig gefehlt. Wir leben in der Luft wie „der Fisch im Wasser. Die Stadtfischer, welche die Fische

---

*) „Was man gegen die Cholera thun kann." S. 39. §. 5.

„in Fischhaltern einschliessen, gerade so, wie die Menschen
„in Häusern eingeschlossen leben, wissen recht gut, wie viel
„auf das Wasser ankommt und wie schädlich jede Unrein-
„lichkeit wirkt, die man in diese Fischwohnuungen wirft.
„Genau so muss es der Mensch mit seiner Wohnung und
„der Luft darin machen; auch er muss letztere beständig
„erneuern mit frischer reiner Luft und muss dafür sorgen,
„dass sie ihm nicht schon von Hause aus verunreinigt wird,
„ehe er sie zu geniessen bekommt. Die Luft umgibt und
„umfliesst uns nicht blos beständig, sondern wir müssen
„sie auch beständig geniessen, in uns aufnehmen, ein- und
„ausathmen."
„.... Die Luft im Freien hat eine sehr gleich-
„bleibende chemische Zusammensetzung und ist in der Re-
„gel als reine Luft zu betrachten. Die Luft im Hause
„wechselt selbst gegen unseren Willen und ohne unser Zu-
„thun bis zu einem gewissen Grade beständig. Kein Haus
„hat seine eigene Luft, sondern nur die Luft seiner Um-
„gebung. Während wir in der Luft leben, die sich aus dem
„Freien durch unsere Häuser hindurch abzweigt und länger
„oder kürzer darin verweilt, wird sie auf mannigfache Art
„verunreinigt. Diese Verunreinigungen sind theils vermeid-
„liche, theils unvermeidliche. Zu den unvermeidlichsten ge-
„hören die Verunreinigungen von Haut und Lungen, denn
„durch diese die Luft nicht verunreinigen, hiesse aufhören
„zu leben. Zu den vermeidlichen gehört Alles, was in Folge
„mangelhafter Reinlichkeit oder sorgloser Behandlung von
„Abfällen u. s. w. gas- oder staubförmig in die Luft über-
„geht, deren Ausnützung man so viel als möglich ausschliess-
„lich für Haut und Lungen vorbehalten sollte. — Man kann
„gegen zu grosse Luftverderbniss durch einen gesteigerten
„Luftwechsel, durch Ventilation ankämpfen, aber es wäre
„eine nicht zu rechtfertigende Verschwendung der Ven-
„tilation, wenn man sie auch gegen vermeidliche Verun-

„reinigungen der Luft richten wollte, gegen welche sie sich
„in der Regel auch sehr wenig wirksam erweist. Wer übel-
„riechende Gegenstände, Haufen von Staub oder Schmutz
„im Zimmer hat, thut viel gescheidter, diese zu entfernen,
„anstatt das Zimmer stärker zu ventiliren. — Ohne durch-
„greifende Reinlichkeit helfen in einem Hause alle Venti-
„lationsverrichtungen nichts oder wenig, und das eigent-
„liche Gebiet der Ventilation beginnt erst da, wo die Rein-
„lichkeit durch rasche Entfernung oder sorgfältigen Ver-
„schluss luftverderbender Stoffe nichts mehr zu leisten ver-
„mag. . . . . .

„ . . . . Wer sich gegen eine Epidemie, sei es Cholera
„oder Typhus, schützen will, der fange bereits jetzt an, auf
„grösste Reinlichkeit nicht nur in den Prunkzimmern, son-
„dern auch in allen Winkeln seiner Wohnung zu sehen,
„und lüfte regelmässig alle Räume mit grösster Sorgfalt.
„Je überfüllter oder kleiner eine Wohnung oder ein Zim-
„mer ist, um so nothwendiger ist grösste Reinlichkeit und
„genügender Luftwechsel. Der Mensch braucht viel Luft-
„wechsel in seiner Wohnung, wenn die Luft immer gut
„bleiben soll." —

In wie fern die obigen so richtigen Principien im Allgemeinen befolgt werden, wird der Leser selbst zu beur-
theilen wissen. Es ist beinahe unmöglich bei der bestehenden Wohnungsnoth und den Einrichtungen für die Weg-
schaffung der Abfälle eine Reinlichkeit einzuführen, wie sie
der gelehrte und erfahrene Verfasser obiger Zeilen empfiehlt.
Die Wohnungsverhältnisse und die Einrichtungen der Häuser
müssen gründlich verbessert werden, wenn Reinlichkeit und
Luftwechsel in denselben in einem genügenden Maasse vorhanden sein sollen; jetzt gehört eine intelligente, fortwährend
fleissige Hausfrau dazu, die engen schlechten Wohnungen
Wiens rein zu erhalten; sie gehörig zu ventiliren liegt nicht
ganz in ihrer Macht, obgleich sie auch viel dazu beitragen

kann. Aber die Hausfrauen sind leider nicht alle fleissig
und intelligent; besonders fehlt im Grossen und Ganzen das
richtige Verständniss der Wichtigkeit des Luftwechsels und
der Entfernung aller unreinlichen und daher schädlichen
Substanzen. Da man nun für die grosse Masse und nicht
für Ausnahmsfälle geeignete Massregeln ergreifen muss, so
scheint es Aufgabe der Behörden sowohl, für die Belehrung
des Volkes in dieser Hinsicht, wie auch für die praktische
Durchführung der Lehren zu sorgen. Keine polizeiliche
Strenge scheint in solch einem Falle übertrieben, denn man
muss bedenken, dass eine schmutzige, vernachlässigte Wohnung nicht allein den Inhaber derselben, sondern auch den
Bewohnern des ganzen Hauses, ja der Nachbarschaft gefährlich wird.

„Wenn z. B., — sagt Dr. Hermann Friedberg — der
„Bewohner eines Zimmers so wenig auf Reinlichkeit hält,
„dass er faulende organische Stoffe in demselben sich an-
„häufen lässt, welche die Athmungsluft gesundheitsschädlich
„verunreinigen, dann verstösst er gegen die Lehren der
„Privatgesundheitspflege — das Interesse der öffentlichen
„Gesundheit hingegen wird dann verletzt, wenn faulende
„organische Stoffe auf dem Hofe des Hauses sich anhäufen,
„denn sie können alsdann durch Verunreinigung des Erd-
„bodens, des Trinkwassers und der Luft gesundheitsschäd-
„lich für einen Theil der Bevölkerung werden"; und die Behörde muss interveniren.

Anderseits kann man aber nicht von armen Leuten
verlangen, mehr zu thun, als sie bei ihren Vorgesetzten
sehen; sie müssen nicht allein durch das Beispiel der Reicheren unterstützt werden, sondern die Behörden müssen
selbst in jeder Art ihnen die schwere Aufgabe zu erleichtern wissen. Vor Allem muss es dem weniger Bemittelten
möglich sein, eine gesündere Wohnung zu beziehen und
muss die Ueberfüllung der Häuser aufhören.

„Trotz aller ungewohnten und unvermeidlichen natür-
„lichen Ventilation" — sagt Dr. Sonderegger — „sind den-
„noch allzuviele Menschenwohnungen Vorhöfe des Fried-
„hofes und Gräber, in welchen der Mensch nicht einmal
„leidenfrei, sondern unter Jammer und allen möglichen Krank-
„heiten vermodert."

Jetzt sind sie auf schlecht angelegte dumpfige Hof-
wohnungen angewiesen, wenn sie nicht zu weit von ihrem
Arbeitsplatz wohnen wollen und damit Zeit- und Geldverlust zugleich auf sich ziehen. Es müssen diese Wohnungen
besonders in den älteren Häusern gänzlich gesperrt und
die Häuser umgebaut werden; Aufgabe der Behörden muss
es werden, für das Wohlsein der Unterthanen in jeder Art
zu sorgen und endlich einmal den Herd von Krankheiten
jeder Art, welcher Wien heisst, zum gesunden Wohnsitz
zu machen. Bei neuen Häusern müssen die Höfe grösser,
die Zimmer der Luft und dem Licht mehr zugänglich gemacht werden, und sollte einem jeden Plane, der diesen
Bedingungen nicht im vollsten Masse entspricht, die Baubewilligung rücksichtslos verweigert werden. Zugleich muss
das Mögliche geschehen, um neue und billige Wohnungen
zu mässigen Zinsen herzustellen. Hierüber lautete der Antrag des Dr. Emil Sax bei dem Congress deutscher Volkswirthe (Wien, August 1873) folgendermassen:

1. Dass die Privat-Unternehmung bisher im Allgemeinen
   nicht im Stande gewesen ist, eine befriedigende Lösung
   der Wohnungsfrage in den continentalen Grosstädten
   herbeizuführen, weshalb andere Wege eingeschlagen
   werden müssen, um zu dem [erwünschten Ziele zu
   gelangen.

2. Dass in der Schaffung billiger und ausgiebiger Com-
   municationsmittel (Pferde- und Locomotivbahnen), welche
   die Mittelpunkte des geschäftlichen und geselligen Verkehrs mit den entlegeneren Stadttheilen und dem Rayon

rings um das Stadtgebiet in rasche und bequeme Verbindung setzen, die Vorbedingung einer Lösung der grossstädtischen Wohnungsfrage gelegen sei, nach deren Realisirung.

3. Dass die systematische Anlage neuer Ansiedlungen mit Familienhäusern auf billigem Terrain in der Umgebung das geeignete Mittel zur Beschaffung entsprechender Wohnungen, sowie zur Verdünnung der Bevölkerung und Herabdrückung der Miethpreise in den alten Stadttheilen bieten wird.

4. Dass Staat und Gemeinde jede thunliche Erleichterung und Forderung in Hinsicht 'auf Punkt 2 und 3 eintreten zu lassen und zur Ermöglichung der unter sub 3 bezeichneten Bauweise selbst vor einer Niederhaltung des Grundwerthes, wenn sich die Concurrenz des Angebotes diesfalls als wirkungslos erweist, nicht zurückzuscheuen verpflichtet, beziehungsweise berechtigt sind.

Dieser Antrag scheint insofern die wahre Schwierigkeit der Frage anzugreifen, dass bisher nur ein leeres Geschrei gegen die Wohnungsnoth, nicht aber eine wahre Erörterung ihrer Ursachen und ein energisches Zusammenwirken um ihr abzuhelfen eingetreten ist. Ich glaube wohl, dass in den vorhergehenden Seiten die Mängel der jetzigen Wohnungen speciell in Wien genug dargestellt worden sind, um eine etwas längere Behandlung einer so hochwichtigen Frage zu rechtfertigen. Wir haben gesehen, dass der schlechte Zustand der Wohnungen der ärmeren Classen theilweise dem Mangel an dem gehörigen Verständniss der nachtheiligen Folgen solcher Zustände zuzuschreiben sind, und haben getrachtet, die Einsicht in die traurigen Resultate schlecht angelegter Wohnungen dem Laien zu verwirklichen. Wir haben auch ferner betont, dass dieser Mangel an Verständniss der Nothwendigkeit frischer Luft und gesunder Wohnungen (welcher leider nicht auf die ärmeren Classen be-

schränkt ist) nur einen Theil der Schuld trägt; dass der
wirkliche Mangel an gesunden und geräumigen Familienhäusern zu mässigen Zinsen bei der Theuerung der Gründe
und der Baumaterialien, so wie bei der schweren Communication auf grössere Entfernungen vom Centrum in einem
noch bedeutenderen Maasse üble Folgen nach sich zieht, indem es selbst dem gebildeten Werkmeister oder Beamten,
der die Nachtheile einer engen Wohnung vollkommen kennt
und dieselben zu schätzen weiss, selten möglich ist, den für
einen geräumigen und gesunden Aufenthalt nöthigen Zins
zu erschwingen. Ferner haben wir aber erwähnt, dass es
den weniger Bemittelten oft möglich wäre, an Bier- und
Gasthausspesen, sowie an Sommerausflügen (welche dann
weniger nöthig wären) zu sparen, und lieber das damit er-
sparte Geld auf eine bessere Wohnung auszulegen. Aber
da nicht zu erwarten ist, dass ein solcher Grad der Bildung
sofort unter allen Classen sich verbreiten wird, da ja die
Wohlhabenderen kaum noch in dieser Richtung ein Beispiel gegeben haben, und da demnach jährlich Hunderte
an Cholera, Tausende aber an Typhus und Lungenkrankheiten sterben, welche in besseren Wohnungen noch leben
würden, so drängt sich die Frage, was in dieser Richtung
zu thun wäre, und wie Staat und Stadt am besten eingreifen können, doch immer wieder auf. Etwas muss baldigst
geschehen, wenn der fürchterlichen Mortalitätsziffer in Wien
und anderen Grosstädten ein Ziel gesetzt werden soll!
Man bedenke nur, dass in Wien jährlich 35 per Mille der Einwohner sterben, in Paris und London nur 22. Man bedenke,
dass dieser Unterschied von 13 per Mille bei der jetzigen
Einwohnerzahl Wiens von etwa 900.000 per Jahr nicht
weniger als 11.700 ausmacht. Wenn man von diesen 11.700
Todesfällen dem schlechten Klima auch ein Drittheil zu-
schreibt — eine gewiss sehr hoch gegriffene Ziffer — so
bleiben doch immer 7800 Menschenleben, deren Verlust den

mangelhaften menschlichen Einrichtungen zuzuschreiben ist. Wenn nun auf jeden Todesfall circa 30 Krankheitsfälle kommen — was nach den Spitalausweisen, wie jeder Arzt bestätigen wird, eine recht mässige Annahme ist — so hätten wir ausser den 7800 Todesfällen noch 234.000 Krankheitsfälle verhinderlichen Ursachen zuzuschreiben. Da nach der Autorität des Herrn Dr. Max von Pettenkofer — aus dessen Schriften ich so oft zu schöpfen in der Lage bin — jede Krankheit durchschnittlich eine Dauer von 18 Tagen hat, so bekommen wir 4,112.000 Krankentage, deren Leiden und Spesen durch gute sanitäre Einrichtungen, Trinkwasser, Reinlichkeit, geräumige Wohnungen und frische Luft zu vermeiden wäre. Jeder Kranke kostet im Durchschnitt gewiss 1 fl. per Tag, — er verdient nichts, muss ärztlich gepflegt werden und oft eine theuerere Nahrung erhalten, als wenn er gesund ist. Ohne also den entgangenen Verdienst zu berechnen, wären durch verhinderliche Ursachen nicht weniger als 4,112.000 fl. in Wien verloren; was zu 6% einem Capital von 68,533.333 fl. Oester. W. — also mehr als dem ganzen Communal-Anlehen entspricht.*) —

Oder machen wir die Rechnung anders. Auf jeden Einwohner kommen im Durchschnitt 20 Krankentage im Jahre, also auf 900.000 Einwohner 18 Millionen Krankentage. Wir haben oben eine Ziffer angenommen, welche kaum ein Viertheil dieser Riesenzahl ausmacht, haben also von diesen 18 Millionen Krankentagen 13,888.000 als unvermeidlich betrachtet, was gewiss nicht der Fall ist; durch genügende Massregeln könnte, wie wir überzeugt sind, die Mortalität in Wien, ebenso wie die in London von 35 auf 22 herabgemindert werden. Mit der Annahme jedoch, dass sie nur um ein Drittheil herabzumindern wäre, also auf

---

*) Siehe Pettenkofer. „Ueber den Werth der Gesundheit einer Stadt." S. 9—13.

23·7 per Mille, so würde die Anzahl Krankentage ebenfalls um ein Drittheil abnehmen, und es würden 6 Millionen
Gulden jährlich erspart, was einem Capital von 100 Millionen entspricht. Dies nur zum Beweis, dass unsere frühere
Ziffer nicht zu hoch gegriffen war, und dass es sich lohnen
würde, auf rein sanitäre Verbesserungen und gesunde Wohnungen ein riesiges Capital auszugeben. Denn man darf
nicht vergessen, dass der entgangene Verdienst gar nicht
in Rechnung gezogen worden ist; dass wenn jeder Mensch
im Durchschnitt statt 20 Tage im Jahre krank zu sein, nur
mehr 13·6 Tage darniederliegt, er nicht allein 6 fl. 40 kr.
spart, sondern auch mehr verdient; und selbst wenn man
annimmt, dass von den 900.000 Einwohnern Wiens nur
400.000 etwas verdienen können, und diese im Durchschnitt
nur 1 fl. täglich — was auch zu niedrig ist, indem selbst
die Handlangerfrauen bei den jetzigen Umständen diesen
Betrag einbringen — so würden 400.000 $\times$ 6 fl. 40 kr. =
2,560.000 fl. per Jahr in Wien mehr verdient; was mit der
obigen Summe von 4,112.000 eine jährliche Rente von
6,672.000 fl. ausmacht, um so viel den allgemeinen Wohlstand und die Steuerbefähigung hebt und factisch die Stadt
um wenigstens soviel bereichert. Denn der Geldwerth der
Menschenleben selbst ist in dieser Schätzung noch gar nicht
in Betracht gezogen worden. Von den 7800 Menschen,
die jährlich durch vermeidliche Ursachen sterben, haben wir
vom finanziellen Standpunkte gar nicht gesprochen. In
Frankreich wurden unter dem zweiten Kaiserreich, als der
Militärdienst noch ablösbar war, die sieben besten Jahre eines
Mannes mit 1200 Francs oder 500 fl. geschätzt. Nehmen
wir an, dass das ganze übrige Leben eines Menschen nur
noch so viel werth ist, so wäre ein gesunder Mann mit
fl. 1000 zu zahlen. Aber von den 7800 Menschen, welche
durch verhinderliche Ursachen sterben, sind die Hälfte
weiblichen Geschlechtes, und obzwar der Mann ohne das

Weib nicht leben kann, haben die Frauen, sei es mit Erlaubniss gesagt, keinen nachweisbaren Geldwerth. Es bleiben 3900 Wesen männlichen Geschlechts, von welchen
höchstens die Hälfte über 18 Jahre alt sind. Deren Geldwerth ist daher nach unserer Annahme 1,900.000 fl., welche
zur obigen Summe des Werthes der Krankentage und des
entgangenen Verdienstes noch dazu kommen und die riesige Totalziffer von 8,572.000 fl. Rente oder ein Capital
von 142 Millionen ausmachen. So ungeheuer dieses Resultat erscheint, so ist es gewiss eher zu niedrig und nur diejenigen können es übertrieben nennen, welche die grosse
Sterblichkeit Wiens dem Klima und nicht den wahren Ursachen zuschreiben wollen. Sollte ich mich in der Schätzung
jedoch um das Doppelte geirrt haben, sollte nur ein Mensch
in acht, statt einer in vier, durch schlechte Luft, Nahrung und Canalisirung sein Leben verlieren, so bliebe noch
immer ein zu ersparendes Capital von 71 Millionen. Selbst
der unbarmherzigste Geldmann, selbst der trockenste Financier, der auf das Menschenleben und auf das Wohlsein
der Menschen vom humanitären Standpunkt aus gar nichts
gibt, welcher die Frage rein als Geldsache betrachtet und den
das Leiden seiner Mitmenschen nicht kümmern darf —
selbst dieser, behaupte ich — wenn es so einen geben
kann — muss gestehen, dass es der Mühe werth ist, etwas
zur Verbesserung der sanitären Verhältnisse zu thun und
dass 70 Millionen darauf ausgegeben noch immer schöne
blanke Zinsen tragen würden. Was zu thun ist, kann
sich am besten in 3 Abschnitte theilen: —

1. in die Abhilfe gegen die Wohnungsnoth,
2. in die Canalisation und in die
3. Approvisionirung.

Es muss aber noch einmal betont werden und der
Verfasser wird mehreremale in die Lage kommen, dasselbe
wiederholen zu müssen, dass diese drei Abschnitte so innig

mit einander und mit der Communicationsfrage verflochten
sind, dass eine ohne Berührung der anderen schwerlich besprochen werden kann, und dass nur eine einheitliche Leitung in der Lage ist, eine ordentliche Lösung zu erzielen.
Wir haben uns bis jetzt in diesem Capitel damit beschäftigt, den schlechten Zustand der Wohnungen in Wien zu
schildern und zu beweisen, dass es selbst vom rein finanziellen Standpunkte richtig und rathsam ist, billige, gute
und gesunde Wohnungen herzustellen. Welche Schwierigkeiten hindern nun das volkswirthschaftliche Gleichgewicht
der Nachfrage und des Vorrathes ins Leben zu treten? —
Wir haben erstens gesehen, dass die Nachfrage nach gesunden Wohnungen an sich eine ziemlich ungenügende ist;
dass selbst die gebildeteren Classen kaum genug Gewicht
speciell auf diese Eigenschaft legen und noch nicht gut
verstehen, was zu einer gesunden Wohnung nöthig ist.
Aber ferner ist der Vorrath solcher Wohnungen total unzu-
länglich. Man kann sich beinahe freuen, dass die Nachfrage nicht energischer ist, sonst wäre eine solche Wohnung gar nicht zu finden. Und ich glaube, dass die Ursachen des geringen Vorrathes folgende sind:

1. Theuerung der Baugründe in mässiger Entfernung vom
   Centrum;
2. Höhe der Materialien- und Arbeiterpreise;
3. die Bauvorschriften;
4. der Mangel an Verständniss bei vielen Baumeistern
   selbst;
5. die Speculationswuth, in anderen Worten: das Spielen.

Und eigentlich sollte die letzte Ursache die erste in der
Reihe stehen, denn sie wirkt auf alle anderen. Jeder will
augenblicklich reich werden; wenn er reich ist, wirft er das
Geld mit vollen Händen aus. Es war wirklich mit dem
besten Willen bisher kaum möglich, ein gutes Haus zu billigen Zinsen vermiethbar herzustellen.

Die Speculation hatte sich in einem solchen Grade der
Gründe bemächtigt, dass der Bauplatz allein gleich ein
grosses Capital erforderte. Dazu kamen dann die übertrieben steigenden Materialien- und Arbeiterpreise, welche
immer jeden Ueberschlag unmöglich machten. An den
Quantitäten konnte wegen der Bauvorschriften wenig gespart werden. Dies Alles wusste der Hausherr so ziemlich,
und wendete sich daher an keinen gediegenen Architekten,
sondern liess sich, um zu sparen, das Haus durch einen un-
wissenden Polier aufführen, dem Ventilations- und Gesund-
heitsmassregeln vollkommen unbekannt waren. Das Resultat war, dass er um sehr theures Geld ein sehr mittelmäs-
siges Haus hatte, voll derselben Fehler, welche an den
Wiener Häusern schon gerügt wurden, von schlechten Ziegeln schleuderhaft ausgeführt und ohne die geringste Rücksicht auf die Verbesserungen, welche die Neuzeit in sanitärer Beziehung möglich gemacht hat. Und doch musste
der Hausherr einen Zins verlangen, welcher dem weniger Bemittelten die besseren Wohnungen unerreichbar
machte und ihn wie früher auf dumpfige finstere Hofzimmer beschränkte. Dabei haben wir noch angenommen,
dass der Bauherr mit ehrlichem und bestem Willen ans
Werk ging und keine übermässige Zinsen verlangte. War
er aber auch von der blinden Speculationswuth angesteckt,
so hatte er gar nicht einmal die Absicht, die kleinen Wohnungen in seinem Hause gesund und luftig zu machen, sondern trachtete nur soviel Menschen wie möglich im beschränkten Raume unterzubringen. Das neue Haus wurde
dann bald ebenso überfüllt, wie es die alten Häuser waren,
und wegen der Feuchtigkeit der neu aufgeführten Mauern
noch viel ungesünder.

Es scheint nun, dass ein praktisch und theoretisch
richtig angelegtes Localbahnnetz in Verbindung mit neuen
Strassenzügen, um den Stellwagenverkehr zu erleichtern, die

4*

Hauptmittel sein müssen, um diesen Uebelständen abzuhelfen. Dabei muss auch. wie schon mehrfach erwähnt, auf Markthallen zur Approvisionirung Vorbedacht genommen werden. Ein solches Bahnnetz, welches die grösste Anzahl verwendbarer Punkte in der Umgebung auf einem raschen und kurzen Wege zu billigen Preisen mit der inneren Stadt verbinden würde, hätte folgende nützliche Consequenzen: Der Preis der Gründe würde ein mehr gleichmässiger werden, d. h. die an der Stadt gelegenen Gründe würden an Werth verlieren, während die entfernteren steigen würden. Denn die Bahn müsste derart angelegt werden, dass die Fahrzeit und der Fahrpreis von beinahe allen Punkten, welche von derselben berührt würden, bis zum geschäftlichen und geselligen Centrum beinahe dieselben blieben. Dies ist keine so schwere Aufgabe, wie sie vielleicht erscheinen möchte. Was Zeit anbelangt, wird sie von der Südbahn-Gesellschaft schon so ziemlich gelöst. Denn beinahe alle Stationen zwischen Wien und Vöslau sind der Zeit nach von der Hauptstadt gleich weit entfernt. Der Bewohner z. B. von Liesing fährt mit dem Bummelzug 28 Minuten hinein; der sich in Mödling angesiedelt hat, braucht mit dem beschleunigten Zug 25 Minuten; die Sommerparteien in Baden und Vöslau haben mit den Schnellzügen nur 30—35 Minuten Fahrzeit. In ähnlicher Weise müsste der Verkehr auf den Localbahnen geregelt werden und findet dieses Thema, sowie die Anlage der Localbahnen selbst, im Capitel VI eine eingehende Erörterung. Dass es aber absolut nöthig war, bei Besprechung der Wohnungen auch die Localbahnfrage zu berühren, ist noch ein fernerer Beweis der intimen Verbindung aller dieser Fragen mit einander und der Unmöglichkeit, die eine ohne die andere zu behandeln.

Die Folge der Ermässigung der Gründe würde natürlich die billigere Herstellung der Wohnungen sein — und

da man jetzt mit Recht glauben kann, dass die übermässige Grund- und Gründer-Speculation wohl abgewirthschaf-
tet hat, so ist zu hoffen, dass durch die Sachlage selbst
Vieles zur Herabsetzung der Preise geschehen wird. Noch
mehr muss aber Stadt und Staat thun. Es müssten unter
der Bedingung gesunde Wohnungen in gewissen Zeiträumen
zu errichten und unter Feststellung der zu verlangenden
Zinse, den Bahngesellschaften Gemeindegründe unentgeltlich
überlassen werden; die Steuerbefreiung und die Erleichterung der Bauvorschriften müssten so weit wie immer möglich gehen. Diese finanziellen Erleichterungen wären gewiss
kein Nachtheil für den Säckel der Gemeinde oder des Staates, denn wir haben gesehen, was für riesige Summen durch
den schlechten Gesundheitszustand einer Stadt verloren
gehen, und es wäre doch jedenfalls besser auf zukünftige,
noch in Frage stehende Steuern zu verzichten, als streng
das Pfund Fleisch zu verlangen, welches der Bauthätigkeit
und dem Fortschritt der Stadt so hindernd im Wege steht.
In anderen Worten, um die Sache noch klarer zu machen,
steht es folgendermassen: Beim jetzigen Preise der Gründe
wollen wir annehmen, dass 500 Häuser in einem gewissen
Rayon jährlich gebaut werden, welche 10.000 Personen eine
mehr oder minder gesunde Wohnung geben. Bei dieser
Berechnung werden zwei beliebige Ziffern angenommen, sie
ändern nichts am Resultat. Nun zahlen diese 10.000
Personen zusammen vielleicht 500.000 fl. Zins. — Sie
sind nach den jetzigen Regeln zum Theil steuerfrei —
nehmen wir an, von diesen 500.000 fl. Zins kommen
nur 10%, also 50.000 fl. auf Steuern (wobei Schulgeld),
dass aber jedes Haus auf 100□° Grund steht, wo die
Klafter 25 fl. kostet. Es würde also bei den 500
Häusern ein Capital von 1,250.000 fl. im Grund stecken,
welches zu 6% gerechnet einen jährlichen Zins von 75.000 fl.
abwirft. Im Ganzen würde also sowohl für Steuern wie

für Grund 125.000 fl. bezahlt, nämlich ¼ des ganzen Zinses.
Von dieser Summe gehen aber nur 50.000 fl. in den Staats-
oder Gemeinde-Säckel.

Wenn wir nun bei denselben Ziffern bleiben und annehmen, dass der Grund unentgeltlich zu Bauzwecken überlassen wird und eine absolut gänzliche Steuerbefreiung eintritt, dafür aber die Anlage und Ausführung der Häuser
unter strenger Controle geschieht, so dass über den sanitären Zustand derselben gar kein Zweifel mehr obwalten
kann, so werden die obenerwähnten 10.000 Menschen für
375.000 fl. Zins beherbergt: ein jeder wird statt 50 fl. nur
37 fl. 50 kr. Zins zahlen und dafür eine gesunde Wohnung
bekommen, oder, in anderen Worten, die ganze Summe
von 500.000 fl. wird für 13.333 Menschen statt für 10.000
ausreichen und es werden statt 500 jetzt 666 Häuser gebaut. Damit wird also die Stadt um so viel entleert und
die Bauthätigkeit nimmt im erwähnten Rayon um ein Dritt-
theil zu. Die günstigen Folgen wären doppelt. Erstens
wären die neuen Häuser nach Annahme der sanitären Controle gesünder und die Eingewanderten würden eine geringere
Sterblichkeit und einen geringeren Krankheitsstand, daher auch
eine höhere Steuerbefähigung ausweisen (denn es darf nicht vergessen werden, dass wir unter Steuerbefreiung die Steuern der
Hausherren, den Zinskreuzer, das Schulgeld u. s. w., nicht
aber die Einkommen- oder andere Steuern der Parteien ge-
meint haben); zweitens würden aber auch die in der Stadt
Zurückgebliebenen in demselben Masse gesünder und nützlicher, weil die Wohnungen weniger überfüllt wären.

Wenn wir nun obige Ziffern alle mit 10 multipliciren,
so finden wir, dass durch die unentgeltliche Ueberlassung
von 500.000□ʼ Grund und durch ein Opfer an jährlicher
Steuer von 500.000 fl., von welchen der grösste Theil dem
Staat und nur ein sehr geringer der Gemeinde zur Last
fallen würde, 133.333 Menschen in gesunden Wohnungen

untergebracht würden, und wenigstens ebenso viele innerhalb der Linien mehr Platz haben würden. Die natürliche
Folge wäre, dass die Zinse auch in der Stadt sich ermäs-
sigen würden, und dass der gebildetere Mann, der jetzt
den für eine geräumige Wohnung nöthigen Zins nicht erschwingen kann, in der Lage wäre, seine Familie in einem
gesunden Local unterzubringen; dass gegen den weniger
Gebildeten, der den Vortheil einer guten Wohnung nicht
einsieht, ohne Ungerechtigkeit Zwangsmassregeln ergriffen
werden könnten, um die Ueberfüllung zu verhindern; dass
endlich die ganz Armen, die jetzt unter Eisenbahndurch-
lässen und Schuppen oder sogar in wüsten Plätzen im Freien
liegen müssen, doch irgend eine Unterkunft hätten, und
dass die Delogirung von ungesunden Häusern, welche jetzt
beinahe ebensoviel schlechte wie gute Folgen hat, ihren
Zweck erreichen würde, weil genug ordentliche Wohnungen
zu mässigen Preisen zu finden wären. Dies Alles wäre die
Folge eines Opfers von jährlich einer halben Million Gulden
und glauben wir mit Gewissheit, dass die grössere Steue:-
befähigung von 266.666 Menschen die Ziffer schon im ersten
Jahre ersetzen würde, ohne vom humanitären Standpunkt und
von der Rettung vieler Menschenleben überhaupt zu reden.

Unter solchen Massregeln würden vielleicht die öffentlichen Gärten, die Paradeplätze und die wüsten Räume der
Umgebung bedeutend leiden. Soldaten und Civil müssten
etwas weiter gehen, um im Freien zu exerciren oder sich
zu unterhalten. So ein erbärmlicher Nachtheil wäre aber
im Vergleich zu den anderen unschätzbaren Vortheilen gar
nicht in Rechnung zu ziehen, und gerade in der Bebauung
der vielen wüsten und offenen Stellen der unmittelbaren
Umgebung und in der Verbindung derselben mit dem Mittelpunkte müssen wir die Rettung gegen die überhandneh-
mende Ueberfüllung und Wohnungsnoth innerhalb der Linien
suchen.

Hier muss ich mich noch einmal der Gefahr des Vor-
wurfes der fortwährenden Kritik aussetzen, indem ich bemerke, dass es mir kaum scheint, als ob die bisherige Bauthätigkeit ganz die beste Richtung eingeschlagen hätte. Sie
entwickelt sich am meisten gegen Norden zu, in der Brigittenau und der zukünftigen Donaustadt. Die häufig auf-
tretenden Fieber- und Cholerafälle in diesen Bezirken, ihre
niedrige Lage und die daraus folgende Höhe des Grundwassers scheint die Zweifel zu rechtfertigen, welche man in
die sanitäre Zukunft des nördlichen Stadttheiles hegen
könnte. Die Schwierigkeit, diese niedrig gelegenen Strassen gehörig zu entwässern und zu canalisiren, — ohne von
der Ueberschwemmungsgefahr zu reden, welche ja durch
das Schwimmthor und den Donaudurchstich beseitigt werden soll, — bestärken noch die Ansicht, dass die Errichtung von Arbeiterwohnungen und Familienhäusern eher im
Westen und Süden der Stadt auf den Hügeln, welche sie
umringen, gesucht werden soll; dass vielleicht die Abhänge
des Laaer Berges, der Rosenhügel mit Umgebung oder die
Simmeringerhaide eine bessere Aussicht für Gesundheit und
Wohlsein der zukünftigen Bewohner bieten, als die erwei-
terte Leopoldstadt und die Brigittenau. Das Kleingewerbe
und das Beamtenthum hat keine Ursache sich der Donaustadt zu nähern; dieselbe scheint eher dem Frucht- und
Mehlhandel und den damit verbundenen grossen Waaren-
häusern und Niederlagen vorbehalten; durch gute Commu-
nicationsmittel können die südwestlichen Vororte dem Centrum ebenso nahe gerückt werden, wie der Sumpf im Norden, und ist es kaum zu erwarten, dass der geschäftliche
und gesellige Mittelpunkt sich von dem Stefansplatz und
dem Schottenring in die verlängerte Praterstrasse ziehen
wird. Ebenso, wie es gegenwärtig in London einen Stadttheil gibt, welcher beinahe gänzlich von grossen Waaren-
lagern und der schwebenden Bevölkerung, welche einzig

mit den Schiffen zu thun hat, occupirt ist, während diejenigen, welche in der grossen allgemeinen Geschäftsbewegung
der City ihren Wirkungskreis haben, überall zerstreut, nie
aber an der Themse neben den Schiffen wohnen, ebenso
werden sich die Verhältnisse in Wien gestalten und ist es
auch meiner Ansicht nach ein Fehler, den Wohnsitz solcher
Leute, welche mit dem Frucht- und Mehlexport nichts zu
thun haben, an die Donauufer versetzen zu wollen, da dieser Rayon sonst gar keine Vortheile, als unbenützten bisher sumpfigen und ungesunden und daher billigen Baugrund
bietet. Es kann positiv behauptet werden, dass bei der
Wahl der Orte zum Baue neuer Stadttheile die gesündesten
Stellen ausgesucht werden sollen, und dass man daher mit
der grössten Vorsicht zu Werke gehen muss, um ja nicht
einen unverbesserlichen Fehler zu begehen, indem man einen
frischen Herd für alte Krankheiten, oder gar vielleicht ein
Brutnest für neue Krankheiten baut: dass man bei einer
solchen Wahl ein Hauptaugenmerk auf die Möglichkeit einer
vollkommenen Entwässerung und Canalisation des neuen
Stadttheiles richten muss, ist auch nicht zu bestreiten. Allerdings wird es jetzt mit Recht oft bezweifelt, ob eine niedrige Lage immer Krankheiten nach sich zieht; so sind
z. B. bei dem heurigen Auftreten der Cholera Mariahilf
und Landstrasse, welche hoch gelegen, nicht von der Krankheiten verschont geblieben; dagegen nahm die Seuche in
der sumpfigen Leopoldstadt und dem niedrigen schmutzigen
Salzgries ihren Anfang und ist sie überhaupt nicht wie
früher in gewissen Stadttheilen sehr stark aufgetreten, während sie andere ganz verschont hat, sondern sie hat sich
in jedem schlecht ventilirten, schmutzigen, überfüllten oder
mangelhaft canalisirten Hause eingenistet.

Man kann wohl behaupten, dass *ceteris paribus* die
höher gelegenen Stadttheile gesünder sind, als die niedrigen,
Ueber dieses Thema berufe ich mich noch einmal auf

Herrn Dr. Max von Pettenkofer, welcher in seinem kleinen
Werke („Was man gegen die Cholera thun kann", S. 22)
Folgendes schreibt:

„Die Häuser oder Oertlichkeiten, welche in Mulden,
namentlich in den tiefsten Punkten von Mulden, oder bei
Terrassen oder staffelförmigem Terrain unmittelbar am Fusse
von Abhängen, an sogenannten Steilrändern liegen, zeigten
in der grossen Mehrzahl der Fälle eine viel grössere Dis-
position für Cholera, als Häuser und Oertlichkeiten auf einer
Schneide zwischen zwei Mulden oder fern von Steilrändern."

Und dieselbe Autorität betont ebenfalls, wie sich Kies-
boden als besonders empfänglich für Cholera, Lehmboden
mit festem Untergrund aber als besonders *immun* bewiesen
hat, und wie nöthig zum Schutze gegen diese Krankheit
die Reinhaltung des Bodens und Entfernung aller verwesenden Stoffe sei. Diese Bedingungen erscheinen in der Brigittenau und der Leopoldstadt so wenig erfüllt, dass es mir
umsomehr erlaubt schien, über die Wahl dieser Oertlichkeiten zur künftigen Ausdehnung Wiens meine Zweifel aus-
zusprechen. Auch darf der schon erwähnte günstige Einfluss des Windes nicht ausser Betracht gelassen werden,
welcher die Keime nicht der Cholera allein, sondern einer
jeden Krankheit fortführen soll; dieser günstige Einfluss ist
natürlich auf der Höhe viel wirksamer als im Thale und
bestärkt mich in der Wahl der umliegenden Berge nach
Süden und Westen zur Anlage neuer Stadttheile.

Capitel IV.

Das Cottage-System und Arbeiter-Wohnungen.

Zinshäuser oder Einzelhäuser? — Beschreibung eines englischen Hauses. — Vortheile und Nachtheile desselben. — Cité ouvrière oder Arbeitercasernen. — Beschreibung des Hôtel Louise. — Vorschläge.

Nachdem wir nun so viel von den Mängeln der jetzigen Wohnungen gesprochen haben, würde uns mit Recht der Vorwurf treffen, dass wir etwas schlecht finden, ohne es besser machen zu können, wenn wir ihn nicht wenigstens durch einige Andeutungen und Beispiele abwälzen können. Es ist schon nachgewiesen worden, dass die Wohnungen gut ventilirt, aus gutem Material gebaut und nicht überfüllt sein müssen, aber wie ist dies Ziel am besten zu erreichen? Sollen wir noch immer grosse Zinscasernen mit vielen Stockwerken und mehreren Höfen bauen, indem wir uns darauf beschränken, die Höfe grösser und luftiger zu machen und Zimmer, welche nur nach einer Richtung Oeffnungen haben, vermeiden? Oder sollen Familienhäuser nach dem englischen System gebaut werden, wo jede Wohnung auch ein Haus ist, wo das Hausthor, der Hausmeister und der Lichthof wegfallen? In anderen Worten, sollen wir unsere jetzige horizontale Eintheilung beibehalten oder die verticale einführen?

Diejenigen, welche energisch Neuerungen anstreben und nur die hübschen Muster-Cottages, die auf einem englischen Gute den Fremden gezeigt werden, kennen, werden jedenfalls für kleinere Familienhäuser stimmen und behaupten, dass die grossen Zinshäuser an den sanitären Ge-

brechen Wiens einen grossen Theil der Schuld tragen. Ja
bei dem kürzlich stattgefundenen landwirthschaftlichen Congress in Wien wurde von einem Redner die Einführung
der sogenannten Einzelhäuser als das wahre und einzige
Mittel, die Wohnungsnoth zu heilen, angegeben. Dagegen
wird die conservative Partei aus Billigkeits- und Bequem-
lichkeitsrücksichten die Zinshäuser beibehalten wollen. Aber
die Vortheile liegen nicht alle auf einer oder der anderen
Seite. In England selbst hat man in manchen Stadthäusern
in den letzten Jahren, trotz der eingefleischten Abneigung
der Engländer gegen Mitbewohnung und der Vorliebe, mit
welcher sich jeder in seinem eigenen Hause einschliesst, die
horizontale Einrichtung getroffen; dagegen strebt man in
der Neuzeit in Frankreich und Belgien das Einzelsystem
mit Energie an.

Vielleicht wird eine kurze Beschreibung eines kleinen
englischen Hauses hier an der Stelle sein, um den Unterschied der Systeme klar hervorzuheben. Das Haus hat
eine drei bis vier Klafter breite Façade. Vorn ist ein ausge-
mauerter Graben, welcher die Souterrain-Localitäten mit Luft
und Licht versieht und gegen die Strasse zu durch ein eisernes Gitter abgesperrt ist. Dieser Graben bleibt bei ganz
kleinen Häusern und auf dem Lande oft weg, in den Städten
ist er allgemein. Seine Breite variirt von vier bis acht oder
neun Schuh; seine Tiefe hängt von der Lage des Parterre ab,
welches gewöhnlich ein paar Fuss über dem Strassenniveau
erhöht ist. Der Graben ist oft die ganze Strasse entlang
continuirlich und nur bei jedem Hause durch eine dünne
Scheidewand abgesperrt; zuweilen dehnt er sich bei jedem
Hause nur auf zwei Drittel der Façade aus. Ein Gang, ein
Gewölbe oder eine Brücke, wie man es nennen will, führt vom
Trottoir über den Graben zur Hausthür, welche so breit ist,
wie bei uns eine Zimmerthür. Man tritt in den Gang; im
Parterre befindet sich gegen die Strasse zu das Wohn-

zimmer, welches bei den kleineren hier besprochenen Häusern beiläufig 12 — 14 Fuss lang und 10 — 12 Fuss tief
ist und eine Thür auf den Gang hat; eine zweite Thür
führt von demselben in das rückwärtige kleinere Zimmer,
welches entweder als Schlafkammer oder als zweites Wohnzimmer benützt wird; die Küche und Waschküche befinden
sich im Souterrain unter den Wohnzimmern, der Keller gewöhnlich unter der Hausthürbrücke; fehlt der Graben, so
wird das rückwärtige Zimmer zu ebener Erde als Küche
benützt. Die enge Stiege führt *vis à vis* von der Hausthür steil hinauf; im ersten Stock sind zwei Zimmer, welche
gerade so eingetheilt sind, wie die unteren, sie werden zu
Schlafzimmern benützt und der zweite Stock ist die Wiederholung des ersten; oder aber bei sehr kleinen Häusern fehlt
er ganz und gibt es nur zwei Schlafzimmer. Rückwärts befindet sich ein winziger Hof, nur auf einer Seite vom Haus,
auf den drei andern von acht bis zehn Schuh hohen Ziegelmauern
begrenzt; hier ist für Kehricht u. s. w. vorgesorgt und befindet sich der Abtritt gewöhnlich in einem kleinen Ausbau,
von innen zugänglich, auf demselben. Hier muss zur Erklärung beigefügt werden, dass die Engländer viel mehr
Schlafzimmer benützen, als die Festländer. Bei allen, ausser
den allerärmsten, muss eine Familie wenigstens drei Schlaf-
gemächer haben, eines für die Eltern, eines für die Knaben
und ein drittes für die Mädchen. — Das Wohnzimmer wird
Nachts fast nie benützt; höchstens bietet es dem männlichen
Gaste zuweilen eine Ruhestätte.

Die Zinse solcher Häuser variiren in der Umgebung
Londons und in den ärmeren Stadttheilen von 120 auf
400 fl. — für die letztere Summe bekommt man schon ein
hübsches Haus. Miethcontracte werden selten auf weniger
als 5 Jahre, gewöhnlich auf 14 oder 21 Jahre geschlossen,
natürlich hat die Partei dann immer das Recht der After-
miethe, muss aber das Haus in ordentlichem Zustand in-

und auswendig erhalten. Oeffentliche und Privatbrunnen
gibt es nur wenige; beinahe überall ist sogar der zweite Stock
mit Wasserhähnen versehen und wird das Wasser von den
verschiedenen Gesellschaften um ein fixes, dem Miethzins
entsprechendes Pauschale abgegeben. Man beklagt sich,
nebenbei gesagt, oft mit Recht sowohl über die beschränkte
Quantität wie über die schlechte Qualität des in die Häuser gelie-
ferten Wassers; denn die Versorgungsgesellschaften nützen ihre
Concession gewöhnlich so viel als möglich aus, jedoch sind im
Grossen und Ganzen beide befriedigend, und ist das Wasser jedenfalls nicht den Verunreinigungen und Vergiftungen durch Berührung mit Abfällen, welche bei Stadtbrunnen so oft vorkommen, ausgesetzt. Auch wird in den letzten Jahren die
Controle der Wasserversorgungsgesellschaften durch die Behörden streng ausgeführt. So ein Haus hat nun sowohl
Vortheile als Nachtheile und sind beide leicht ersichtlich.
Der Engländer liebt im Allgemeinen seinen häuslichen Herd
mehr, als es der Oesterreicher thut; er ist minder gesellig
und zieht sich nach vollbrachter Arbeit gerne in seine Familie zurück: die Engländerin will allein wirthschaften und
hat nicht gerne Besuche, bis sie fertig ist. Dies liegt in
dem Charakter des Volkes; was hier als Nachtheil betrachtet würde, kommt dem Engländer als Hauptbedingung eines
angenehmen Lebens vor. Die Bauart seines Hauses gibt
ihm die Mittel an, diese Vortheile zu erreichen; er kann ein-
und ausgehen, zu welcher Stunde er will, ohne von Nachbarn gesehen zu werden oder sich um einen Hausmeister
zu bekümmern; die Thür ist Tag und Nacht verschlossen
und kann entweder nur von innen oder mit einem Privat-
schlüssel auch von aussen geöffnet werden; ein Fremder
muss, wie in Wien bei einer besonderen Wohnung, jedesmal anläuten. Man tritt von der Wohnung auf die Gasse;
man kennt seinen Nachbar nicht und sieht ihn selten oder,
wenn gerade die Stunden des Ein- und Ausgehens nicht

zusammenpassen, gar nicht. Durch eine Feuermauer von
dem anstossenden Hause getrennt, ohne irgend eine Berührung mit dessen Bewohnern, ist eine ansteckende Krankheit,
welche ausbrechen möchte, viel weniger gefährlich als in
Wien. Sie kann viel leichter auf die eine Familie beschränkt werden, und man läuft nicht wie hier die Gefahr,
mit der grössten Vorsicht durch den Fehler der Nachbarn
mit in das Verderben gestürzt zu werden. Schlechtes Wasser und schlechte Canalisirung wirken natürlich auf alle
Häuser in der Reihe, wo sie sich vorfinden; aber die Hausfrau ist. im Stande sich durch Reinlichkeit und Vorsichtsmassregeln gegen alles andere zu schützen; gemeinschaftliche Keller und Böden sind unbekannt, jeder noch so kleine
Haushalt hat Alles ganz separirt und für sich. Indem nun
die Häuser viel kleiner und niedriger sind, sind die Dachstühle und Dächer leichter, und können die Mauern dünner
hergestellt werden, ihre Stärke beträgt im Souterrain selten
mehr als 18 Zoll, im 1. Stock nur $13\frac{1}{2}$ Zoll, welche auch
für die Feuermauern als vollkommen genügend betrachtet
wird. Dass die Ventilation eine bessere ist, leidet gar
keinen Zweifel; das Haus ist sowohl nach vor- wie nach
rückwärts offen und kann ein Zug durch Oeffnen der Thüren und Fenster immer hergestellt werden. Schuld der Bewohner allein ist es, wenn sie nicht gehörig ventiliren; die
Möglichkeit dazu wird ihnen geboten und durch die Haus-
thüre selbst wird immer ein häufiger Luftwechsel verursacht,
da sie direct ins Freie mündet. Reinlichkeit und Gesundheit,
sowie Immunität von contagiösen Krankheiten werden also
durch diese, wie ich sie genannt habe, verticale Eintheilung
bedeutend gefördert; mit der Billigkeit sieht es auch nicht
so schlecht aus, wie man glauben möchte, denn obgleich
die Bodenfläche weniger Menschen beherbergt als in Wien,
so ist die Bauart dafür eine viel billigere.

Noch ein Vortheil ist, dass es jedem möglich wird,

Hausbesitzer zu werden, d. h. nicht im Wiener Sinne, Besitzer einer Zinscaserne, sondern nur seines eigenen kleinen Hauses. Die Baugesellschaften, deren es in England viele gibt, gehen darauf hinaus, jedem Actionär den Besitz eines kleinen Hauses durch mässige Beiträge während einer Reihe von Jahren zu sichern; es sind dies nicht Actiengesellschaften, welche durch riesige und riskirte Grundspeculationen hohe Dividenden ausweisen wollen, sondern Bauvereine, denen man beitritt, um ein Haus ratenweise zu kaufen und statt dass ihre Papiere zu den speculativsten gehören, wie in Wien, sind sie meistens in festen Händen und kommen nur durch aussergewöhnliche Umstände und höchst selten in den Verkehr. Die Thätigkeit dieser Bauvereine ist in den letzten Jahren eine riesige gewesen und sie zählen Tausende von Committenten. Die Art und Weise ihrer Manipulation ist sehr einfach und sind ihre Statuten im Grossen und Ganzen denen des berüchtigten Central-Bauvereins ähnlich, dessen Princip ein vollkommen bewährtes und richtiges war und der jedenfalls, in guten und ehrlichen Händen, eine schöne Zukunft gehabt hätte. Leider ist nun der Grundsatz desselben — eine gegenseitige Versicherungsgesellschaft gegen Kündigungen und hohe Miethzinse — durch den bei diesem Verein vorgekommenen Schwindel total verrufen; hoffentlich wird man aber nach einigen Jahren zur Einsicht gelangen, dass die Statuten selbst gut, das Gebahren der Verwaltung allein schlecht war. Das Princip einer Engerth'schen Locomotive wird nicht schlechter, weil ein schleuderhafter Fabrikant vielleicht einen schwachen Kessel geliefert, ein bestechliches Controlorgan denselben genehmigt und ein tollkühner Locomotivführer denselben zur Explosion gebracht hat.

Endlich ist noch ein Vortheil der Einzelhäuser nach englischem System: die oben erwähnte grössere Zahl kleiner Schlafzimmer, wodurch die Sittlichkeit und Reinlichkeit gefördert und die Isolirung eines Kranken ermöglicht wird.

In Wien kommt es leider selbst bei Wohlhabenderen allzu oft vor, dass der Gesunde mit dem Kranken fortwährend in einem Raume wohnen muss. Selbst bei einer nicht contagiösen Krankheit ist dies für beide sehr nachtheilig. Der Kranke entbehrt der nöthigen Ruhe, der Gesunde entbehrt die ihm nöthige frische Luft — manchmal erheischt das Unwohlsein des Ersteren eine Temperatur, welche dem Gesunden schädlich ist; jedenfalls aber können die Ausdünstungen eines jeden Kranken nur von nachtheiligem Einfluss sein. In England sind die Räume allerdings kleiner, dagegen leichter zu ventiliren, zu isoliren und zu reinigen.

Hierüber bemerkt Dr. Sonderegger, aus dessen vortrefflichem Werke ich schon oft geschöpft habe:

„In den Städten steigt die Sterblichkeit genau im Verhältniss zur Zusammenpferchung der Menschen. In London kommen auf jedes Haus 10 Einwohner, in Paris 35 und Wien 55 bis 64, erstere Weltstadt hat demgemäss auch die geringste und letztere die höchste Sterblichkeitsziffer". —

Dass wir dennoch die Einzelhäuser nicht unbedingt als Heilmittel für die Wohnungsnoth empfehlen können, geht aus den Nachtheilen derselben hervor, welche wir jetzt kurz besprechen wollen. Obzwar ihre Bauart eine solche ist, dass der Erstehungspreis im Verhältniss zu dem verfügbaren Raume kaum höher zu stehen kommt, als bei einem Zinshaus, so benöthigen sie dagegen bedeutend mehr Grund und Boden. Ein kleines Familienhaus kann kaum weniger als 18—19□° Grund besitzen und gibt nur einer Familie Unterkunft; ein Zinshaus, welches auf 180□° Grund steht, wird leicht 25 bis 28 kleinere Wohnungen haben, selbst wenn dieselben ziemlich geräumig sind, dieselbe

Fläche also, welche bei der verticalen Eintheilung nur 10
Familien beherbergt, reicht bei der horizontalen für 25 und
mehr aus. Man kann die Berechnung noch weiter führen
und sie wird dann ein wichtiges Resultat ergeben. Nehmen
wir an, dass die bebaute Fläche beim vierstöckigen Zinshaus 500 fl. per □Klafter kostet, und dass mit Berücksichtigung des Pflasters, des Hofes und so weiter das Haus,
welches 180□° in Anspruch nimmt, nur 80.000 fl. zum
Bauen braucht, welches bei den jetzigen Preisen gewiss
nicht zu hoch ist. Wenn nun die Quadratklafter Grund
x fl. kostet, so käme das ganze Haus auf 80.000 fl. +
180 x fl. zu stehen. Die Einzelhäuser, welche zusammen
dieselbe Anzahl Personen unterbringen würden, wie das
eben erwähnte Zinshaus, sind viel billiger zum Bauen und
kostet die bebaute Quadratklafter nur 150 fl.; also sind
ihre Baukosten 25 × 18 × 150 = 67.500 fl. — die Grund-
kosten wären aber 450 x fl. — die sämmtlichen Herstel-
lungskosten also 67.500 + 450 x fl. Ist nun x verschwindend klein, sagen wir 5 fl., so kostet das Zinshaus fl. 80.900,
die 25 Einzelhäuser kosten 69.750 fl., ein Unterschied zu
Gunsten der Einzelhäuser von 10 Percent, welcher wohl
noch durch die oben besprochenen, sanitären Vortheile der
verticalen Einrichtung bedeutend gesteigert wird. Ist aber
der Grund theuer und kostet er z. B. 200 fl. per Quadratklafter, so kommt das Zinshaus auf 116.000 fl., die 25 Familienhäuser kosten aber nicht weniger als 157.506 fl. —
ein riesiger Unterschied, welcher auf den Miethzins der
Wohnungen einen solchen Einfluss haben würde, dass die
Vortheile der Einzelhäuser ganz aufgehoben wären. Denn
bei 6% Erträgniss und Steuerfreiheit müsste bei theuerem
Grunde jede Partei im Zinshaus im Durchschnitt c^a 280 fl.
zahlen, im Familienhaus dagegen 380 fl.; bei billigem Grunde
zahlt die Partei im Zinshaus 194 fl., im Familienhause da-

gegen nur 145 fl. Die letztere Differenz wäre wohl einzubringen, die erstere gewiss nicht.

Aus obiger Berechnung, welche den jetzigen Umständen vielleicht nicht ganz genau entspricht, bei welcher aber die Verhältnisse der Ziffern untereinander und also das Resultat so ziemlich feststehen, ist die Schlussfolgerung zu ziehen, welche bei Vorschlägen zur Abhilfe der Wohnungsnoth und bei der Einführung des Cottagesystems ja nicht ausser Auge gelassen werden darf.

„Bei geringen Grundpreisen ist das Einzelsystem ebenso billig, wie das Casernensystem; je mehr aber die Grundpreise steigen, desto theuerer ist seine Anwendung, und bei den Preisen, wie sie innerhalb der Linienwälle bestehen, ist die Einführung der Einzelhäuser wegen der riesigen Kosten ganz unmöglich."

Diese Berechnung wird gewiss Vielen ganz überflüssig erscheinen, indem die Schlussfolgerung auch ohne derselben auf der Hand lag. Ich habe sie auch nur deshalb eingehend behandelt, um den Irrthum derjenigen Doctrinäre zu beweisen, welche die Einführung des Cottagesystems als eine gründliche Heilung der Wohnungsnoth betrachtet haben wollen. Man muss anerkennen, dass in sanitärer und sittlicher Beziehung, sowie mit Rücksicht auf den Besitz von kleinen Häusern durch weniger Bemittelte, mit dem Einzelhause viel zu leisten wäre; dabei muss man aber nicht die praktischen Schwierigkeiten übergehen, welche der Anwendung dieses Systems in den grösseren Städten im Wege stehen, und muss daher auch besonders erwägen, wie und wo die Schwierigkeiten zu bewältigen sind; wo sie aber in der Natur der Sache liegen, die Kräfte nicht unnützerweise auf eine Utopie, welche nie zur Verwirklichung gelangen kann, vergeuden. Und noch ein Nachtheil der Einzelhäuser muss bemerkt werden, auf den ich allerdings nicht viel Gewicht legen kann. Es wird behauptet, dass

5*

die schwächeren Mauern und leichteren Dächer, welche zum
billigen Bau der Cottages unbedingt nöthig sind, dem rauhen
Klima von Wien nicht angemessen wären und die Bewohner
nicht hinlänglich vor seinem Einfluss schützen würden.
Dies bezweifle ich umsomehr, als mir bei Eisenbahnbauten
in viel schlechteren Himmelsgegenden mehrfach Gelegenheit
geboten war, den durch Baracken und andere provisorische
Bauten gewährten Schutz wahrzunehmen, und zu bemerken,
dass bei einem von guten Materialien auch in allen Details
praktisch ausgeführten Bau, bei gutem Schliessen der Thüren
und Fenster und Benützung von trockenem Holze einerseits,
von hydraulischem Kalke mit reschem Sande anderseits,
selbst eine dünne Mauer und ein nur als Provisorium auf-
gestelltes Dach vollständigen Schutz gegen die Witterung
bilden und eine beinahe ebenso gleichmässige Temperatur
ermöglichen, wie die Bauart der grössten Zinshäuser.

Wir kommen nun unwillkürlich wieder auf das Seite
52 erwähnte Mittel zurück, nämlich auf die Anlage eines
Localbahnnetzes, welches eine grössere Anzahl Einzelhäuser
auf billigem Grund in der Umgebung Wiens gebaut, mit
dem Mittelpunkte des Verkehrs billig und schnell in Berührung bringen würde. Man wird wohl mit etwas Recht
einwenden: ja, wenn Sie aber die Bahnen und die Häuser
gebaut haben, wie wollen Sie ohne eine durchgreifende Bildung, welche den Leuten die Vortheile einer gesunden Lage
und einer separirten Wohnung begreiflich macht, sie dazu
bringen, hinauszuziehen? Darauf muss ich antworten, erstens,
dass ich gerade zur Ausdehnung dieser sanitären Bildung
vorliegendes bescheidene Werk schreibe, und dass ein ent-
schiedener Fortschritt in dieser Richtung selbst ohnedies durch
allseitige Aufklärung zu gewärtigen ist; — zweitens, dass
der minder Bemittelte doch natürlich sich die billigste Wohnung suchen wird, und dass wir daher trachten müssen, ihm
die Einzelhäuser zu einem Zinse anzubieten, welcher nebst

Zuschlag des täglichen Eisenbahn-Fahrpreises nach Wien
keine bedeutenden Mehrauslagen verursacht; drittens aber,
dass der Wunsch, Hausbesitzer zu werden, bei Allen ins-
besonders aber bei der arbeitenden Classe sehr leicht rege
wird, und dass alles Mögliche gethan werden muss, um
diesen Wunsch anzuspornen und seine Verwirklichung zu
ermöglichen. Die Hoffnung, ein Häuschen und einen kleinen
Garten selbst besitzen zu können, die Aussicht seinen eigenen Herd ohne Kündigungsgefahr und den sich fortwährend
wiederholenden Ausziehungskosten inne zu haben, wird selbst
beim Ungebildeten sehr stark wirken. Bekanntlich ist die
Leidenschaft zum Grundbesitz unter den Menschen eine der
stärksten, und ein Jeder wird in seinem eigenen bescheidenen
Hause mehr Vortheile finden, als in der schönsten gemie-
theten Wohnung. Wenn solide Gesellschaften gebildet würden, welche Sparkassen-Einlagen zum Erwerb von Gründen und Bau von billigen Wohnungen annehmen und ehr-
lich verwertheu würden, so dass der minder Bemittelte in
verhältnissmässig kurzer Zeit eine gesunde Wohnung beziehen und nach einigen Jahren von fortgesetzten kleinen
Einlagen factisch in den Besitz derselben treten würde,
wäre ein grosses Mittel zur Verminderung der Wohnungsnoth und zur Hebung des Arbeiterstandes an die Hand gegeben. Dass dies keine Unmöglichkeit ist, beweist uns das
oben angeführte Beispiel Englands, und ist zu hoffen, dass
die durch die letzte Krise eingetretene Ernüchterung die Bildung ähnlicher Gesellschaften, welche der Börse gänzlich
fern stehen, und deren Actien gar nicht, oder kaum, in den
Verkehr kommen, erleichtern wird.

Ehe noch dieses Capitel zum Abschluss gebracht wird,
erübrigt es noch eines dritten Weges zu erwähnen, welcher
zwischen Zinscasernen und Einzelhäusern gleichsam die
Mittelstrasse bildet. *„In medio tutissimus ibis"* ist hier nicht

minder wahr als bei vielen anderen Gelegenheiten, und wir
können das System der *Cités ouvrières*, der grossen Häuser,
welche für Arbeiter und minder Bemittelte allein, auf dem
Princip der gemeinschaftlichen Verrichtung vieler Arbeiten,
in Frankreich, Belgien und England mit grossem Erfolg gebaut wurden, nicht stillschweigend übergehen. Es wird hier
der grosse Grundsatz des XIX. Jahrhunderts, die Vertheilung der Arbeit, zur Anwendung gebracht.

Während in jedem kleineren Haushalt die Hausfrau
selbst kochen, waschen und die Kinder erziehen und auf-
bewahren muss, wird in einer solchen *Cité ouvrière* jede
von diesen Aufgaben von dazu bestimmten Persönlichkeiten
für alle Bewohner des Hauses verrichtet. Es besteht eine
Restauration, in welcher zu bestimmten Stunden den Parteien Speisen verabfolgt werden, welche entweder im gemeinschaftlichen Speisezimmer, oder in den einzelnen Wohnungen selbst genossen werden. Getränke, Brod u. dgl. werden von 6 Uhr Morgens bis 10 Uhr Abends zu jeder Zeit gelie·
fert. Ferner besteht eine Waschküche mit Trockenboden und
allen Vorrichtungen eines grösseren Waschinstitutes, wo zu
sehr mässigen Preisen alle Kleidungsstücke der Bewohner
vollkommen von geübten Wäscherinnen gereinigt und an
bestimmten Tagen verabfolgt werden. Eine Kinderbewahr-
anstalt oder Krippe, für nicht schulfähige Kinder, ist immer
vorhanden, bei grösseren Häusern und auf dem Lande auch
eine Schule. In den neueren Instituten wird auch die Heizung
durch warme Luft oder Wasser in jeder Wohnung durch
einen grösseren Heizapparat in den unteren Geschossen ebenfalls besorgt; und wird die Ordnung durch dazu berufene Organe jedenfalls ebenso gut bewahrt, wie in Wien durch den berüchtigten Hausmeister. Auch fehlen selten Bäder für beide Ge-
schlechter. Die Vortheile einer solchen Einrichtung sind riesig.
Erstens entfallen bei jeder Wohnung Küche, Keller und
Boden; denn Alles, sogar heisses Wasser (welches auch

während der Nacht immer bereit ist), wird sofort von der gemeinschaftlichen Restauration verabfolgt, und die Wäsche wird von dem Waschinstitute trocken geholt. Zweitens wird die Hausfrau dadurch von Arbeiten befreit, welche sie gewiss minder gut, besonders aber mit mehr Zeit- und Geldverlust im Kleinen ausführen kann, als die Fachkundigen im Grossen. Obzwar eine sparsame, kochkundige und reinliche Hausfrau Gott sei Dank hier nicht zu den Seltenheiten gehört, so kann doch durch besondere Einrichtungen die Küche und die Wäsche für eine grössere Anzahl Menschen viel billiger und ebenso gut *engros* wie *en détail* besorgt werden. Bei der Versorgung von Esswaaren jeder Art z. B. wird das Institut grössere Quantitäten billiger beziehen ; statt dass 50 Hausfrauen auf den Markt gehen, werden diese fünfzig Gänge durch eine Person mit einem Karren verrichtet, und wenn der Gang der Hausfrau auch nur 20 kr. werth ist, der Karren dagegen 3 fl., so werden doch 7 fl. täglich an Marktgängen erspart; man kauft den Kaffee, den Zucker und das Mehl centner- statt loth- oder pfundweis, es wird von grösseren Kaufleuten, statt vom Greissler bezogen und man gewinnt daher wenigstens den Detailnutzen, gewöhnlich aber noch mehr, indem die Qualität eine bessere ist. Beim Brennmaterial zum Kochen der Speisen tritt eine noch viel bedeutendere Ersparniss ein; jede Hausfrau weiss, dass wenn sie für 6 Personen kocht, sie nicht das dreifache Holz oder dreimal so viele Kohle benöthigt, wie für die Mahlzeit zweier Gäste; sind ihre Mittel beschränkt, so macht sie daher ungern zu oft Feuer, und der Mann muss sich manchmal mit kalten Speisen begnügen, wenn das Brennmaterial nicht zu schnell aufgehen soll. Dasselbe Verhältniss dehnt sich auf die grosse Küche aus; der Koch hat für 100 Personen zu sorgen, besitzt aber Ofen und Herd nach den besten und neuesten Mustern angelegt, wo er das Brennmaterial bedeutend sparen kann und doch immerwäh-

rend Feuer hat. — Sogar solche Kleinigkeiten, wie das
Reinigen der Messer, werden im Grossen mit Hilfe von Maschinen für alle Parteien zugleich beinahe ebenso schnell
verrichtet, wie jede einzelne Partei braucht, um ihre paar
Klingen zu putzen. Beim Waschen ist die Geld- und Zeit-
Ersparniss ebenso gross; Seife, Lauge und was Alles zum
Reinigen der schwarzen Wäsche nöthig ist, wird *en gros*
angeschafft; das heisse Wasser wird für Alle viel billiger
erzeugt, als die Gesammtsumme jedes einzelnen Haushal-
tes ausmachen würde: besonders aber wird die Gesundheit und Reinlichkeit der Wohnungen gefördert, indem die
Dünste, die Unordnung und die Unbequemlichkeit, welche
in einem beschränkten Raume am Waschtage unvermeidlich sind, und für die Gesundheit sowohl, wie für den Comfort so missliche Folgen haben, gänzlich vermieden werden.
Auch beim Ankaufe des Fleisches, des Obstes und des
Gemüses ist es für die Gesundheit sehr vortheilhaft, wenn
nur ganz frische, unverdorbene Gegenstände benützt werden;
der einzelnen Hausfrau ist es manchmal nicht möglich solche
zu finden, sie muss sich mit dem begnügen, was gerade in
der Nachbarschaft vorhanden ist; auch kauft sie zuweilen
durch Mangel an Sachkenntniss der Gesundheit höchst nachtheilige Nahrungsmittel. Der Käufer im Grossen hat dagegen eine viel grössere Auswahl, und es liegt im Interesse
der Händler ihn mit den besten Waaren zu den billigsten
Preisen zu versorgen.

Wenn die Hausfrau nicht waschen und kochen muss,
kann sie den Kindern entweder mehr Zeit widmen, nähen,
stricken und andere lohnerwerbende Frauenarbeiten verrichten, oder aber kann sie auch ohne Besorgniss ihre Kinder
in die Krippe geben, und auswärts Beschäftigung suchen.
Dadurch bringt sie viel mehr ein, als genügt, um die Wäsche
und die Aufbewahrung der Kinder zu zahlen; bei ihrer
Rückkehr findet sie das Essen fertig, und um welche Stunde

immer ihr Mann von seiner Arbeit heimkommt, findet er eine
warme Mahlzeit und ein frisches Bier, ohne entweder im
Haushalte eine grosse Störung zu verursachen, oder in das
Wirthshaus gehen zu müssen. Denn es muss besonders
betont werden, dass die Restaurationen bei solchen Instituten nicht zum Nutzenbringen verpachtet werden dürfen.
Die Verwaltung verabfolgt die Speisen zu den Erstehungs-
preisen mit einem kleinen Zuschlag für Regie und Zinsen.
Sie ist auch in der Lage dies zu thun. Denn der gewöhn-
liche Gastwirth arbeitet mit grossem Risico. Er muss Zins
zahlen und seine Einrichtung auf eigene Kosten herstellen,
und es kann ihm meistens doch gekündigt werden. Er muss
sich Kunden zu verschaffen wissen, und muss ausser seinen
Stammgästen immer auf einen zufälligen Zuwachs vorbereitet sein; daher ihm oft die Hälfte der Nahrungsmittel,
welche er angeschafft hat, verloren geht. Er concurrirt mit
seinen Nachbarn, und um Concurrenz erfolgreich zu führen,
schafft er minder gute Nahrungsmittel zu billigen Preisen
an; endlich hat er noch hohe Steuern und Feuerversiche-
rungsgebühren zu zahlen.

Bei der *Cité ouvrière* entfällt der grösste Theil vom
Risico. Wenn das Haus besetzt ist, so weiss die Verwaltung genau, wie viele Gäste sie versorgen muss, der Eine
oder der Andere bleibt natürlich manchmal aus, aber in
wenigen Wochen weiss der Restaurateur doch beinahe haar-
genau, auf welchen Zuspruch er Mittags und Abends an
Wochentagen und an Sonntagen, rechnen kann. Er verabfolgt nichts an Fremde, ausser dass es mit Erlaubniss
geladene Gäste einer Partei wären, und verkauft nichts über
die Strasse — er kann seinen Vorrath daher derart einrichten,
dass ihm gar nichts verloren geht. Der Zins stellt sich
mässig, weil man die Räume gerade so gross herstellt, wie
man sie für die Anzahl der Bewohner des Hauses braucht,
und nicht auf einen plötzlichen Zudrang berechnen muss.

Der Zuschlag der Steuern und die Gebühren entfallen gänzlich, die Feuerversicherung gilt für das ganze Haus, in welchem Löschrequisiten und genug Wasser immer bei der Hand sein müssen, und ist daher sehr gering. Die Regiekosten bleiben bei der constanten Zahl des Besuches immer die gleichen, die Preise, zu welchen Speisen und Getränke verabfolgt werden können, sind daher sehr mässig und übersteigen kaum diejenigen, welche jede Hausfrau für die Gegenstände selbst zahlen muss, wenn sie die Kosten des Brennmateriales, das Geschirr u. s. w. dazu rechnet.

Indem nun bei jeder Wohnung die Küche, der Keller und der Boden wegfallen, sind die Flächen derselben kleiner, oder umgekehrt kann man um denselben Zins 'eine gesündere und geräumigere Wohnung vermiethen. Denn jede Branche eines solchen Institutes muss sich selber rentiren. d. h. die Restauration muss ihre Regiespesen und Zinsen abwerfen u. s. w., denn sonst würden diejenigen, welche dieselben weniger benützen, für die Andern, welche sie mehr in Anspruch nehmen, zahlen.

Dadurch, dass Bäder im Gebäude selbst zu sehr billigen Preisen zur Verfügung stehen, wird die für die Gesundheit so wichtige Reinhaltung des Körpers gefördert, und durch die Krippen und Schulen werden die Kinder besser beaufsichtigt und erzogen, als sie es in einem engen Haushalt sein können, wo die Mutter fortwährend durch häusliche Arbeiten in Anspruch genommen ist. Factisch ist also ein solches Institut in jeder Richtung nützlich; es bietet gesunde, billige und gut gewärmte Wohnungen, eine gute Kost, frische Getränke, reine Wäsche, für die Kinder eine regelrechte Erziehung und endlich sogar die Vortheile eines geselligen Kreises der Mitbewohner. Dies wird durch ein Lese- und Schreibzimmer, welches in derartigen englischen Instituten immer unentgeltlich zur Verfügung steht, und wo Zeitungen und Bücher aufliegen, noch gefördert und

die Anregung zur Selbstbildung uud zum gemeinsamen Fortschritt gegeben. Wenn diese Institute der Familie so grosse Vortheile
gewähren, so thun sie es in noch viel höherem Grade für
den ledigen Arbeiter. Ihm stehen einzelne kleine Zimmer
in den höheren Stockwerken zur Verfügung. In seinem
Zins ist die Reinigung seines Gemaches und die Heizung
mitinbegriffen; er findet es reinlich und warm, wenn er
Abends heimkehrt. In dem Speisesaal trifft er seine Freunde
beim Essen; er geht lieber in das Lesezimmer als in das
Wirthshaus, und hat factisch beinahe alle die Vortheile
der Familie, ohne in den Bierhallen die Zerstreuung suchen
zu müssen, welche im letzten Capitel gerügt wurde.

Ist er krank, so wird er vom Hausarzte gepflegt; kommt
in das Krankenzimmer, wenn seine Krankheit nicht an-
steckend ist, sonst aber sofort in die öffentlichen Spitäler,
da aus Rücksicht für die übrigen Bewohner kein Fall einer
contagiösen Krankheit im Hause gepflegt werden darf.

Dass solche Institute nicht allein lebensfähig, sondern
sogar ertragsfähig sind, hat sich ein jeder Besucher der
Weltausstellung, wo Zeichnungen und Beschreibungen aus
Belgien und England zu finden waren, selbst überzeugen können und braucht er nicht dem Verfasser, welcher sie persönlich in Gang gesehen hat, allein Glauben zu schenken.
Allerdings kann man von diesen *Cités ouvrières* keine
20 %ige Dividende erwarten; jedoch können sie, wenn sie gut
geleitet werden, immerhin ein bedeutendes Einkommen abwerfen. Es muss ein solches Gebäude in ziemlich grossem
Masstabe angelegt werden, damit es die Regiespesen zu
decken in der Lage ist; denn es gehören ausser den Die-
nern mehrere Persönlichkeiten zur Verwaltung, und obzwar
die Verhältnisse, unter welchen das in der Weltausstellung
durch Pläne, Ansichten und Beschreibungen veranschau-
lichte Hôtel Louise für die Kohlenbergwerksarbeiter von

Hasard bei Micheroux in Belgien errichtet wurde und betrieben wird, nicht dieselben sind, wie sie in Wien und den
Vororten bestehen, so wird doch ein Auszug der von der
Gesellschaft veröffentlichten Druckschrift über dieses Eta-
blissement gewiss nicht ohne Interesse sein, da die Andeutungen, welche darin enthalten sind, je nach den Umständen modificirt, auf jede Arbeitercaserne ihre Anwendung
finden und jedenfalls durch dieses praktische Beispiel der
Beweis geliefert wird, dass das Casernensystem auch unter
schwierigen Umständen mit moralischem, sanitärem und finan-
ziellem Nutzen durchgeführt werden kann.

„Das Gebäude" — sagt der General-Director Herr
d'Audremont — „ist sehr gross; es kann 200 Bergwerks-
arbeiter ausser dem eigenen Personale beherbergen. Es
wird in jeder Richtung für den Comfort der Arbeiter gesorgt; zu ebener Erde befinden sich das Kaffeehaus, der
Speisesaal für 100 Personen, die Küche, die Bäckerei, die
Bäder und Waschhäuser, das Wäschmagazin, die Läden zum
Verkauf von Esswaaren und Kleidungsstücken, die Bibliothek.
Eine Dampfmaschine hebt das Brunnen- und Regenwasser
in zwei auf dem Boden gelegene Reservoirs, von wo aus es
in bedeutenden Quantitäten in jedes Stockwerk zugeführt
wird. Das Hôtel ist mit Petroleumgas beleuchtet.

Die Arbeiter sind im ersten und zweiten Stock ein-
logirt, je zwei bis drei in einer Kammer, aber jeder im
eigenen Bett. Diese Kammern, durch dünne Wände von
weissem Holze von einander getrennt, sind in grossen, 5
Meter hohen und vollkommen ventilirten Sälen eingerichtet;
die Wände, welche nur 2·50 Meter hoch sind, berühren nicht
ganz den Fussboden, sondern bleibt ein 20 Centimeter hoher
leerer Raum, damit der Staub sich nicht anhäuft und der
Besen, das Haupt-Reinigungsmittel, überall hin kann.

Die Einrichtung jeder Kammer besteht aus einer eisernen Bettstatt mit Strohsack, Seegrasmatratze, zwei Lein-

tüchern, zwei Wolldecken im Sommer und drei im Winter,
aus einem Stuhl und einem Schrank; sie kostet 100 Francs.

Nach dieser kurzen Beschreibung des Hôtel Louise bleibt
die Hauptsache — nämlich die Lebensweise des Arbeiters
und die Organisation des Dienstes — zu beschreiben.

Der Arbeiter, welcher in's Hôtel Louise eintreten will,
wendet sich an den Bergwerks-Director und erhält von ihm
ein Büchel, in welchem sein Name, sein Zeichen und sein
Durchschnittslohn aufgeschrieben sind; mit diesem Büchel
versehen, in welchem man seine täglichen Ausgaben und
sogar das Verzeichniss und den Preis der Gegenstände,
welche er sich im Verkaufsladen anschafft, um deren Summe
von seinem vierzehntägigen Lohne abzuziehen, ersieht, geht
er zum Hôtel Louise.

Wenn er z. B. am 1. des Monats eintritt, erhält er
für die Woche 16 weisse Marken für zwei Frühstücke täglich, 8 gelbe Marken für ein tägliches Mittagessen und 8
rothe Marken für das Nachtessen — man gibt ihm ebenfalls ein Stück Marseiller Seife, welches auf 8 Tage reicht,
und man schreibt in sein Büchel ein, dass der durch eine
bestimmte Nummer bezeichnete Arbeiter dem Institut acht
Tage Logis, Verpflegung und Wäsche à 1 Fr. 20 Centimes,
für vom 1. bis zum 8. schuldig ist. Die Lebensweise der
Arbeiter ist folgende:

Um 5 Uhr wird geläutet; der Arbeiter steht auf und
frühstückt eine grosse Schale weissen Kaffee und 300 Gramm
($^3/_5$ Pfd.) Butterbrod; er nimmt ein eben solches Butterbrod
mit, um es unten im Bergwerk zu verzehren, und füllt sein
Fläschchen mit Kaffee, Alles für die zwei Frühstücksmarken
im Werth von 20 Centimes: er fährt dann in den Schacht,
welcher nur etwa 200 Schritte vom Hôtel entfernt ist.

Um 2 Uhr tritt er schwarz und mit Kohlenstaub bedeckt, wieder zu Tag — er begibt sich sofort in die Wasch-
zimmer, wo er an der Casse die mit seiner Nummer ver-

sehenen reinen Kleider und ein Handtuch erhält; er zieht
sich in eine Badekammer, sechs Fuss lang und sechs Fuss
breit, zurück und findet dort eine grosse mit warmem Wasser gefüllte Wanne, in welcher er sich vom Kopf bis zu den
Füssen badet; seine schmutzigen Kleider bindet er mit dem
Handtuch in ein Bündel zusammen und wirft es in ein
Loch, welches mit der Waschküche in Verbindung steht:
hier kommt die schmutzige Wäsche sofort in eine grosse
durch Dampf getriebene Waschmaschine, welche mit Wasser,
das Seife und Soda enthält, gefüllt ist; nach 20 Minuten
kommen die Kleider in das Spülbecken, von dort in die
Walze, und dann in eine mit heisser Luft versehene Trocken-
maschine; in wenigen Stunden kommt die Wäsche, nachdem
sie alle diese Bearbeitungen durchgemacht hat, vollkommen
weiss in den Aufzug, welcher sie zur Classirung in das Wäsche-
magazin bringt.

Vier Personen genügen, um in einem Tag 2000 Stück
zu waschen.

Sobald der Arbeiter seine Toilette verrichtet hat, begibt er sich frisch und mit gutem Appetit in den Speisesaal,
wo er für eine gelbe Marke sein Mittagsmahl bekommt. Er erhält einen grossen Teller Suppe, ^{1} $1/4$ Pfund Fleisch, $1^1/2$ Pfund
Kartoffeln und Gemüse, $1/4$ Pfund Brod und etwa ein grosses Seitel Bier. Der Speisezettel wird täglich verändert;
das Fleisch ist zuweilen gesotten, dann wieder gebraten;
man bekommt manchmal Würste, Knödel, Eier, Speck u. s. w.

Nach dem Essen ist der Arbeiter frei und kann spa-
zieren gehen oder ein Schläfchen machen; oder er kann
sich im Kaffeehaus unterhalten, dort Karten oder Domino
spielen: ist er wissbegierig, steht ihm die Bibliothek, welche
voll lehrreicher und populärer Werke ist, umsonst zur Verfügung: er hat auch zahlreiche Zeitungen, welche auf jedem
Tisch aufliegen, wenn er die Tagesneuigkeiten kennen will;

endlich sind sogar viele der billigen deutschen illustrirten
Wochen- und Monatshefte da, wenn er lieber Bilder anschaut. Im nächsten Jahre sollen eine Abendschule für die Erwachsenen und eine Musikclasse errichtet werden.

Um acht Uhr speist der Arbeiter zu Nacht: für die
rothe Marke — Werth 20 Centimes — hat er die Wahl
zwischen einem reichlichen Teller von Kartoffeln und Gemüse und einer Tasse Kaffee mit einem Butterbrod von
$3/5$ Pfund. Um 9 Uhr im Winter und 10 Uhr im Sommer wird
das Gas gelöscht und das Kaffeehaus gesperrt und der Arbeiter legt sich ohne Widerrede schlafen, um der nach an-
strengender Arbeit so nöthigen Ruhe zu geniessen. Beim
ersten Blick sieht man nicht recht ein, wie durch eine tägliche Zahlung von 1 Fr. 20 Cent. die Ausgaben und Einnahmen
in's Gleichgewicht kommen, namentlich weil der Arbeiter
das Recht hat, für die nicht gebrauchten Marken das Geld
wieder einzucassiren. In folgender Art lässt sich dies erklären:

Das Kaffeehaus wirft einen Nutzen ab; es wird durch
dasselbe so zu sagen eine Luxussteuer eingehoben: Alles
muss baar, und zwar zu demselben Preis wie in den Privat-
kaffeehäusern der Nachbarschaft bezahlt werden. Und obgleich der Nutzen, welchen man von den Verkaufsläden
bezieht, äusserst gering ist, so prosperiren sie doch, weil sie
absolut gar nichts durch schlechte Schuldner verlieren. Endlich erlauben die Speisenreste, die Küchenabfälle, die Hül-
sen der Kartoffeln und Gemüse u. s. w. fortwährend 20
Schweine zu füttern, von welchen Jahr aus Jahr ein im
Durchschnitt ein Nutzen von drei bis viertausend Francs zu
gewärtigen ist.

Die von diesen drei Quellen entfliessenden Vortheile müssen genügen, die Regiespesen zu decken; wir verzichten

auf die Interessen und die Amortisation des Capitals, indem wir unsere Rechnung genügend darin finden, dass die Zahl und das Wohlsein unserer Arbeiter von Tag zu Tag zunimmt.

Das Hôtel Louise hat sammt Möbeln für 200 Arbeiter 180.000 Francs gekostet: per Kopf 900 Francs, während wir bei dem Cottagesystem für jeden Arbeiter 1666 Fr. 60 Cent. Capitalsauslage machen mussten. Der Unterschied beträgt also 766 Fr. 60 Cent. zu Gunsten des Hôtelsystems.

Man wird uns fragen, wie die Polizei des Hôtels geführt wird; es müssen Streite, Thätlichkeiten und Raufereien vorkommen?

Meine Herren! Es kommt so Etwas gar nicht vor! Wir haben fast keine Streitigkeiten gehabt, und schreiben dieses glückliche Resultat einzig und allein dem Nichtvorhandensein eines Reglements zu.

Wir sagen dem eintretenden Bergmanne: Um im Hôtel zu bleiben, müssen Sie regelmässig in den Gruben arbeiten, und sich mit Ihren Kameraden und dem Personal des Hôtels anständig benehmen. Diese Empfehlung genügt; die Arbeiter machen sich selbst ihre Polizei, und die Krakehler und Raufer finden andere, welche, da sie friedlich ihre Arbeit verrichten und sich ausruhen wollen, sie entweder zur Vernunft bringen oder um ihre Entlassung aus dem Hôtel ansuchen.

Wir müssen hinzufügen, dass die Bewohner des Hôtels, welche niemals schlecht waren, sich noch täglich bessern. Unsere Parteien machen fast gar nicht mehr blauen Montag; oft arbeiten sie sogar zwei Schichten; indem sie gegen Mittag zum Essen zu Tag kommen und von zwei bis sechs abermals zu Berg fahren. Das Benehmen der Arbeiter übt einen besonderen Einfluss auf das Kaffeehaus aus — je fleissiger sie sind. desto weniger trägt es,

und obzwar dies Resultat für die Casse traurig ist, so ist es
für das ganze Unternehmen ein günstiges.

Das Hôtel Louise wurde am 1. Juni 1872 eröffnet; es
ist von etwa 200 Arbeitern von verschiedenen Nationalitä-
ten bewohnt; die einen sind ledig, die andern sind ver-
heirathet und gehen am Samstag nach Hause; andere wieder haben ihre Kinder im Alter von vierzehn bis siebzehn
Jahren mit. Alle sind glücklich und mit ihrer Lebensweise
zufrieden, und wir können uns nicht genug beglückwün-
schen, dass es uns gelungen ist, die Zahl der Bergwerks-
arbeiter beträchtlich zu vermehren und zugleich ihren moralischen und materiellen Stand bedeutend zu heben.«
Es liegen in dieser Richtung die Erfahrungen auch
anderer Länder zur Genüge vor, um bei der Einrichtung die
Fehler, welche früher in London und Paris gemacht wurden,
zu vermeiden und ein günstiges Resultat mit Gewissheit
voraussagen zu können. Für die Förderung eines solchen
Systems nun, für die Errichtung solcher Institute in jeder
Vorstadt, könnte die Staatshilfe, wie ich glaube, eher in
Anspruch genommen werden, als zur Niederhaltung der
Grundpreise. Die Errichtung eines Hauses, wo ordentliche
Bürger gut unterkommen, wo jede sanitäts- und polizeiliche
Massregel leicht durchgeführt, für die Gesundheit, Sittlichkeit und Bildung der jetzigen und die körperliche und mo-
ralische Erziehung der heranwachsenden Generation gut
gesorgt würde, kann für Staat und Stadt nur ein Vortheil
sein, und glaube ich als unzweifelhaft den Satz aufstellen
zu können, dass die Steuerbefreiung dem Hause selbst und
die Befreiung von der Einkommensteuer und den Stempel-
gebühren dem ein solches Gebäude schaffenden Institut anstandslos gewährt werden sollten. Es versteht sich natürlich,
dass die Controle der Statuten und der Geschäftsgebahrung
von Seite des Staates mehr als eine leere Form sein müsste,
und dass es sich hier nicht um die Gründung einer

Bank- oder Baugesellschaft, sondern um die Schaffung eines
gemeinnützigen, ökonomisch richtigen und bewährten Mittels
zur Abhilfe der Wohnungsnoth, zur Hebung der sittlichen
und moralischen Verhältnisse der Minderbemittelten, zur
Förderung der Gesundheit und endlich zur Vergrösserung
der Steuerbefähigung handelt.

Die Arbeiterhäuser sind selbst in England nicht finanziell misslungen, indem sie oft mehr als fünf Procent Zinsen
und manchmal sechs Procent getragen haben.

Dagegen tragen sie in Frankreich und Belgien fünf
bis sieben Procent und glaube ich die Ursache des Minder-
ertrágnisses in England zum Theil im Charakter der Engländer suchen zu müssen, besonders aber in dem Factum,
dass in London eine Wohnungsnoth im wahren Sinne des
Wortes gar nicht besteht. Indem nun, wie oben erwähnt,
der Engländer sein eigenes Häuschen und sein ruhiges Fa-
milienleben über Alles liebt, indem selbst dem Minderbemittelten kleine Einzelhäuser zu billigem Zins jederzeit zur
Verfügung stehen, hat es der anständige Gewerbetreibende gar
nicht nothwendig die grosse *Cité ouvrières* aufzusuchen. Nur
für ganz Arme oder für die Lumpen, welche wohl genug
verdienen, um Einzelhäuser zu bewohnen, aber ihren Verdienst verschwenden, bieten die Arbeitercasernen eine will-
kommene Zuflucht: es ist natürlich, dass ein Unternehmen,
welches auf solche Parteien allein angewiesen ist, bei welchen der Zins, den man verlangen kann, äusserst gering,
aber doch sehr schwer einzutreiben ist, wo diejenigen, deren
Umstände etwas aufblühen, sofort ein kleines Haus aufsuchen
und fortziehen, unter den anderen aber Zwangsmassregeln
zur Eintreibung des Zinses und zur Räumung der Wohnungen fortwährend vorkommen, nicht finanziell gelingen
kann. Es fehlt ihm die *Raison d'être*, die Begründung.
Deshalb gelingt jeder Bauverein, jede Gesellschaft zur Errichtung von Einzelhäusern in England besser als die beste

Cité ouvrière. Hier scheint es interessant einen Auszug aus dem Jahresbericht der „*Improved Industrial Devellings Company*" beizufügen, umsomehr, da man jetzt beim Cottageverein in Döbling den Versuch macht, das System hier einzubürgern.

„Die Gesellschaft wurde im Jahre 1864 gegründet. Sie hatte bis Ende 1872 ausgegeben £. 194.469 = fl. 1,940.469. Sie hat 1287 Wohnungen errichtet, welche alle besetzt sind u. z.:

$$78 \text{ Wohnungen zu je 5 Zimmern,}$$

542	„	„ 4	„
614	„	„ - 3	„
3	„	„ „ 2	„

und 50 Verkaufsläden; jede Wohnung enthält ferner eine Küche und Waschküche und ist mit Wasserleitung und Vorrichtung zu heissem Wasser versehen.

Ferner waren Anfang 1873 noch 230 Wohnungen im Bau. Die Durchschnitts-Capitalsanlage einer jeden Wohnung stellt sich daher £. 128 — fl. 1280 — und der Zins derselben zu sieben Procent auf fl. 89„60 kr.

Während dieser neun Jahre hat die Gesellschaft regelmässig 5 % Interessen an ihre Actionäre ausgezahlt, und ferner an Superdividende verdient:

1867 fl.	3.290,
1868 „	4.970,
1869 „	12.231,
1870 „	6.472,
1871 „	15.986,
1872 „	31.028,

von welchen ein bedeutender Theil immer zur Abtragung der Summe, welche die Gesellschaft an die Commission der öffentlichen Bauten (quasi der Londoner Stadterweiterungsfond) schuldete, verwendet wurde. Die Anmeldungen von Parteien waren immer vier- bis fünfmal so zahlreich, wie

6*

die verfügbaren Wohnungen; es standen im Durchschnitt
nur ein Procent leer, und dieses Verhältniss war wegen
Reinigung, Reparaturen u. s. w. nöthig.

In 1872 waren die von der Gesellschaft errichteten
Wohnungen von 5063 Menschen bewohnt; es ereigneten
sich im Ganzen nur achtzig Sterbefälle oder 15·8 per Mille,
während das Sterblichkeitsverhältniss von ganz London im
selben Jahre 21 per Mille betrug. Während der acht Jahre
des Wirkens der Gesellschaft hat das Sterblichkeitsverhältniss in ihren Wohnungen im Durchschnitt sechzehn per Mille
betragen; das der ganzen Stadt London in demselben Zeitraum vierundzwanzig.

Man kann also mit Berücksichtigung der Zahl der
Bewohner behaupten, dass durch diese Gesellschaft in acht
Jahren nicht weniger als 250 Menschenleben gerettet wur-
den.

Die sanitären Erfolge sind demnach ebenso befriedigend,
wie die finanziellen Resultate. Bemerkt muss werden, dass
die Herren Verwaltungsräthe ihre Dienste unentgeltlich der
Gesellschaft widmen, dass aber sonst alle Angestellten wie
überall bezahlt werden, und dass die Gesellschaft überhaupt
selbstständig dasteht und keineswegs auf den Wohlthätig-
keitssinn angewiesen ist.

Die Gründungs-Kosten dieser Gesellschaft betrugen
£. 15 „ 19 s. oder 160 fl. und hat sie auch Zeichnungen und
Modelle in die Weltausstellung geschickt. Die Kosten der
Administration betragen jährlich nur fl. 6590 und die Brutto-
Einnahme fl. 122.314, es stellen sich also die Administra-
tionskosten mit fünf Procent der Brutto- und zehn Procent
der Netto-Einnahme.“

Ein glänzendes Resultat ist von der Einführung des Ein-
zel-Systems bei Wien kaum zu hoffen, erstens, weil es innerhalb der Linien wegen der theueren Gründe nicht möglich
und dermalen die Communication noch schwierig und un-

genügend ist, zweitens, weil die socialen Verhältnisse gar
nicht dieselben sind; dagegen haben die Arbeiter-Hôtels
eine Zukunft. Hier ist der Hang zum geselligen Leben
so gross, dass es äusserst schwer fallen würde, die Leute
an das Einzelsystem zu gewöhnen. Hier ist der Mangel
an gesunden, billigen Wohnungen so fühlbar, dass kein
Haus, welches solche selbst zu sonst unangenehmen Bedingungen bietet, lange leer stehen wird. Der eingefleischte
Wiener wird sich allerdings nicht sofort abgewöhnen, jeden
Abend in sein „weisses Ross" oder in sein „goldenes Sieb"
dem Bier nachzugehen; über kurz oder lang wird er aber
entdecken, dass er in der *Cité ouvrière* in dem Gastzimmer
ein eben so gutes Bier billiger bekommt, er wird Bekannt-
schaften daselbst anknüpfen, mit welchen er Abends lieber
daheim sitzt, als fremde Wirthshäuser aufsucht, und nach
einem Jahre wird das „weisse Ross" seinen Stammgast verloren haben.

Die Bedenken, die man gegen diese Einrichtung
vom finanziellen Standpunkt aus haben könnte, scheinen
mir in soweit unbegründet, dass ein Zinserträgniss von
sechs bis acht Procent mit Gewissheit zu gewärtigen wäre;
dagegen darf man sich keinen Illusionen hingeben und von
solchen Instituten einen riesigen Gewinn erwarten. Der
Capitalist, welcher sein Geld sicher anlegen und zugleich
seinen Mitmenschen nützlich sein will, hat hier eine Gelegenheit; als Mitbesitzer eines solchen Hauses hat er immer
eine gewisse Garantie für sein Anlage-Capital — doch derjenige, welcher nur ein Geschäft machen will, der sein Geld
rasch benützen und wieder herausnehmen will, der auf
grossen Gewinn speculirt, für ihn ist die *Cité ouvrière* nichts.
In Grossbritannien haben sich genug hochherzige Männer gefunden, welche, ohne überhaupt auf Zinsen zu reflectiren, ihr
Geld zu solchen gemeinnützigen Zwecken hergaben; sollten
wirklich in Wien keine solchen Männer sein, welche statt Priori-

täten zu kaufen, einen kleinen Theil ihres Vermögens der Förderung des allgemeinen Wohles widmen würden — und zwar
immer mit der Gewissheit, das Capital selbst, welches ja im
Hause liegen würde, im allerschlimmsten Falle eines Nicht-
gelingens beinahe unversehrt zurückzuerhalten?
Gewiss gibt es solche Menschen in Wien, und braucht
es nur der Anregung dieses Gegenstandes, und der Beweis-
führung seiner Nützlichkeit in jeder Hinsicht, um ihn bald
zu verwirklichen, und damit einen grossen Schritt zur Abhilfe der Wohnungsnoth zu thun. Ja, bis zu einem gewissen Grade ist dies schon durch die Anlage des Rudolfs-
hofes, Familienhaus für Beamte, in der Türkenstrasse, geschehen. Jedoch ist das Princip, auf welchem dieses Gebäude beruht, nicht das hier empfohlene: der Bauplatz ist
selbst zum halben Preis noch zu theuer, um eine billige
Wohnung herstellen zu können, das Gebäude ist architektonisch zu schön, und es hat überhaupt nicht den Zweck,
durch gemeinschaftliche Küchen, Waschküchen u. s. w. den
Parteien ein billigeres Leben zu bieten; endlich ist es nur
für Beamte, während der Verfasser besonders auf die ar-
beitende Classe reflectirt.

Zum Schlusse dieses Capitels seien die Massregeln
kurz zusammengefasst, welche wir zur Abhilfe der Wohnungsnoth und zur moralischen und sanitären Hebung der
Bevölkerung Wiens als nöthig gefunden haben. Dieselben
sind:

1. Anlage eines vollständigen Localbahnnetzes, woraus
   die Ausgleichung der Grundpreise und der Zinse und
   die Verminderung der Baumaterialienpreise folgen würde.
2. Unentgeltliche Ueberlassung gewisser Staats-, Stadt-
   und Gemeinde-Gründe zum Zwecke der Erbauung
   von kleinen Wohnungen unter strenger sanitärer Controle.
3. Die grösstmögliche Ausdehnung der Steuerfreiheit.

4. Die theilweise Modificirung der Bauvorschriften im Sinne einer leichteren Bauart, und die möglichste Aufhebung jeder störenden und hemmenden Formalitäten zur Erlangung der Baubewilligung.

5. Die Gründung von zahlreichen Bauvereinen (nicht Baugesellschaften) in Verbindung mit den Bahnen, um an geeigneten Stellen Colonien von Einzelhäusern zu errichten.

6. Die Gründung von Gesellschaftshäusern (*Cités ouvrières*) und die Förderung derselben durch Befreiung von Steuer-, Stempel- und Accise-Gebühren.

Alle diese Massregeln, ausser der ersten, sind schon besprochen worden, und gehen wir im nächsten Capitel auf die Localbahnfrage über.

Capitel V.

Localbahnen,

Der Gegenstand dieses Capitels hat schon viele Federn beschäftigt und viele Discussionen veranlasst. Gemeinde, Statthalterei, Staat, Gewerbeverein, Alle haben diese Frage behandelt. Briefe, Broschüren, Referate, Zeitungsartikel sind in Hülle und Fülle erschienen. Jeder Unbefangene kann urtheilen, in wie weit sie ihrer Lösung näher gerückt sei. Um so überflüssiger erscheint hier eine Wiederholung dessen, was in allen Schriften, in allen Zeitungsblättern schon so oft erklärt und begründet wurde, nämlich die Nothwendigkeit eines Localbahnnetzes. Sie ist auch vom Standpunkte der Wohnungsnoth und des sanitären Fortschrittes in den vorhergegangenen Capiteln so ausdrücklich betont worden, sie wird in dem Abschnitt, in welchem über Baumaterialien gehandelt wird, noch einmal so nachdrücklich erwähnt, dass der Verfasser wohl seinen Lesern eine fernere Auseinandersetzung ersparen kann und als Grundsatz annehmen darf, dass die Nothwendigkeit eines Localbahnnetzes allerseits anerkannt und die Ausführung von Allen erwünscht ist. Doch „*Tempora mutantur et nos mutamur in illis*". Während vor wenigen Monaten die Projecte für Localbahnen und die Concessionsgesuche sich derart anhäuften, dass nur die Schwierigkeit bestand, zwischen den Concurrenten

eine Wahl zu treffen, der Ausbau aber ohne Staatshilfe
oder andere Beiträge gesichert schien, so treten jetzt von
allen Seiten Bedenken auf, in wie weit eine Gürtelbahn
mit Radialbahnen sich als Eisenbahn rentiren würde und
man beginnt zu zweifeln, ob eine Gesellschaft ohne finanzielle Unterstützungen von Seite der Behörden überhaupt zu
bauen und zu betreiben im Stande wäre. Statt dass die
Concessionsbewerber wie früher die dazu berufenen Autoritäten um eine Lösung förmlich bestürmen und jeder sein
Project als das zweckentsprechendste hinstellen will, haben
viele ihre Pläne ganz zurückgezogen, andere möchten dasselbe thun, nur schämen sie sich, und alle endlich sehen
der amtlichen Entscheidung mit ziemlichem Gleichmuth entgegen. Indem nun nicht behauptet werden kann, dass die
Localbahnen jetzt minder nothwendig geworden sind, als
sie es vor sechs Monaten waren, so kann man die jetzt
eingetretene Ruheperiode nur dem Nachlassen der Speculation zuschreiben, und muss man leider zum Schluss gelangen, dass der Bau eines Localbahnnetzes bisher rein als
Speculationsobject von den Bewerbern um die Concession
betrachtet wurde.

Von diesem Standpunkt aus ist es kein Unglück, dass
eine Pause in der Unternehmungslust eingetreten ist. Die
Localbahnen Wiens können und dürfen nicht als reine
Speculation angesehen werden; sie stehen auf einem ganz
anderen Fusse als eine x beliebige Flügelbahn auf dem
flachen Lande zwischen A und B. Nicht allein sind die
Interessen von 900.000 Menschen direct im Spiele, sondern
es ist, wie für meine Leser schon vielleicht zu oft betont
wurde, die Anlage derselben mit der Wohnungsfrage, mit
den sanitären Verhältnissen und mit der Approvisionirung
der Haupt- und Residenzstadt derart verflochten, dass der
Staat, welcher für das Wohlsein aller Bürger zu sorgen
hat, das Land, dem das Schicksal seiner Hauptstadt nicht

gleichgiltig sein kann, die Gemeinde, welche unmittelbar im Spiel ist, die Handels- und Gewerbetreibenden von ganz Oesterreich und die Fremden sogar, die, wie der Verfasser, hier ihren ständigen Wohnsitz gewählt haben, alle in einer richtigen Lösung der Frage ein gleich grosses Interesse besitzen. Und trotz des Zeitverlustes, der schon eingetreten ist, trotz der drängenden Wohnungsnoth und der verheerenden Epidemien, glaube ich, dass eine übereilte Entscheidung, eine Ertheilung der Concession ohne Weiteres an den Einen oder den Andern ein unverbesserlicher Fehler wäre, und dass man sich eigentlich nur gratuliren sollte, dass durch die herangetretene Finanzkatastrophe etwas mehr Zeit den betreffenden Behörden gegönnt ist. Denn obgleich die Localbahnfrage so ventilirt worden ist, wie s. Z. die Wasserversorgungsfrage, so scheint diese Ventilirung nicht auf alle Interessirten ausgedehnt worden zu sein. Der Gemeinderath, welchem das hohe Ministerium die Projecte zur Beschlussfassung zuwies, vertritt nur die Bevölkerung innerhalb der Linien Wiens. Er allein war zur Entscheidung der Wasserversorgung Wiens berufen, aber er spielt bei der Lösung der Localbahnfrage nicht mehr dieselbe Rolle; es handelt sich nicht mehr um die Interessen der 500.000 Bewohner der neun Bezirke allein, sondern, wie oben erwähnt, um einen viel weiteren und viel grösseren Kreis. Mehr als je scheint es also bei der Lösung dieser schwierigen Aufgabe nöthig, alle Mitinteressirten herbeizuziehen und eine Commission aus Vertretern des Staates, des Landes, der Gemeinde, der Vororte, des Handels und der Technik zusammen zu rufen, welche befähigt wäre, mit Rücksich auf die Wohnungsnoth, die sanitären Einrichtungen, die Approvisionirung, die Gewerbe und den Handel ein Netz zu bestimmen, dessen Ausführung dann s. Z. einem oder mehreren der Bewerber nach Vereinbarung zu überlassen wäre.

Diese Frage ist ebenso gewiss eine National-Oester-
reichische, wie die Donauregulirung es war, und sie benöthigt einer ähnlichen, nur noch ausgedehnteren Behandlung.
Ebenso wie die Bewerber um die Wasserversorgung Wiens
zahlreiche Projecte vorlegten, die Gemeinde aber endlich
auf eigene Kosten eines verfasste, ebenso wird es wahrscheinlich dazu kommen, dass nach Einsetzung der oben
besprochenen Commission, nach Prüfung aller vorliegenden
Projecte, keines als ganz dem grossen Zwecke vollständig
entsprechend anerkannt werden wird, sondern ein neues
auf Grundlage eines oder mehrerer der Concurrenzpläne
und mit jeder gerechten Berücksichtigung ihrer Verfasser
von den Organen der Commission selber ausgearbeitet und
mit der nöthigen Autorität versehen wird. Vor Allem wäre
aber nöthig, eine solche Commission zu bilden. Dann hätte
man wenigstens die Versicherung, dass sich die Localbahnfrage ihrer endgiltigen Entscheidung nähert; jetzt entbehren
die Vorgänge jedes Anscheines von Ernst. Denn es ist
nicht zu vermuthen, dass das von der Gemeinde empfohlene Project vom hohen Ministerium ohne Weiteres und ohne
Berücksichtigung der vielen anderen Interessen angenommen werden wird: es ist auch nicht zu glauben, dass unter
den jetzigen Umständen die Bewerber ohne finanzielle Unter=
stützung ihr grosses, beinahe märchenhaftes Project ausführen können; die Sache wird daher aller Wahrscheinlich-
keit nach abermals in dasselbe Stadium des Zweifels zu-
rückfallen, in welchem sie sich vor sechs Monaten befand.
Man soll sich mit der Lösung gewiss nicht übereilen; aber
dagegen muss man die Schritte einleiten, um überhaupt eine
richtige Lösung zu ermöglichen; das einfache Liegenlassen
der Sache, die Politik des *laissez faire* und die Uebertragung
des Entschlusses an die Gemeinde, welche nicht berechtigt
ist, allein eine endgiltige Entscheidung zu fällen und nicht
dazu berufen sein kann, hilft nichts und es wird damit nur

der Schein des Fortschrittes, nicht aber der Fortschritt selbst erzielt. Das Losungswort dieser ganzen Schrift — Einheitliche Leitung — drängt sich abermals auf, und muss ich es selbst mit der Gefahr, den geduldigsten Leser zu ermüden, abermals wiederholen. Der geduldige Leser soll mir ein anderes Mittel vorschlagen, um den vielen Gebrechen, unter welchen Wien leidet, abzuhelfen, um die Wohnungsnoth zu mildern, neue Strassen zu bauen, und ein gutes praktisches Localbahnnetz zu schaffen! Die letztere Frage ist eigentlich von Herrn G. von Pacher in seinem Referat so gründlich behandelt worden, er hat alle Umstände so eingehend berücksichtigt, dass ich denjenigen, welche sich dafür interessiren, nur wärmstens empfehlen kann, sich seine Broschüre anzuschaffen; auch erlaube ich mir aus derselben einige Stellen im Anhang einzuschalten; aber es wird deshalb doch nicht überflüssig sein, hier auf mehrere Punkte aufmerksam zu machen, welche bei der Entscheidung dieser hochwichtigen Frage ihre Berücksichtigung finden müssen.

Namentlich und vor Allem hat man bei der Frage der Rentabilität der Bahn dem fruchtbaren Boden, welchen man in Wien zu ihrer Anlage findet, kaum genügend Rechnung getragen. Ich spreche natürlich nicht im concreten, sondern im abstracten Sinne. Es gibt gar keine grossstädtische Bevölkerung, welche so sehr an Ausflüge gewohnt, keine, die so ungern in ihren vier Wänden sitzen bleibt, wie diejenige von Wien. Allerdings stehen da die jetzigen schlechten Wohnungen auch mit im Spiel, und kann man sich nicht wundern, dass an einem schönen Tage jede Arbeiterfamilie eher hinausgeht als drinnen bleibt; aber wahre Liebe für das Land, der Hang nach dem „Grünen" ist doch nirgends so bis in die untersten Schichten allgemein verbreitet. Der ärmere Pariser macht über den ganzen Sommer höchstens einen oder zwei Ausflüge, sonst schaut er sich

auf den Boulevards die Gewölbe und Spaziergänger an,
oder wandert in die Elysäischen Felder; der Engländer,
welcher zu Ferien auf längere Zeit keine Mittel hat, be-
gnügt sich am Sonntag früh mit der Kirche; Nachmittags
mit einem Spaziergang nach Hyde- oder Victoria-Park; allerdings findet man an schönen Feiertagen in Hampton Court
oder Kew riesige Menschenmassen, doch sind sie einerseits
im Verhältniss zur Einwohnerzahl Londons, anderseits im
Vergleich zu der zahllosen Menge, welche durch jede Linie
von Wien auswandert, welche jeden Gasthausgarten in der
Umgebung, jeden öffentlichen Park, jeden Spaziergang, jede
Wiese in einem Kreise von mehreren Stunden bevölkert,
noch sehr klein.

Man bedenke nur, dass an einem schönen Feiertage
die Localzüge der Südbahn bis achtzigtausend Menschen
hin- und zurückbefördert haben; dass auf der Tramway bis
250.000 Billets, welche wenigstens halb so viele Passagiere
vorstellen, gelöst worden sind: dass die zahlreichen Stellwägen überfüllt, und jeder Fiaker und Einspänner in Anspruch genommen ist; endlich dass unzählige Mengen aus
den Vorstädten und Vororten zu Fuss in's Freie wandern,
und man wird gewiss nicht zu hoch schätzen, wenn man
behauptet, dass an einem solchen Tage wenigstens die Hälfte
der Einwohner Wiens längere oder kürzere Ausflüge macht.
Man hat es mit einer Bevölkerung zu thun, welcher mehr
als irgend einer anderen die Localbahnen zu Nutzen kommen;
welche sich lieber in die schrecklich gedrängten Tramway=
waggons hineindrückt, lieber die kriechenden Stellwägen
besteigt, lieber die lange Tour zum Süd- oder Westbahnhofe
zu Fuss macht, als zu Hause sitzt; man kann daher schliessen, was für ein riesiger, sonst nie dagewesener Verkehr
von einer Localbahn zu bewältigen wäre, wenn sie, wie sie
es thun muss, alle Vorstädte und Vororte mit einander,
mit dem Centrum, mit dem Prater, den Bahnhöfen und den

Umgebungen verbindet. Ohne hier noch einmal Ziffern anzuführen, will ich den Zweifler nur ersuchen, erst an einem
Wochentage und dann an einem schönen Feiertage die
beliebtesten Bierhallen und Restaurationen der Stadt zu
durchwandern. Am ersteren Tage findet er Alles gedrängt
voll, ein leerer Tisch gehört zu den Seltenheiten und
die Kellner können ihre Aufgabe absolut nicht bestreiten; am zweiten sind die Locale beinahe unbesetzt und
die dienstbaren Geister umringen den willkommenen Fremden in ihrem Eifer derart, dass er gleich sieht, wie selten ein ähnlicher Besuch vorkommt. Die sonst belebte-
sten Strassen sind Nachmittags öde und menschenleer.
Alles macht Landpartien oder unterhält sich im Prater,
dieser schönen Zuflucht des Wieners, der die Mittel oder
die Zeit nicht hat, auf das Land zu gehen. Ganz anders
geht es in Paris und London her. Es fällt dem ärmeren
Franzosen gar nicht ein, jeden schönen Sonn- und Feiertag
einen Ausflug zu machen. Für ihn und seine Familie besteht das Hauptvergnügen darin, die Schaufenster der reicheren Stadttheile zu betrachten, den Louvre oder ein anderes Museum zu besuchen, und dann den Tag mit einem
Diner in der Restauration abzuschliessen. Allerdings sind
die Bals champêtres in Asnières und ähnlichen Orten stark
besucht, doch ist die Zahl der ländlichen Restaurationen
eine weitaus geringere als bei Wien, Brauereien sind beinahe unbekannt und die wenigen, die es gibt, werden höchstens von den Studenten und von Kunden aus der Nachbarschaft aufgesucht. In England pflegen die minder Bemittelten, ja sogar die Wohlhabenden, nur selten ausser dem
Hause zu speisen; die überfülltesten Vergnügungszüge —
welche übrigens selten an Sonntagen verkehren — können
trotz der vier Millionen Einwohner Londons mit der Anzahl der Reisenden, welche die Südbahn befördert, nicht
wetteifern, und wenn auch das Klima, welches in England

unbeständig ist, viel dazu beiträgt, Ausflüge zu verhindern, so hat doch der angeborne Drang der Wiener hinauszukommen einen noch grössern Einfluss auf die Anzahl der Auswanderer. Man kann daher in dieser Hinsicht mit vollkommener Sicherheit behaupten, dass eine Localbahn hier im Verhältniss mehr Zuspruch haben würde als die Londoner Eisenbahnen, und ich mache jetzt noch auf einen zweiten Punkt aufmerksam, welcher die Rentabilität einer solchen Bahn noch wahrscheinlicher macht — nämlich die verhältnissmässig grössere Dichtigkeit der Wiener Bevölkerung.

London hat viermal die Einwohnerzahl Wiens, occupirt aber mit seinen Vororten wenigstens zehnmal so viel Raum — einfach aus dem Grunde, weil da Einzelhäuser statt Zinscasernen die Regel sind und die Bewohner sich daher mehr in die Weite als in die Höhe ausdehnen. Es ist daher einleuchtend, dass auf jeden Kilometer Stadtbahn zwei einhalbmal soviel Menschen in Wien fallen als in London und man ceteris paribus auf eine zwei und einhalbmal so grosse Frequenz rechnen dürfte. Indem London die einzige grosse Stadt ist, in welcher ein Bahnnetz im Innern besteht, kann man mit keiner anderen einen Vergleich machen und wird von Pessimisten immer beiläufig folgendes Argument benützt:

Die Londoner Metropolitan-Eisenbahn zahlt trotz der riesigen Frequenz und der viermal so grossen Bevölkerung nur schwache Dividenden, folglich würde eine Localbahn in Wien viel weniger reussiren. Die Schlussfolgerung ist aus mehreren Ursachen grundfalsch. Erstens, wie oben gesagt, ist die Dichtigkeit der Wiener Bevölkerung bedeutend grösser und ist daher eine grössere Frequenz nicht für die gesammte Bahn, wohl aber für jeden einzelnen Kilometer derselben zu gewärtigen; zweitens, wie ich oben beschrieben habe, ist die Reiselust der Wiener eine grössere. Besonders aber ist

zu bemerken — was in keiner Schrift, welche ich bisher
über diesen Gegenstand gelesen habe, Erwähnung findet
— sind die Londoner Localbahnen nach gar keinem einheitlichen System angelegt und riesig theuer gebaut worden.
Man irrt, wenn man glaubt, dass die Londoner Metropolitan-Railway — die Tunnelbahn — die einzige Stadtbahn
sei, oder gar, dass sie von Anfang an so projectirt wurde,
wie sie jetzt ausgeführt ist. Die Localbahnen schulden in
London ihren Ursprung den grossen Bahngesellschaften,
deren Bahnhöfe früher weit vom Geschäftscentrum sich be-
fanden, ebenso wie sie es in Wien noch heute sind — nur
dass ihre Entfernung von einander eine noch grössere war.
Alle diese Gesellschaften sahen ein, dass es für sie von
Nutzen wäre, den, den Lohnfuhrwerken und Stellwägen für
die Fahrt zu ihren Bahnhöfen bezahlten Betrag durch eine
Verlängerung ihrer Bahn gegen das Centrum zu, selbst ein-
zustecken; eine nach der andern strebte es an, diese Idee
zu verwirklichen.

Die erste eigentliche Localbahn ist diejenige gewesen,
welche die Brighton-Gesellschaft von Norwood am Krystall-
palast vorüber bis zur West End baute, und selbst diese
erhielt ihr Dasein eher durch die Anregung des Krystallpa-
lastes, als durch einen fühlbaren Mangel an Communication.
Die Bahn nach Brighton aber, welche vorwiegend von den
Reicheren benützt wird, hatte ihren Bahnhof bei Londonbridge, beinahe eine deutsche Meile weit vom Wohnsitz der
meisten ihrer Kunden. Der Bahnhof war für diese Gesellschaft nicht allein ungünstig gelegen, sondern er war nur
durch die überfüllten Strassen der City oder aber durch die
schmutzigen engen Gassen von Southwark auf Umwegen zugänglich; ferner, da die Südost- und Greenwich-Gesellschaft
ihn in Gemeinschaft mit der Brighton-Bahn inne hatten, wurde
er bald für den steigenden Verkehr viel zu klein. Man
konnte ihn nicht vergrössern und musste auf eine Verlegung

oder auf eine Vertheilung des Betriebes denken. Die West-
end-Flügelbahn bot dazu die Gelegenheit, und so entstand
der Bahnhof Victoria. Diese Flügelbahn beschreibt, wie
ein Blick auf die Karte Tafel I zeigt, einen weiten Halb-
kreis um den südlichen Theil Londons; die Trace war aber
so schlecht, die Bögen so scharf und die Steigungen so bedeutend, dass es sich bald als unmöglich erwies, die durch-
gehenden Züge mit der in England verlangten Geschwin-
digkeit von mindestens acht Meilen per Stunde über dieselbe zu befördern.

Bald baute die Brighton-Gesellschaft mit theilweiser
Benützung dieses Flügels eine zweite Linie, welche den
ganzen Weg abkürzt und die Fehler der ersten vermeidet.
Unterdessen entstand die Metropolitan-Tunnelbahn auf dem
nördlichen Themseufer, welche zuerst nur von dem Bahnhof der Great Western Railway in Paddington bis zur Grenze
der City unter den Strassen angelegt wurde, später bis in
die City selbst, dem Mittelpunkte des geschäftlichen Verkehrs ausgedehnt, und endlich in den letzten Jahren von
der City südlich neben der Themse, durch die südwestlichen
Vorstädte und auf einem grossen Umwege zurück zu ihrem
Anfangspunkte in Paddington vervollständigt wurde. Während dieser Reihe von Jahren trachtete aber jede grössere
Eisenbahngesellschaft fortwährend, sich dem Centrum zu
nähern. In London bestehen keine Linienwälle und keine
Verzehrungssteuer hindert den leichten Verkehr von Personen
und Gütern. Die Südost-Bahn baute ihre zwei riesigen
Bahnhöfe in Charing Cross und Cannon Street, und stellte
dadurch eine dritte Verbindungslinie zwischen der City und
dem Westen her, welche der Themseufer-Bahn der Metropolitan viel zu nahe gelegen ist, als dass sich beide nicht
Concurrenz machen sollten. Die London-Chatham und Dover-
Bahngesellschaft baute eine Flügelbahn quer durch die südlichen Vorstädte über die Themse bis nach Ludgate hill,

7

und verunstaltete die Façade der Paulskirche durch eine
gräuliche Brücke. Im Süden, Westen und Norden wurden
von jeder Bahngesellschaft unzählige Flügelbahnen ausgeführt, und wenn man die Karte ansieht, so wird man sich
nicht mehr wundern, dass die Londoner Localbahnen im
Allgemeinen nicht rentabel sind. Ausser der Metropolitan
Railway selbst, welche mit so vielen zu concurriren hat,
ist keine einzige, welche nach irgend einem einheitlichen
System ausgeführt worden wäre; sie verdanken alle ihren
Ursprung der Speculation, der Angst jeder Bahngesellschaft,
sich durch keine andere überflügeln zu lassen; sie bieten
allerdings dem Publicum grosse Bequemlichkeiten und zusammengenommen haben sie eine ganz riesige Frequenz;
jedoch sind ihre Actionäre mit den Resultaten weniger zufrieden und hätte wohl ein gut ausgearbeitetes Bahnnetz
ebenso grosse Vortheile für den Verkehr und eine grössere
Rentabilität gesichert.

Die Fehler, welche dort gemacht wurden, sollen wir
in Wien zu vermeiden wissen. Durch die schlimmen Folgen der Systemlosigkeit gewitzigt, müssen wir unser zu-
künftiges Bahnnetz tüchtig durchstudiren, und die Ausführung weder dem Zufall noch der Concurrenz der grossen
Bahngesellschaften überlassen.

Noch ein Umstand kommt dazu, um die Rentabilität
der Localbahnen Wiens wahrscheinlicher zu machen; nämlich die Möglichkeit, welche uns heute durch die Erfahrung
anderer Länder geboten ist, einen ganz genauen Kosten-
überschlag zu machen. In London war Alles neu — die
Metropolitan Railway war die erste Tunnelbahn, die Ver-
längerungen der London-Chatham und Dover- und der Süd-
ostbahn waren die ersten überirdischen Stadtbahnen. Die
Tunnelbahn hatte von Anfang an mit den riesigsten Schwierigkeiten zu kämpfen, welche ihr Chef-Ingenieur, der weltbe-
rühmte Fowler, allerdings allmälig, jedoch mit grossem Ko-

stenaufwand zu überwinden wusste. Ja so unerwartet theuer
kam der Tunnelbau zu stehen, dass er in der Verlängerung der Metropolitan Railway zu Gunsten des offenen Ein-
schnittes beinahe gänzlich aufgelassen worden ist. Auch
im Betriebe selbst wurden manche neue Erfahrungen gemacht, manche unvorhergesehene Schwierigkeiten überwunden, so dass die neueren Stationen und Haltestellen jetzt
ganz anders angelegt werden, als es die früheren waren,
und der Betrieb erst nach mehreren Jahren eine regelrechte
Gestaltung, welche die Bewältigung einer noch so grossen
Menschenmenge möglich machte, erhielt.

Capitel VI.

Betrieb der Localbahnen und Approvisionirung durch dieselben.

Personenverkehr. — Ein- und Ausgang. — Fahrpreise. — Gepäck. — Lebensmitteltransport und Approvisionirung. — Frachtgutverkehr.

Der Eisenbahnbetrieb in Oesterreich, wo ein grosser Verkehr häufig auf einem einzigen Schienenstrange zu bewältigen ist, wo die Herbstmonate riesige Getreidemassen zuführen, das Frühjahr aber gewöhnlich eine bedeutende Abnahme des Kohlen- sowie des Fruchthandels mit sich bringt, wird unter den schwierigsten Umständen von den gediegenen Fachleuten, welche an der Spitze der grossen Eisenbahngesellschaften stehen, derart geleitet, dass es wohl vom Verfasser eine Impertinenz wäre, über dieses Thema sich in Lob zu ergehen oder überhaupt zu sprechen. Aber die Umstände bei Localbahnen sind von den gewöhnlichen Verhältnissen einer längeren Eisenbahnstrecke so himmelweit verschieden, dass sich die Erfahrungen der letzteren auf die ersteren nicht im geringsten anwenden lassen. Es sei mir daher gestattet, über den Localverkehr als solchen, welcher eigentlich hier noch nicht recht eingebürgert ist, einige Bemerkungen zu machen.

Das Ein- und Aussteigen der Passagiere, die Controle der Fahrbillets u. dgl. m., wie sie hier in Oesterreich allgemein üblich sind, lassen sich bei schnell aufeinander folgenden Zügen mit grosser Frequenz absolut nicht durch-

führen. In dieser Richtung müssen Veränderungen eintreten,
die lieber vorher als nachher als nöthig anzuerkennen wären.
Einige solche Punkte erlaube ich mir hier zu erwähnen, indem ich die Südbahn als Beispiel anführe, weil sie den
grössten Localverkehr hat und weil ihr Betrieb im Allgemeinen ein bewunderungswürdiger zu nennen ist. Auf den
Zwischenstationen dieser Eisenbahn können nicht zwei in
entgegengesetzter Richtung verkehrende Züge zugleich halten, obgleich zwei durchgehende Geleise vorhanden sind,
und zwar deshalb, weil der Perron sich nur auf einer Seite befindet, und alle Reisenden, welche z. B. in Liesing in den
Vöslauer Zug steigen wollen, das Geleise des nach Wien
verkehrenden Zuges überschreiten müssen. Die Folgen dieser Vorrichtung sind doppelt schlecht. Erstens wird dadurch
die Einrichtung des Betriebes eine äusserst schwierige, denn
man muss nicht allein sorgen, dass keine zwei Züge zu
gleicher Zeit in der Station halten — was nicht so schwer
wäre — sondern auch, dass alle Schnellzüge, Last- oder
Extra-Züge die Station ein paar Minuten vor oder nach
einem dort haltenden Zug durchfahren. Die Betriebsleitung
der Südbahn wird mir gewiss die riesigen Schwierigkeiten,
die sich selbst bei der theoretischen Lösung dieser Aufgabe
aufdrängen, bestätigen. Aber praktisch ist sie noch schwerer.
Eine kleine Verspätung ist bei grosser Frequenz absolut unvermeidlich; selbst wenn kein Waggon je heiss liefe, wenn
nie der geringste Unfall passiren sollte, so wäre es doch
an einem schönen Sonntage unmöglich die Fahrordnung auf
die Minute einzuhalten. Aber die geringste Verspätung muss
sich nach der jetzigen Einrichtung fortpflanzen und vermehren. Soll z. B. ein Localzug um Punkt fünf Uhr von
Wien in Liesing eintreffen, während der nach Wien verkehrende Zug um fünf Uhr fünf Minuten dort ankommt,
so bleibt streng genommen gerade die nöthige Zeit zum
Ein- und Aussteigen, und keiner von beiden Zügen braucht

vor der Station auf dem Geleise stehen zu bleiben. Doch
angenommen, der Wiener Zug habe drei Minuten Verspätung. Die Züge von beiden Richtungen werden zugleich
signalisirt — der Vöslauer Zug muss draussen warten, bis
die Reisenden den anderen verlassen haben. Ohne von den
Unglücksfällen zu reden, welche durch das voreilige Aussteigen der Passagiere, die sich schon angekommen wähnen, das
plötzliche Vorrücken des Zuges u. s. w. vorkommen könnten,
auf der Südbahn aber wegen der ausgezeichneten Umsicht des
Personales selten vorkommen, so sind doch beide Züge durch
die Schuld des einen verzögert. Nun aber weiter. Der Vöslauer
Zug fährt jetzt mit mehr als drei Minuten Verspätung in
die Station hinein; denn er hat draussen warten müssen,
wieder vorfahren, und abermals in der Station selbst halten.
Er hat wenigstens fünf Minuten Verzug und fährt bis Atzgers-
dorf. Hier sollte ein Lastzug drei Minuten nach ihm in der
entgegengesetzten Richtung durchfahren; der Lastzug ist
schon da und der Personenzug muss abermals halten, bis
das zweite Geleise frei ist. So ist es leicht möglich, dass
durch die geringe Verspätung des einen Zuges in Liesing
der nach Wien fahrende Zug auf dieser kleinen Strecke
endlich mit einer Verspätung von zwölf bis fünfzehn Minuten ankommt, welches natürlich eine mehr oder minder grosse
Störung im ganzen Betriebe des Bahnhofes Wien zur Folge
haben kann. Mit dem Wiener Zug geht es vielleicht noch
viel schlechter. Er hatte in Liesing Verspätung: von Liesing bis Vöslau kann es vorkommen, dass er beinahe bei
jeder Station warten muss, bis beide Geleise frei sind; er
kann leicht auf dieser kurzen Fahrt zwanzig Minuten verlieren und mehrere der ihm entgegenkommenden Züge ebenfalls aufhalten. Wären nun bei jeder Station einer so fre-
quenten Strecke beiderseits Perrons, durch eine leichte eiserne
Brücke über die Bahn verbunden, wie es in England allgemein üblich ist, und auf der Ferdinands-Nordbahn auch

eingeführt ist, so könnten zwei Züge zugleich halten, ihre
Passagiere ein- und aussteigen; eine Verspätung würde meistens auf einen Zug beschränkt bleiben und noch so viel
Züge könnten während des Aufenthaltes des Localzuges in
der entgegengesetzten Richtung die Station durchfahren. Diese
Einrichtung würde kein grösseres Personal erfordern, da
der Zugang und die Cassen unverändert wären, und das
Zugpersonale in der Regel genügt, um das Ein- und Aussteigen in den kleineren Stationen zu controliren; sie benöthigte nur einen sechzig Meter langen und vier bis fünf
Meter breiten Perron, welcher wenigstens zum Theil mit
einem Schutzdache versehen wäre. Auch ist dieses einfache
Mittel gegen Verspätung von Zügen so allgemein anerkannt,
dass beinahe jedes Project für Localbahnen einen Doppelperron angibt; auf den Localstrecken der bestehenden Bahnen wäre es wohl mit dem grössten Vortheil und sehr geringen Auslagen anzuwenden.

Ein zweiter Punkt ist die Einrichtung des Ausganges.
Die Reisenden, welche per Südbahn in Wien ankommen,
müssen links vom Perron durch die Thüren, wo die Billete
abgenommen werden, und dann abermals links die Stiege
herunter. Bei grossem Zudrang werden zuweilen drei Thüren geöffnet und wenigstens vier Beamte müssen aufgestellt
werden; dennoch ist Stossen und Drängen eher die Regel
als die Ausnahme. Dies hat folgende Ursache: die ganze
Menschenmenge muss links Kehrt machen, um sich durch
einen engen Raum zu zwängen, dann abermals knapp an
demselben Punkte noch einmal Kehrt, um die Stiege hinunterzugehen. Die zwei rechten Winkel würden, wenn die Leute
frei wären, immer etwas Gedränge verursachen, da sie aber
gerade an der schwierigen Stelle die Fahrkarten abgeben
müssen, so bildet sich immer ein Knäuel.

In England wird diese Schwierigkeit folgendermassen

überwunden. Man stellt quer über den Perron ein eisernes
Gitter mit zwei Thüren auf: die Thüren befinden sich also
in der geraden Linie, welche die Reisenden beim Aussteigen
von selbst einschlagen; erst nachdem sie am Gitter ihre
Billeten abgegeben, müssen sie links abbiegen und es wird
dadurch einerseits das Gedränge bedeutend vermindert, anderseits aber die Controle erleichtert.

Jede mögliche Erleichterung beim Ausgange und Beschleunigung der Räumung des Perrons muss bei der Anlage von Localbahnen berücksichtigt werden; es kann sonst
leicht geschehen, dass der Bahnhof noch voller Menschen
ist, wenn der nächste Zug ankommt. Nicht allein ist das
Gedränge, was erfolgen würde, für die Controle und den Betrieb äusserst nachtheilig, sondern ist es auch für Damen,
Kinder und schwächere Personen förmlich abschreckend.
Auch benützen Gauner eine derartige Gelegenheit immer,
um die Taschen der Reisenden zu untersuchen.

Noch ein Vorzug der englischen Bahnen, welchen aber
in Oesterreich anzubringen, wie ich glaube, leider zu den
frommen Wünschen gehört, ist die Höhe der Perrons. Dieselben sind in England durchwegs auf dem Niveau des
Bodens der Eisenbahnwaggons selbst angelegt, so dass gar
kein Klettern, sondern nur ein Schritt nöthig ist, um ein-
und auszusteigen. Der Vortheil dieser Einrichtung ist bei
Local-Zügen, welche nur eine ganz kurze Zeit — etwa dreissig Secunden — in sehr nahe aneinander liegenden Stationen
halten, ganz riesig; dreimal soviel Menschen können ein-
und aussteigen und die Schwierigkeit, mit welcher eine ält-
liche Dame oder ein kranker Mann, sogar ein gesunder mit
Packeten beladen bei der bestehenden Einrichtung die Sitze
erklettern müssen, ist ganz beseitigt. Auch ist das Ein-
und Ausladen von Gepäck oder Post bei den hohen Perrons
ungleich leichter und schneller durchzuführen, da die Schub-
karren oder Bahren ihren Inhalt direct in den Wagen ent-

leeren können und mittelst einer kleinen horizontalen Thüre, welche wie eine schwebende Brücke heruntergeschlagen wird, sogar in den Wagen selbst, wenn nöthig ist, fahren. Allerdings sind die Stufen der Localwägen auf der Südbahn schon ein bedeutender Fortschritt, doch bieten sie nicht die Möglichkeit, die Waggons so schnell zu füllen und zu entleeren, wie die englische Einrichtung. Nach den von allen Bahngesellschaften angenommenen Vorschriften des Vereines deutscher Eisenbahnen dürfen, zur Erleichterung der Untersuchung der Räder und Achsen, die Perrons nicht mehr als 0.25 Höhe haben. Von diesen Vereinbarungen könnte wohl bei einer Localbahn um so mehr abgesehen werden, dass die neuen Waggons ja leicht derart einzurichten wären, dass die Kasten wie in England niederer, und die Untersuchung der Räder anstandslos vor sich gehen könnte, und dass demnach das Rollmaterial anderer Bahnen — was nur ausnahmsweise geschehen würde — die Localbahn überfahren könnte. In seinem Projecte für die Wiener Centralbahn schildert Herr Waldvogel diesen Vorzug ausführlich und darf man ja nicht glauben, dass es sich um eine Kleinigkeit handelt. — Bei Localbahnen geben solche Kleinigkeiten den Ausschlag. Aus eigener Erfahrung weiss ich, wie viele Personen in London die Metropolitan-Railway wegen des Dunstes im Tunnel nicht befahren wollen; andere ziehen einen Stellwagen vor, weil sie auf der Eisenbahn nicht rauchen dürfen, und hier in Wien würden viele Frauen, wenn sie von der Stadt oder vom Markt mit fremden Schätzen reich beladen heimkehren, die doppelte Kletterei für eine kurze Reise scheuen und lieber zu Fuss gehen oder einen Einspänner nehmen.

Wo man auf die Eisenbahn angewiesen ist, wäre es von den Bahngesellschaften nur human, jede mögliche Erleichterung den Reisenden zu bieten; wo man aber noch die freie Wahl zwischen mehreren Communications-Mitteln

hat, kommt jede Kleinigkeit in Rechnung und muss eine
Stadtbahn ihren Kunden jede mögliche Annehmlichkeit bieten,
um sich vor der Concurrenz anderer Betriebsmittel zu wahren. So müssen die Züge sehr schnell aufeinander folgen,
die Controle der Karten muss mit Vermeidung jeder lästigen
Seccatur auf das Minimum reducirt werden; das Ein- und
Aussteigen muss leicht, schnell und bequem vor sich gehen,
die Massregeln, welche für die Sicherheit des reisenden Publicums und für den ordentlichen Betrieb der Bahn nöthig
sind, müssen von den dazu berufenen Organen mit der
möglichsten Ruhe und Höflichkeit durchgeführt werden und
dürfen ja nicht in Plänkereien ausarten; die grösste Pünktlichkeit in der Abfahrt und Ankunft der Züge muss bewahrt
und die Verkehrseinrichtungen und Fahrpläne müssen dem
Publicum so verständlich und zugänglich als möglich gemacht
werden; die Fahrpreise wären natürlich niedrig zu halten, beinahe noch wichtiger ist aber die möglichste Vereinfachung derselben, so zwar, dass für die ganze Strecke und für jede
Fahrclasse nur zwei, höchstens drei, verschiedene Preise bestehen. Z. B. bei einer Gürtelbahn mit Radialbahnen zwischen zwei oder drei Stationen oder von einem Punkte der
Radialbahn zur Gürtelbahn dritter Classe zehn Kreuzer,
jede andere Strecke fünfzehn Kreuzer. Retourkarten mit
wenigstens fünfundzwanzig Procent Ermässigung haben sich
in England und Frankreich als sehr rentabel erwiesen, dürfen aber nur von der Person gebraucht werden, welche sie
gelöst hat. Wäre z. B. der einfache Fahrpreis zweiter
Classe Ringstrasse-St. Veit zwanzig Kreuzer, so kostete die
Karte zur Hin- und Retourfahrt an demselben Tage nur
dreissig Kreuzer. In Oesterreich pflegt die Ermässigung
eine viel geringere zu sein und würde eine solche Retourkarte bei dem bestehenden Usus etwa sechsunddreissig Kreuzer kosten. Der Unterschied von sechs Kreuzern wird aber
durch zwei Factoren mehr als blos wieder eingebracht.

Erstens nimmt die Zahl der Fahrgäste erfahrungsgemäss immer zu, je niedriger der Preis ist, und zwar gewöhnlich in grösserem Verhältniss als die Ermässigung. Eine Reducirung des Fahrpreises von zwanzig Procent pflegt bald eine Zunahme der Fahrgäste von mehr als zwanzig Procent nach sich zu führen, und die Rechnung stellt sich daher gewöhnlich zu Gunsten der Bahn. Ferner aber kommt dazu, dass viele Passagiere den Retourcoupon gar nicht benützen; sie kehren zu Fuss oder Wagen zurück, oder bleiben die Nacht draussen, wodurch das Recht der unentgeltlichen Rückfahrt entfällt — endlich aber verlieren auch manche das Billet und müssen ein neues kaufen. Die Zahl der in diesen Arten nicht zur Verwendung kommenden Retourkarten ist erfahrungsgemäss keine unbeträchtliche und hat natürlich die Bahngesellschaft dadurch ein bedeutendes Bene, welches bei Localstrecken durch die Uebergabe der Coupons an Andere oder durch den Verkauf derselben durch Vermittler — eine Art Schwindel, der in der letzten Zeit in Wien bedeutend überhand genommen hat und welchem gegenüber die Behörden und Bahnen sich unerklärlicher Weise ganz passiv benehmen — kaum beeinträchtigt werden kann. Abonnementskarten mit den grösstmöglichen Ermässigungen und Erlaubniss zum ausgedehnten Gebrauch (durch ein und dieselbe Person) wären ebenfalls einzuführen, und wäre es vielleicht auch der Localbahngesellschaft möglich, zur Erreichung der im Capitel IV besprochenen Auswanderung des Kleingewerbes und der Beamten nach Colonien von Einzelhäusern Vieles beizutragen. Man denke sich z. B. einen neuen Vorort von hübschen Cottages bei Laa oder Rosenhügel auf der einem Bauverein gehörigen Gruppe erbaut. Der Bauverein könnte mit der Localbahn ein Abkommen treffen, wonach die letztere dem ersteren eine Anzahl von ganzjährigen Abonnementskarten fix überliesse; der Bauverein rechnet aber den Werth der Abonnementskarte

zum Zins eines jeden Hauses, und erhält dann die Partei
beim Einziehen zugleich die Karte zur täglichen Benützung
der Localbahn. Diese Procedur führt allerdings im Grunde
genommen zu demselben Resultat, nämlich, dass die Partei,
welche hinauszieht und in Wien täglich zu thun hat, ihre
Fahrkarte zahlen muss, aber sie erleichtert derselben die
Uebersicht der durch das Umziehen erwachsenden Mehrauslagen und es entfällt das Element der Ungewissheit in
der Berechnung der Jahresauslagen. Zahlt z. B. ein Beamter in Wien 400 fl. Zins, in Laa 350 fl. mit Einschluss
einer Abonnementskarte dritter Classe für das ganze Jahr,
welche vielleicht 50 fl. kostet, so weiss er gerade, dass er
täglich zu seiner Arbeit fahren kann und doch 50 fl. erspart; wird ihm dies aber nicht veranschaulicht, muss er
sich noch besonders erkundigen, wie viel ihm die tägliche
Reise kostet, noch hin- und herlaufen, um eine Abonnementskarte zu kaufen u. s. w., so schreckt er leicht vor der un-
gewissen Ausgabe und der Mühe, die er sich vielleicht ge-
gerade zu einer Zeit geben muss, wo er schwer abkommt,
zurück und bleibt in der Stadt. Es muss wieder nicht ge-
glaubt werden, dass dies eine Kleinigkeit sei; an solchen
Kleinigkeiten stossen sich Viele und durch die Anhäufung
von Kleinigkeiten erwachsen oft Nachtheile, welche ein ganzes grosses Unternehmen zum Scheitern bringen. Das ganze
Ergebniss einer Localbahn hängt im Grunde genommen
von Kleinigkeiten — von Sechsern und Zwanzigkreuzer-
stücken — ab und wenn nicht grosse Menschenmassen
befördert werden, kann sich eine solche Bahn nicht rentiren; man muss daher sorgen, dass sie durch Erleichterungen in jeder Richtung, durch Billigkeit, Schnelligkeit,
Comfort, rasches Aufeinanderfolgen der Züge und der daraus folgenden kurzen Wartezeit, jedem anderen Communi-
cationsmittel die Spitze bietet und in der Lage ist die Concurrenz der Tramway, der Stellwägen und der Miethwägen

vollkommen auszuhalten. Die Localbahn muss bequemer, schneller und ebenso zugänglich und billig sein als die Tramway und die Stellwägen; sie muss billiger und ebenso bequem sein, als die Fiaker; sie muss unzählige Stationen und Haltestellen haben; Tabaktrafik, eine noch so kleine Restauration und Brieſkasten müssen überall, Telegraphen-Aufgabe und Zeitungsverschleiss an den meisten Stationen vorhanden sein; Licht besonders darf in den Waggons nicht fehlen und muss sie überhaupt in jeder Richtung den Vergleich mit jedem anderen Verkehrsmittel aushalten. Bei den meisten Projecten für Localbahnen ist von der Beförderung von Gepäck Umgang genommen worden, weil die Gepäcksaufnahme und die Ausfolgung von Recepissen nach der am Festlande üblichen Methode, sowie das Wägen desselben in den kleineren Stationen zu viel Raum und zu viel Beamte in Anspruch nehmen würde. Wir glauben aber, dass es ein Fehler wäre, Personen-Gepäck auszuschliessen. Denn erstens wären dann gleich Alle, welche zu einem längeren Landaufenthalt die Localbahn befahren wollten, auf andere Verkehrsmittel angewiesen, oder müssten sie selbst per Localbahn fahren, ihr Gepäck aber per Achse mit riesigen Auslagen schicken, zweitens aber würden die Reisenden durch die Mitnahme von grösseren und vielen Gepäcksstücken in den Waggons die Mitreisenden belästigen, das Ein- und Aussteigen verzögern, die Sitzplätze occupiren und oft die Polster und Netze beschädigen. Es ist unvermeidlich, dass Leute, die auf einige Zeit auf das Land ziehen — wenn auch nur nach Hietzing oder Heiligenstadt — Gepäck mitnehmen müssen, ebenso unvermeidlich ist es, dass der Familienvater, welcher täglich nach Wien fährt, oft beladen nach Hause zurückkehrt, oder dass die Hausfrau gerade zum Zweck von Einkäufen die Localbahn benützt. Ja noch mehr, innerhalb der Linien soll die Localbahn dem täglichen Verkehr in jeder Richtung genügen, wie kann sie es, wenn nur derjenige fahren kann, der keine grösseren Gepäcksstücke mit sich führt? Es entfielen durch eine solche Einrichtung alle Marktgänger, alle Laufburschen, welche den Kunden Waaren zuzubringen haben, alle Arbeiter, welche ihr Werkzeug mitschleppen, alle Geschäftsreisende, deren Muster nicht sehr klein und leicht transportabel wären. Für die Gepäcksaufgabe beim Transitoverkehr der Schnell- und Courier-Züge auf die Hauptbahnen ist allerdings in den grösseren Stationen bei einigen Projecten gesorgt worden, doch bildet diese Ausnahme eine verschwindend kleine Minorität der Gepäcktragenden und verliert sie durch ihre Anwendung bei grösseren Stationen allein beinahe jeden Vortheil. Die ganze Classe der Gepäcktragenden, welche meistens aus den weniger Bemittelten besteht, gerade aus den Leuten, für die eigentlich die Localbahnen überhaupt gebaut werden sollen, ausser Auge zu lassen, scheint mir ein grosser Fehler zu sein, und glaube ich ein Mittel angeben zu können, wodurch die Gepäckförderung leicht und ohne grosse Auslagen vor sich gehen kann. Dabei ist es vor Allem unerlässlich, dass von dem jetzigen Wägen und Aufschreiben abgesehen werde. In England geht bei der grössten Frequenz die Gepäcksaufnahme sehr rasch und sicher von Statten, weil Nichts geschrieben und wenig gewogen wird — nur bei ausserordentlichen Quantitäten hat der Reisende überhaupt an Uebergewicht etwas zu entrichten, indem das Freigepäck sehr viel und die Grenze sehr elastisch ist. Auch möchte ich nicht in Vorschlag bringen, das englische Princip auf den Localbahnen zu adoptiren, indem dies einen zu grossen Verlust nach sich ziehen würde; im Gegentheil, statt, dass nur Uebergewicht eine Taxe entrichten soll, muss jedes Gepäckstück, welches nicht bequem in der Hand zu tragen und im Waggon unterzubringen ist, eine bestimmte kleine Taxe für den ganzen Weg entrichten. Der Reisende will z. B.

vom Ring nach Hietzing, hat aber zwei grössere Gepäcksstücke mit. An derselben Casse, wo die Fahrkarten ausgegeben werden, erhält er zugleich zwei gedruckte Ge-
päcksbillete Ring-Hietzing in duplo, jedes Paar kostet fünf
Kreuzer und ist mit einer fortlaufenden Nummer versehen.
Je eines vom Paar ist wie eine Briefmarke auf der Rück-
seite mit Gummi bedeckt; er klebt diese Marke selbst an
seinen Koffer, und gibt ihn ohne Weiters auf. Das Du-
plicat, welches keinen Gummi hat, aber auf dieselbe Nummer lautet, behält er sich bis zur Ankunft und erhält darauf sein Gepäck auf dem Perron selbst, sobald der Zug
weiter gefahren ist, sofort vom Portier. So wäre für die
Gepäcksaufnahme ein einziger Beamter bei jeder Station
vollkommen genügend, während für die Ausgabe desselben
nicht einmal ein besonderer Beamter aufgestellt zu werden braucht, denn die Passagiere, welche mit Gepäck
in einer Zwischenstation ankommen, müssen ein paar
Minuten warten, bis diejenigen, welche kein Gepäck haben,
sich entfernen; ehe der nächste Zug ankommt, erhalten sie
dann ihre Sachen. Durch diese Manipulation entfällt einerseits das lästige Wägen und Einschreiben, anderseits aber
kommt die Bahn keinesfalls zu kurz, denn jedes noch so
leichte Gepäcksstück zahlt, und da die Entfernungen alle
kurz sind, wären die zu entrichtenden Gebühren selbst tarif-
mässig nur äusserst gering — und endlich ist Jedem die
Möglichkeit geboten durch Entrichtung einer sehr kleinen
Taxe und fast ohne Aufenthalt sein Gepäck mitzunehmen.
Es müsste natürlich ein gewisses Maass bestehen, damit
nicht grössere Quantitäten schwerer Waare in dieser Art
zum Schaden des Frachtverkehrs verschickt würden. —
Die Grenze wäre aber eine leicht zu bestimmende und eine
leicht ersichtliche, und müssten die Stationsvorsteher natürlich dafür sorgen, dass sie nicht überschritten werde. Uebrigens würden die Auslagen, die beim Aufgeben und Aus-

lösen von schwerer Waare durch Dienstleute, Gepäckträger, Miethwägen und überhaupt ausser dem Bereiche der Bahn erwachsen würden, im Allgemeinen vollkommen genügen, um jeden versuchten Schwindel zu verhindern. Der Frachtenverkehr selbst und besonders der Eilgutverkehr bildet einen integrirenden Bestandtheil des Betriebes einer Localbahn. Während Frachtgut gewöhnlich nur in Transito von einer grösseren Bahn zur anderen, oder von Wien auf eine grössere Bahn, auf der Localstrecke befördert würde, so müsste der Transport von Milch, Gemüse, Obst und Fleisch in grossen Massen vom Lande in die Stadt und von allerlei Nahrungsmitteln und Waaren in kleineren Quantitäten von der Stadt auf das Land eine grosse Rolle spielen. Die erstere Branche wird von den bestehenden Bahngesellschaften schon mit Energie betrieben und sind sie heute schon der Hauptfactor in der Approvisionirung Wiens. Allein der Transport der Lebensmittel muss rascher und leichter vor sich gehen und liegt es besonders im Interesse einer Localbahn, ihn derart zu erleichtern, dass jeder Gemüsegärtner und jeder Maiereibesitzer lieber seine Producte täglich auf der Bahn befördert, als sie per Wagen nach Wien schickt oder selbst fährt. Das kann dadurch geschehen, dass Eilgut u. z. besonders Milch und Butter in Gefässen, Obst und Gemüse in Körben in jeder noch so kleinen Station ausserhalb Wiens von Abends bis sechs Uhr früh aufgenommen werde, und dass die Ankunftsstationen möglichst nahe an den verschiedenen bestehenden und noch anzulegenden Märkten gelegen wären. Die Verzehrungssteuer wäre entweder gleich bei Aufgabe der Waaren durch einen Zuschlag auf den Transportsatz zu entrichten, wodurch die Eisenbahngesellschaft für den Staat die Steuern einheben würde, ohne deshalb Mehrauslagen zu haben, oder aber erst am Markte selbst von besonderen Beamten einzuheben. Der erstere Modus wäre bei Weitem der bessere

und wäre es nur nöthig, dass der Staat die Einnahmen
zeitweise controliren liesse, was durch ein an jedes Colli
geklebtes Blanquet geschehen kann. Dies führt wieder auf
unseren Standpunkt der einheitlichen Leitung zurück; denn
es müsste gesorgt werden, dass die Zwischenstationen möglichst nahe den Märkten zu liegen kämen und dass kein
neuer Markt ohne gehörige Eisenbahncommunication erbaut würde; der Staat müsste seine Einwilligung zur Erhebung der Verzehrungssteuer durch die Bahn-Gesellschaft
geben und überhaupt ein *modus vivendi* vereinbart werden,
wodurch die auf Bahn, Stadt und Staat entfallenden Summen und die möglichst leichte Erhebung derselben bestimmt
würde. Der Eilgutdienst für Sendungen von kleinerem Gewicht — sogenannten Packeten — ist in England sehr verbreitet und verdient auch hier für Localbahnen besondere
Berücksichtigung. Ohne Frachtbrief oder irgend andere
Schwierigkeiten wird auf dem Bahnhof oder der Station
jedes Packet bis zu zwei Cubik-Fuss aufgenommen, in ein
kleines Buch aufgeschrieben, und mit dem nächsten Personenzug an seine Adresse befördert. Die Taxe wird gewöhnlich im Vorhinein entrichtet, kann aber auch bei Ausfolgung des Gegenstandes erhoben werden. Bei grösseren
Stationen besteht gewöhnlich ein eigener Beamte, welcher
mit einem kleinen Wagen herumfährt und die Packete an
die Adressaten in ihren Wohnungen übergibt. Bei Sendungen von kleinen Vorräthen auf das Land, für Bücher,
Kleider und dgl. m. ist diese Einrichtung sehr praktisch;
für jedes Packet wird eine bestimmte Taxe eingehoben, z. B.
bei den kurzen Distanzen der Localbahn für den Transport dreissig Kreuzer per Stück, für die Abgabe in die
Wohnung zwanzig Kreuzer Zuschlag und es ist gleich ersichtlich, dass bei nur zwanzig Packeten täglich auf jeder
Station die Aufstellung eines eigenen Beamten zur Ueber-
nahme derselben schon einen bedeutenden Nutzen abwer-

8

fen würde. Denn nimmt man die durchschnittliche Beförderungsdistanz mit einer Meile, das durchschnittliche Gewicht jedes Gegenstandes mit fünfzig Pfund an (gewiss sehr hoch berechnet, denn es werden ja meistens nur kleine Gegenstände befördert), so ergibt sich für die Beförderung von zwanzig Stück oder zehn Centner auf eine Meile eine Einnahme von 6 fl. Wenn der Beamte 1200 fl. jährlich oder 3 fl. 29 kr. täglich erhält, so bliebe für die reinen Transportspesen der zehn Centner nicht weniger als 2 fl. 71 kr. oder mit Abzug von noch zehn Procent für andere Regie- und Bureau-Auslagen 24·4 Kreuzer per Centner per Bahnmeile — gewiss ein schöner Preis. Sobald nun die Zahl der ankommenden Packete an einer Station durchschnittlich im Tage dreissig übersteigt, lohnt es sich schon einen Einspänner zur Ablieferung zu halten und es wird dadurch dem Publicum eine grosse Annehmlichkeit gewährt, der Bahn aber eine neue Einkommenquelle eröffnet.

Es sollen überhaupt die obigen Andeutungen keineswegs als die Lösung aller Fragen über diesen Gegenstand aufgestellt sein — so eine Anmassung von Seite des Verfassers wäre unbescheiden, ja lächerlich — es sollte nur auf verschiedene Punkte hingedeutet werden, welche eine reifere Erwägung von allen Mitinteressirten verdienen, und Mittel angegeben, durch welche die Hauptschwierigkeiten, die der Rentabilität der Localbahnen im Wege stehen, beseitigt werden könnten. — Dass es für manche dieser Schwierigkeiten eine bessere Abhilfe gibt, als die angegebene, bezweifelt der Verfasser keineswegs; dass aber z. B. die Gepäcksbeförderung fast in keinem Project gehörig berücksichtigt und gewöhnlich als unmöglich gänzlich ausgeschieden wurde, beweist, dass eine Erwägung der vielen mit dem Betriebe der Localbahn zusammenhängenden Umstände nöthig und zweckmässig ist; dass trotz der vielen Broschüren und Zeitungsartikel dieser Gegenstand noch nicht von allen

Seiten gehörig untersucht wurde, uud dass man, um einen
nicht gut zu machenden Fehler zu vermeiden, Jedes uud
Alles, was auf die Anlage und den Betrieb einer Localbahn Bezug hat, genau prüfen und sich aller Erfahrungen
bedienen muss, welche zu Gebote stehen; auch nicht davor
zurückschrecken darf, ¦die auf anderen Bahnen adoptirten
Gebräuche zu verwerfen, indem, wie oben gesagt, die Verhältnisse einer Localbahn total verschieden sind und daher
eine ganz andere Behandlung erheischen.

Die Frage der Anlage der Bahn selbst ist näher und
öfter erörtert worden, als der Betrieb derselben, und scheint
mir hier um so weniger nöthig, dass man unter so vielen Projecten wählen, oder auch, wie oben empfohlen, von mehreren
das Beste wählen und ein neues zusammenstellen kann.
Aber ebenso, wie ich im vorhergehenden Capitel weder für
das System der Einzelhäuser noch für Zinshäuser absolut
auftreten konnte, ebenso scheint es mir hier wenig am Platze,
die Tunnelbahn, das Viaductsystem oder den offenen Einschnitt als Princip zu adoptiren.

Im Grunde genommen muss das Localbahnnetz wie
eine jede Eisenbahn, sich nach den Terrainverhältnissen
richten, u. z. muss sie die Thäler mittelst Viaducten überschreiten, die Hügel mittelst Tunnels unterfahren und an
den Lehnen im offenen Einschnitt geführt werden.

Eine Tunnelbahn als solche, welche nirgends aus dem
Tunnel heraustritt, erscheint im gebrochenen Terrain Wiens
trotz des Talentes, mit welchem das bekannte Project Sprin-
ger und Aub verfasst ist, mit Hinblick auf die beschränkten Stationsplätze, die auf den Betrieb höchst nachtheiligen
Steigungs- und Richtungs-Verhältnisse, die Flussübersetzungen
und endlich die Unannehmlichkeiten der Fahrt selbst — welche,
wie schon oben erwähnt, keine Kleinigkeiten sind, da bei einer
Localbahn jede Kleinigkeit ins Gewicht fällt — beinahe unmöglich. Das sonst so schöne Project der Centralbahn scheitert

8*

an zwei Klippen, erstens an den riesigen Kosten, welche sie für
die Expropriation erheischen würde — und zweitens an dem
Centralbahnhofe selbst. Es ist jetzt so ziemlich anerkannt, dass
ein Centralbahnhof in einer Stadt, wie Wien, zu den Un-
möglichkeiten gehört. Man darf ja den Verkehr nicht an
einem Punkte centralisiren, sondern muss im Gegentheil
streben, ihn derart zu vertheilen, dass schon überfüllte
Hauptadern nicht noch mehr belastet werden und das Ziel
der Localbahnen dadurch gänzlich verfehlt werde. Auch
ist erwiesen, dass die Wichtigkeit eines Centralbahnhofes
für die grossen Bahngesellschaften sehr übertrieben worden
ist. Bei längeren Reisen ist es für den Passagier so ziemlich einerlei, ob er zum Naschmarkt oder zum Staatsbahn-
hofe fahren muss; wäre dies auch nicht der Fall, so kann
doch die Zahl der Reisenden auf lange Entfernungen im
Verhältniss zu den 100.000, welche täglich die Localbahn
benützen würden, kaum ins Gewicht fallen. Noch mehr
wird der Werth des Personenverkehrs in Transito über-
schätzt — die Zahl der Reisenden, welche von einer längeren Entfernung aus durch Wien reisen wollen, ohne dort
zu verweilen, ist eine so geringe, dass sie gar nicht berücksichtigt zu werden braucht. Das Localbahnnetz muss natürlich so angelegt sein, dass die Züge von demselben direct
auf die Localstrecken der grossen Bahngesellschaften fahren können und umgekehrt — wie dies übrigens in England der Fall ist, wo die Metropolitan Railway gewisse Züge
auf die Nordbahn und Nordwestbahn bis zu einer mässigen
Entfernung von London, um Wagenwechsel zu vermeiden,
verkehren lässt — aber die Schnell- und Courierzüge werden
nach wie vor in ihre Bahnhöfe einlaufen. Der Reisende z. B. von
Triest, welcher nach Ober-Döbling will, muss vom Schnellzug in Baden oder Meidling aussteigen können, um auf der
Localbahn seine Reise fortzusetzen; dagegen würde es unzweckmässig und factisch unmöglich sein, dass der Triester

Schnellzug selbst wegen einiger Reisenden das ganze Localbahnnetz oder selbst die Hälfte desselben befahren sollte.
Dagegen wird die Localbahn zum Transitoverkehr der Güter
und zur Entlastung der überbürdeten Verbindungsbahn gewiss das Ihrige beitragen; durch den Kohlenverkehr und
die Vertheilung des Brennmateriales an verschiedenen Punkten der Stadt und Umgebung, welche jetzt von den Bahnhöfen zu entfernt liegen, wird sie den ärmeren Classen unter die Arme greifen und zugleich auch viel verdienen.
Besonders aber wird der Einfluss der Localbahnen bei der
Verfrachtung von Baumaterialien nützlich sein und nimmt
ihre Wichtigkeit in dieser Richtung nach dem Personenverkehr die zweite Stelle ein. Die Befreiung der Strassen
Wiens von den unendlichen Reihen schwerer Ziegelwägen,
welche oft den Verkehr ganz zum Stocken bringen und
fortwährend lästigen Staub erzeugen, von den oft schlecht
und gefährlich beladenen Steinwägen, wird eine wahre Wohl-
that sein, ohne von der Ersparniss zu reden, welche dadurch
in den Transportkosten der Baumaterialien erzielt wird.
Von diesem Vortheile ist übrigens weiter unten im Capitel IX noch einmal die Rede, auch wurde er hier nur als ein
Gesichtspunkt erwähnt, welcher bei der Anlage des Netzes
bedacht werden muss. Es muss auf noch einen wichtigen
Punkt hingewiesen werden, den man bei der Wahl eines
Netzes berücksichtigen muss. Es ist nämlich so ziemlich
principiell angenommen worden, dass ein Localbahnnetz aus
einer oder mehreren Gürtelbahnen durch Radialstrecken verbunden bestehen soll. Auch scheint diese Anlage, wie sie
Herr von Pacher in seinem Referat ausführlich erklärt, im
grossen Ganzen die zweckentsprechendste und die einzig
richtige. Aber man muss ja den inneren Ring nicht zu
gross machen, sonst wird der rege Verkehr zwischen der
inneren Stadt und den Vororten der Bahn ganz entgehen
und wie bei einem Netze mit allzu weiten Maschen werden

nur die wenigen grossen Fische gefangen, während die vielen kleinen durchschlüpfen. Es würde eine Gürtelbahn an den Linienwällen, wenn auch mit zahlreichen Strahlen durch die Vorstädte versehen, den Verkehr von einer Vorstadt zu einer anderen nur in geringem Maasse für die, welche nahe an der Linie wohnen, aufnehmen; diejenigen aber, welche von der inneren Stadt in die Vorstadt wollten, könnten wegen des weiten Umweges nur ausnahmsweise die Localbahn benützen und wären nach wie vor auf die Tramway angewiesen. Es ist nicht zu leugnen, dass durch die Localbahnen eine riesige Concurrentin der Tramway-Gesellschaft erwächst, und scheint es nöthig, diesen Gegenstand schon heute zu erörtern. Man darf sich nicht verhehlen, dass wenn die Localbahnen rentabel sein sollen, sie einen grossen Theil der 8—900.000 Personen, welche jetzt allwöchentlich die Tramway benützen, befördern müssen, und die letztere also bedeutend schädigen. Man darf auf diesen der Tramway entnommenen Zuwachs nicht verzichten, ohne die Rentabilität der Bahn stark zu gefährden. Es hilft hier nichts, die zukünftige Concurrenz dieser beiden Betriebsmittel mit Schönfärberei übertünchen zu wollen; es frommt nichts zu sagen, dass Verkehr genug für beide vorhanden sei. Dies ist nicht wahr; denn bei der jetzigen riesigen Frequenz der Tramway prosperirt sie dennoch wegen der grossen Regiekosten nicht derart, dass sie eine starke Concurrenz auszuhalten im Stande wäre. Im Kampf ums Dasein würde die Tramway wahrscheinlich unterliegen, weil die Localbahn in jeder Hinsicht grössere Bequemlichkeiten bieten würde und auch viele concurrenzfreie Strecken hätte, jedoch wäre ein harter Kampf für beide Gesellschaften nachtheilig und für das Publicum nicht vortheilhaft. Es ist besser die nackte Wahrheit bei einer solchen Frage aufzudecken, als unter dem Mantel der Verschwiegenheit und um bestehende Interessen nicht zu beschädigen, Illusionen zu

fördern, welche später nur zu einer argen Täuschung führen
würden. Dass diese Concurrenz zweifelsohne eintreten wird
und muss, kann durch ein einziges Beispiel veranschaulicht
werden. Es ist principiell bestimmt worden, dass eine durchgreifende Regulirung des Wienflusses und eine Wienthal-
Bahn — ob jetzt ein Tunnel, ein Einschnitt, ob normal-
spurig oder schmalspurig, ob grosse Reservoirs angelegt
werden oder nicht, thut Nichts zur Sache — unerlässliche
Bestandtheile eines Localbahnnetzes sind. Die Trace würde
also etwa vom Stubenring längs der Wien bis Hietzing,
Hütteldorf oder Weidlingau führen. Sie wäre demnach
von ihrem Anfang an bis zum Schillerplatz eine Parallel-
Bahn der Tramway; sie würde die sämmtlichen Passagiere,
welche von der inneren Stadt und von den Bezirken Landstrasse und Wieden nach Mariahilf, den westlichen Vororten, Schönbrunn und Hietzing jetzt die Tramway benützen,
auf kürzeren Wegen schnell und bequemer befördern; nur
diejenigen, welche von der Leopoldstadt nach der Burg
oder der Josefstadt wollen, müssten noch die Tramway befahren. So wäre auf dieser einen Strecke eine mächtige
Concurrentin der letzteren geschaffen, welche ihre Rentabilität sehr zweifelhaft und ihr Fortbestehen fraglich machen
würde. Was ist unter solchen Umständen zu thun? Ist
das Fortbestehen der Tramway eine Lebensfrage für Wien?
Kann man ohne die Tramway nicht existiren? Darf sie die
Anlage und den Betrieb eines Localbahnnetzes gefährden?
Wir glauben alle diese Fragen verneinend beantworten zu
können. Die Tramway ist ein Palliativ, ein provisorisches
Hilfsmittel, bis die Localbahnen ausgebaut sind; sie kann
die Eisenbahnen nicht ersetzen, noch kann sie in ihrer
jetzigen Ausdehnung mit ihnen die Concurrenz aushalten.
Sie befördert die Personen allein, selbst diese langsam, unbequem und auf riesigen Umwegen; sie kann weder Ziegel,
noch Brennmaterial, noch Lebensmittel, noch Eilgut ver-

frachten; sie macht alle Strassen, auf welchen ihre Schienen gelegt sind, für den Wagen- und Omnibusverkehr un-
angenehm und gefährlich, sie verursacht jeden Augenblick
Stockungen und von der breiten Ringstrasee selbst occupirt
sie einen solchen Löwenantheil, dass nicht allein das Aussehen der Strasse verdorben, sondern sogar der Verkehr
bedeutend gehemmt wird. Allerdings ist unser Wahlspruch:
„das möglichst grosse Wohlsein der möglichst grossen Zahl“,
und würde es ein elendes Argument sein, wenn man die
Tramway verurtheilen wollte, weil Privatequipagen weniger
schnell fahren können und ihre Räder manchmal im Geleise einzwängen. Doch, wenn man einmal ein ordentliches
Localbahnnetz hergestellt hat, und damit dem Publicum
viel grössere Vortheile bieten kann, als die Tramway jetzt
gewährt, dann hört die Existenzberechtigung der letzteren,
was die belebteren Strassen betrifft, auf, und sie muss der
Locomotive weichen. Ihre Thätigkeit muss sich dann auf
ein anderes Gebiet wenden, wo sie gewiss nicht minder
gute Einnahmen machen würde. Sie muss von den Haupt-
stationen des Localbahnnetzes in verschiedene Richtungen
verkehren und so die Communication eines jeden selbst
noch so entlegenen Punktes mit dem Centrum des geschäftlichen Verkehrs herstellen. Sie muss die Reisenden der
Localbahn unmittelbar in ihre Wohnungen fahren und sie
von denselben der Localbahn zuführen. Statt mit der Eisenbahn zu concurriren, muss sie sich mit derselben zum Vortheile des Publicums und der Actionäre innig verbinden;
die zwei Gesellschaften müssen sich gegenseitig unterstützen
und nur wenn jede ihren besondern Wirkungskreis hat, nur
wenn mit einer richtigen Würdigung der Umstände die
Eisenbahn sich auf die Hauptlinien beschränkt, die Tramway aber auf die Flügel, wenn sie sich gegenseitig unter
die Arme greifen, ja sogar vielleicht fusioniren, nur dann
können beide fortbestehen und beide gute Dividenden ab-

werfen. Um auf meinen früheren Vergleich mit den Fischer-
netzen zurückzukommen, würde die Tramway zwischen den
groben Maschen der Eisenbahn feinere Maschen herstellen,
so dass nicht einmal der kleinste Fisch entschlüpfen könnte.
Käme durch das Verständniss der beiderseitigen Interessen
so eine Fusion zu Stande, so wäre die Rentabilität beider
Unternehmungen auf lange Jahre so gut wie gesichert. Die
Tramway würde nur allmälig, je nach dem Fortschritte des
Eisenbahnbaues ihre Strecken ausser Betrieb setzen und
die neuen in Angriff nehmen; sie würde ihr ganzes Material, ihre Schienen, Wägen, Pferde, sowie ihr Personal
nach und nach auf den neuen Strecken verwenden, statt
auf den alten eine Concurrenz auszuhalten, welche endlich
zum Untergange führen müsste; ihre Capitalsauslagen würden sich auf das Legen des Geleises allein beschränken
und die Erhaltungskosten der neuen Strecken würden bei
dem viel geringeren Wagenverkehr derselben bedeutend geringer ausfallen, so dass das Ersparniss bald die Capitalsauslagen decken könnte.

Capitel VII.

Anlage des Localbahnnetzes.

(Derjenige Leser, welcher schon der Projecte müde ist, wird ergebenst ersucht, dieses Capitel zu überspringen.)

Wenn wir jetzt in aller Kürze die Trace beschreiben, welche ein vollständiges Localbahnnetz verfolgen sollte, um die Stadt und Vorstädte möglichst innig mit einander zu verbinden, so soll der geneigte Leser ja nicht glauben, dass wir das vorgeschlagene System als das einzig mögliche oder das einzig richtige dahinstellen wollen. Wir wollen nur darthun, dass unsere abstracte Theorie. unser Gleichniss mit dem Fischernetze, auch auf etwas Concretem fusst. — Denn die Anlage, wie sie in den vorhergehenden Capiteln angedeutet wurde, ist nicht allein ausführbar, sondern stösst sogar auf keine besonderen Schwierigkeiten. Sie bedingt keine theuren Demolirungen, nimmt nur wenig Häuser und ausser dem schon verurtheilten Hauptzollamt keine öffentlichen Gebäude in Anspruch.

Sie würde theilweise im offenen Einschnitt, theilweise im Tunnel oder vielmehr gedeckten Einschnitt geführt. Um nicht die von den vielen im vorigen und diesem Jahre besprochenen und beschriebenen Projecte ermüdete Geduld meiner Leser zu viel in Anspruch zu nehmen, wird das feinere Netz — nämlich dasjenige der Tramway, welches das gröbere der Eisenbahn vervollständigt, — nicht beschrieben

werden. Aber Jeder, der die jetzigen Tramwaylinien kennt,
wird gleich einsehen, wie leicht dieselben mit alleiniger Auf-
lassung der Strecken am Franz Josephs-Quai und von der
Aspernbrücke bis zur Bellariastrasse, wo die innere Gürtelbahn sehr nahe an der Stadt liegt und mit einigen kurzen,
neu anzulegenden Linien, beinahe bei jeder Haltstelle der
Eisenbahn dieselbe durchkreuzen kann, ihr Reisende zuführen, dieselben fortführen und sogar, wenn nöthig, bei
Nacht den Eilgutverkehr besorgen, ohne deshalb eine weniger continuirliche Trace zu besitzen, als sie heute hat,
und ohne die Concurrenz mit der Bahn im geringsten auf-
zunehmen.

Wenn dem Verfasser die Ehre und das Vergnügen
auch nie beschieden werden, seinen hier im grossen Ganzen
kurz beschriebenen Plan im Detail ausarbeiten zu können,
so überlässt er dennoch mit Zuversicht die Verwirklichung
den gediegenen Fachleuten Oesterreichs, überzeugt, dass sie
vollkommen in der Lage sind, das Ausführbare vom Unprak-
tischen, das Gute vom Schlechten abzusondern, und wird
er vollkommen befriedigt sein, wenn er nur etwas Weniges
zu diesem grossen Werke beigetragen hat und wenn nur
Einiges von dem, was hier niedergeschrieben ist, einmal seine
Anwendung findet. Alle Fachleute können bei den vielen
brennenden Fragen, welche jetzt oder bald in Wien ihrer
Lösung harren, aus ihrer Erfahrung oder ihren Studien beitragen; in der Verschönerung und Verbesserung der Kaiserstadt muss jeder Wiener, jeder Oesterreicher, ja jeder Fremde,
der sie besucht, ein reges Interesse fühlen.

Der Verfasser bezeugt das Seine, indem er die Früchte
seiner Reisen und Studien dem öffentlichen Wohl in der
Hoffnung widmet, dass wenigstens ein kleiner Theil derselben geniessbar, wenn nicht schmackhaft sein wird — er
denkt aber nicht daran, die von ihm zubereitete Mahlzeit als
die einzig mögliche zu bieten.

Ein gesundes Essen kann aus vielen verschiedenen Gerichten bestehen und alle können gut bereitet sein. Für die Localbahnen wäre sein Speisezettel etwa folgender; vielleicht wird die eine oder die andere Speise jetzt oder später nützlich.

A. Innere Ringbahn.

Vom aufzulassenden Hauptzollamt im Bett resp. an der Böschung der regulirten Wien bis zum Naschmarkt — (Haltestellen Stadt-Park, Schwarzenbergplatz, Elisabethbrücke, hier Anschluss an Radialbahn I). Dann unter dem Getreidemarkt, Museumstrasse, Hofstallgasse im gedeckten Einschnitt bis zur Josefstädter oder Lerchenfelder Strasse (Anschluss an Radialbahn II). Auf dieser Strecke Station Mariahilf. Weiter, unter der Rathhausstrasse (Station beim Parlamentsgebäude, von wo unterirdische Verbindung mit der Burg, Haltestelle Justizpalast) hinter der Votivkirche in die Porzellangasse immer noch im gedeckten Einschnitt; hier Station Berggasse und etwas weiter Anschluss an Radialbahn III. Rechts schwenkend und in der Seegasse zu Tage tretend (Haltestelle Rossau), über den Donaucanal (Stationen Augartenbrücke und Börse) auf Bogenstellung oder auch versenkt hinter Quaimauern den Donaucanal hinunter (Haltestelle Franz Josephs-Quai) bis zum Anschluss am Hauptzollamt.

Radialbahnen.

I. Südwest. Vom Anschluss beim Obstmarkt das Wienbett hinauf bis zur Elisabethbahn bei Hütteldorf, mit genügenden Haltestellen und Flügelbahn zur Südbahn hinter Meidling — Anschluss an die äussere Ringbahn *B* (bestehende Verbindungsbahn) bei Baumgarten.

II. Nordwest. Anschluss an die innere Ringbahn bei der Hofstallgasse, unter der Josefstälter oder Lerchenfelder Strasse, bei der Linie zu Tage tretend und südwärts schwenkend hinter Lerchenfeld nach Ottakring zum Anschluss an die äussere Ringbahn *B*.

III. Norden. Von der Seegasse (Anschluss an *A*) die Spittelauer Lände auf Bogenstellung hinauf zum Anschluss an die Franz Josefs-Bahn, dann zur äusseren Ringbahn bei Oberdöbling. Eventuell Flügelbahn durch die Brigittenau zur Nordwestbahn.

IV. Osten. Von der Aspernbrücke (Hauptzollamt) auf Bogenstellung über die Franzensbrücken-Strasse (Flügel zur bestehenden Verbindungsbahn) hinter dem Schüttel in den Prater, dann über die Pratergürtel-Strasse und bei der Beinsiedergasse auf das rechte Ufer des Donaucanals; durch Erdberg ausserhalb des Schlachthauses zum Anschluss an die Wien-Novi- und Staatsbahnen; Flügel zur bestehenden Kaiser-Ebersdorf-Penzinger-Bahn, welche zur äusseren Ringbahn *B* benützt wird. Endlich rechts zur bestehenden Verbindungsbahn nahe am Canalhafen.

B. Aeussere Ringbahn.

Von Kaiser-Ebersdorf mit Anschluss an IV unterwegs und Benützung der bestehenden Verbindungsbahn nach Baumgarten (Anschluss an I und Elisabeth-Westbahn), durch Breitensee und Ottakring (Anschluss an Radialbahn II) nach Neu-Währing, Weinhaus und Oberdöbling zum Anschluss an Radialbahn III beim Donaucanal. Fortsetzung mit Benützung dieser Radialbahn bis zur neuen Trace der Nordbahn, dann Benützung der Weltausstellungsbahn durch den Prater unter der Staatsbahn und Anschluss bei Kaiser-Ebersdorf.

Capitel VIII.

Canalisation.

Gefahr der Vernachlässigung dieses Gegenstandes. — Bestandtheile der
Canalluft. — Die Boden- und Grundwassertheorie. — Bedingungen einer
guten Canalisirung. — Bemerkungen über die Verhältnisse in Wien.

„Mit ironischer Hochachtung vor der persönlichen Frei-
„heit lassen wir Krankheit und Tod durch den Lebensmit-
„telmarkt, durch Schulen und Fabrikssäle, Casernen und
„Armenhäuser, durch Brunnen und Bettlerbehausungen in
„die Völker hereindringen und bemühen uns nicht die Quel-
„len alles selbstverschuldeten Elendes zu erforschen und
„zu verstopfen."

So spricht Dr. Sonderegger*) und diese Worte sollten
in goldenen Buchstaben in jedem Sitzungssaal eines Ge-
meinderathes, in jeder medicinischen Schule aufgeschrieben
werden. Ja sie müssten, wie Moses einst von der Thora
befahl, auf die Thürpfosten der Häuser und auf die Stirne
zwischen die Augen gebunden werden. Was nützt alles
Heilen, wenn die Keime der Krankheit nicht erstickt werden?
Was hilft das Curiren der Symptome, wenn die Ursachen
derselben vernachlässigt bleiben? Wozu die Krankenhäu-
ser, die Spitäler, das Heer von Aerzten und Kranken-
wärtern, wenn die Quellen, von welchen die Fluth der
Krankheiten fliesst und die Spitäler füllt, nicht versiegen?

---

*) Vorposten der Gesundheitspflege S. G.

Wenn eine Brücke einen Sprung zeigt, so ist der Ingenieur
nicht damit befriedigt, dass man den Sprung mit Cement
zuschmiere; der nächste Zug würde in das Wasser fallen.
Er untersucht das Bauwerk und verbessert seine Fehler,
damit kein Unglück geschehe. Wenn ein Dampfkessel un-
dicht ist, und der Leck zugekittet wird, explodirt der Dampf
bei der nächsten Gelegenheit. Gerade wie der Schlosser,
welcher den Sprung am Kessel gekittet, machen wir es bei
unseren Kranken. Die Aufgabe des Arztes ist es, sie zu
heilen; er kann seine Patienten nicht im täglichen Leben
verfolgen; er kann ihnen nicht jeden Augenblick zur Seite
stehen, ihnen sagen, wie sie wohnen, wo sie gehen, stehen,
liegen und schlafen sollen; was sie essen und trinken dürfen,
schreibt er ihnen allerdings vor, sobald aber die Symptome
verschwunden, sind die Vorschriften des Arztes vergessen.
Die Heilkunde thut durch ihre pflichtgetreuen Jünger das
Mögliche, dem Volke die Augen zu öffnen; grobe Unwissen-
heit, Ungläubigkeit, Indolenz, Ironie begegnen ihr aber von
allen Seiten; von den Behörden kaum oder nur in einem
sehr beschränkten Maasse unterstützt, kann sie gegen solche
Feinde keinen Fortschritt machen. Die Leute sagen: „unsere Väter und Grossväter haben dies und jenes gemacht,
so und so gelebt, was für sie gut genug war, ist für uns
auch gut"; nur beim Ausbruch einer gewaltigen Epidemie
werden sie furchtsam; dann sind sie bereit, Alles zu thun,
um ihr Leben zu retten; es ist aber zu spät. Die Schutzmittel gegen eine Epidemie können nicht mehr nützlich
wirken, wenn die Krankheit schon ihre Opfer dahinrafft, ebensowenig wie man nicht erst bei ausgebrochener Hungersnoth
daran denkt, Vorrath zu schaffen, oder wenn man über
Hals und Kopf in Schulden steckt, sich vornimmt, seine
Ausgaben zu vermindern. Ihr steckt alle mitsammen in Schulden: Euere Gläubiger sind die überfüllten Wohnungen, die
verpesteten Dünste der Canäle, der faulende Unrath, der auf

den Strassen und in den Häusern liegt; das schlechte Trinkwasser, die verseuchte Luft. Und diese Rechnungen könnt
Ihr nicht mit einer zehnprocentigen Rate, durch Ausgleich
oder Concurseröffnung zahlen. Diese Gläubiger verlangen
das letzte Pfund Fleisch: wenn Ihr den Sturm gesäet habet,
so erntet Ihr den Orkan. Ja, Ihr könnt Eure Ausgaben beschränken, jetzt wenn die Cholera da ist, wenn der Typhus
seine täglichen Opfer fordert, könnet Ihr desinficiren, reinigen, gutes Wasser trinken, mässig leben; das sind abermals nur Palliativmittel; die alte Schuld bleibt da; mit dem
Leben müsst Ihr bezahlen.

Wie? Was? wird man sagen. Schreibt der Mensch
doch Unsinn! Wir haben ja in Wien eine ausgezeichnete
Canalisation; wir haben zwanzig Millionen auf ein gutes
Trinkwasser gegeben, wir bauen ja viele neue Prachthäuser
und die Cholera, der Typhus, die Kindersterblichkeit, sie
sind ja alle nicht so arg; andere Städte leiden viel mehr darunter; in Wien sind wir noch verhältnissmässig gesund und
können uns eines lustigen Lebens freuen. Das ist Alles
übertrieben; die Canäle stinken ja ganz unbedeutend; so
ein kleinwenig Geruch kann nicht schaden; unsere Wohnungen sind allerdings eng, aber sie sind gemüthlich und
wir bekommen auch bald neue.

Wo soll ich anfangen, ich, ein Fremder, Eingewanderter,
um zu beweisen, dass Ihr Euch irret? Die alten Dichter
riefen beim Eingang ihrer Lieder die Muse an, um ihnen
beizustehen. Welche Muse aber, welcher Gott wird meiner
Feder die Kraft verleihen zu überzeugen, die Kunst zu beweisen, die Gewalt zu verbessern? O Göttin der Gesundheit, hehre Hygieia, komm zu Hilfe! erscheine den Menschen
im Traume, sage ihnen, dass sie eng, schmutzig und ungesund wohnen, dass die Düfte, welche sie unschädlich glauben, die verderblichsten Krankheiten bergen; dass sie sich
aufraffen sollen vom gefährlichen Wahn, Alles sei noch gut

genug, damit ihre Kinder und Kindeskinder sie segnen sollen, dass aber keine Enkel leben werden, um ihren Vorfahren zu fluchen, wenn sie noch lange fortschlafen. Und die Vernunft soll helfen, der gesunde Menschenverstand, der glücklicherweise noch fortbesteht und wenn er nicht durch Leidenschaft und Faulheit getrübt ist, doch Manche zur Einsicht bringen soll. Zuerst will ich beweisen, dass die Canalluft eine schädliche ist; in anderen Worten, dass die Ausdünstungen der sich zersetzenden Abfälle von Menschen und Thieren, von Küchenwasser, Kehricht und überhaupt von Allem, was in die Canäle kommt, auf die Gesundheit sehr nachtheilig wirken. Und zwar wollen wir erstens die Bestandtheile der Canalluft chemisch untersuchen. Diese Gase bestehen hauptsächlich aus Kohlensäure, Stickstoff, kohlensauerem Wasserstoff, Ammoniak und verschiedenen organischen Substanzen.

Im Freien enthält die Luft ein halbes Tausendstel Kohlensäure, da aber Gott die Menschen an die Luft gesetzt hat, so liegt es auf der Hand, dass dieses Quantum eine genügende Beimischung gibt. In Zimmern erreicht aber die Kohlensäure oft fünf per Mille, die Kloakenluft aber viel mehr, manchmal zehn per Mille.

Die Kohlensäure, wie es wiederholt praktische Versuche darthun, ist ein augenblicklich tödtendes Gift, wenn sie eingeathmet wird. Allerdings ist sie selbst in der schlechtesten Luft sehr bedeutend aufgelöst, doch sind die Folgen der Einathmung derselben nicht minder giftig. Da der gesunde Mensch in einer Stunde etwa fünfzig Cub. Met. Luft braucht, so würde er in dieser Zeit, bei einem Kohlensäuregehalt von fünf Procent, nicht weniger als ein Viertel Cubik-Meter Kohlensäure einathmen, also etwa sechs Eimer Gift zu sich nehmen. Es wäre für meine Leser eine Beleidigung, wenn ich bei den schrecklichen Folgen eines solchen Vorganges länger verweilen wollte.

9

Stickstoff ist eigentlich per se nicht giftig. sondern hat sich bisher als einfach neutral erwiesen. Er ist das Vehikel, durch welches der Sauerstoff der Luft verdünnt wird, ist nicht fähig Licht und Leben zu unterhalten, und wenn man Stickstoff einathmet, so stirbt man nicht an Stickstoff, sondern an dem Mangel von Sauerstoff.

Dem kohlensauren Wasserstoff sind oft Wechselfieber zugeschrieben worden. Er entsteht von der Zersetzung vegetabilischer Bestandtheile, wie Sumpfgas, und ist höchst explosiv, d. h. durch eine Mischung mit gewöhnlicher Luft entsteht bei Berührung mit Feuer leicht eine Explosion. Er ist in Canälen oft in grossen Massen vorhanden, und muss man daher mit einem Lichte in Canalluft sehr vorsichtig umgehen und, womöglich, mit einer Sicherheitslampe bewaffnet sein.

Vom schwefelsauren Wasserstoff schreibt Sonderegger: „Er ist meist in sehr kleinen Mengen in der Luft enthalten. In chemischen Fabriken kann die Luft oft vorübergehend bis auf $^{10}/_{1000}$ Schwefelwasserstoff enthalten; wo er als Fäulnissproduct auftritt, ist er meist auch mit Schwefelammoniak verbunden und beide zusammen bilden den richtigen Cloakengeruch, jene fatale Luft, welche so viele Höfchen und Winkel erfüllt und durch die Senkgruben und Aborte als traurigste und häufigste aller Ventilationen in die Häuser dringt. "—
Er ist das giftigste aller bekannten Gase; vier Tausendstel desselben genügen, um in wenigen Minuten ein Pferd umzubringen, zwei Tausendstel für einen Hund, was müssen erst die Folgen für die Menschen sein, welche dieses gefährliche Gas in einer Lösung von ein bis zwei Tausendstel — wie sie fortwährend in den Canälen vorkommt und von ihnen ausströmt — täglich und stündlich einathmen müssen? Die früher so oft vorkommenden plötzlichen Sterbefälle der Canalräumer sind diesem Gas zuzuschreiben.

Ammoniakgas verursacht Augenentzündungen; es ver-

bindet sich oft mit Salpetersäure, welche letztere von Gas-
fabriken, Seifensiedereien u. s. w. herrührt; findet sich bei
Zersetzung von organischen Substanzen in grossen Quantitäten vor und kann in jeder grösseren Stadt beim Anfang
eines Regens sogar im Regenwasser analytisch entdeckt
werden. Sobald die Temperatur steigt, entwickelt sich dieses Gas sehr rasch von den in Fäulniss übergegangenen
Stoffen. Jeder wird sich zu erinnern wissen, dass ihm in
einem sehr vernachlässigten Abtritt die Augen gebissen
haben; dies war Ammoniakgas, das deshalb weniger gefährlich ist, weil es seine Gegenwart augenblicklich bezeugt.

Doch am schlimmsten von Allen sind die organischen
Substanzen. Sie sind so flüchtig und so klein, dass sie jedem
der Sinne entgehen: das bewaffnete Auge ist aber im Stande
die gefährlichen Sporen zu entdecken, und die Forschungen
der Neuzeit haben bewiesen, dass es in jeder verunreinigten Luft unzählige Sporen gibt, die rasch verschiedenartige
Pilze entwickeln. Es ist beinahe erwiesen, dass jede ansteckende Krankheit ihre eigenen Pilze hat, von welchen
die meisten in einer unentwickelten Form durch Einathmung
verbreitet werden; andere durch Berührung mit der Haut
und andere durch das Wasser. Diese Pilze scheinen immer
nur von Fäulniss und Gährung organischer Stoffe zu entstehen. Bei der Cholera z. B. ist es klar bewiesen, dass,
obgleich sie auch ohne die Sporen, wenn sie epidemisch
auftritt, sich verbreiten kann, die Abfälle eines von dieser
Krankheit Befallenen, von denen flüchtige Atome an der
Wäsche oder an den Zimmern hängen, absolut die Krankheit fortzupflanzen im Stande sind, so dass ein vollkommen
Cholera-immuner Ort durch die Verschleppung der unreinen
Wäsche eines Cholerakranken — wie dies bei einem son-
derbaren und sicher constatirten Falle in England sich wirklich zutrug — zum Seuchenherd werden kann. Die Keime

9*

der verschiedenen Krankheiten müssen natürlich auf fruchtbaren Boden fallen, um schädlich zu wirken; die Luft, welche
sonst rein und stark bewegt ist, trägt sie mit sich fort, eine
gute Ventilation und vollkommene Reinlichkeit ist daher ein
wichtiges Schutzmittel; dann wieder sind manche Menschen
mehr, manche weniger für diese verderblichen Keime empfänglich, so dass der Eine von allen Epidemien verschont
bleibt, während der Andere bei der grössten Vorsicht gleich
von der Krankheit ergriffen wird; es spielt das Grundwasser
und die Verunreinigung des Bodens eine bedeutende Rolle,
auf welche wir später zurückkommen werden; endlich üben
auch die Temperatur und der Niederschlag einen nicht zu
vernachlässigenden Einfluss; jedoch steht unbedingt fest,
dass die Keime vieler Krankheiten unmittelbar durch Fäul
niss und Zersetzung organischer Substanzen entstehen, und
dass diese Keime durch die Cloaken Zutritt in unsere Höfe,
Häuser und Zimmer haben.

Die Neuzeit darf sich nicht zu viel rühmen, diese Sporen-
und Pilztheorie entwickelt zu haben, denn erstens ist sie
noch immer in einem solchen Stadium, dass sie einige Blössen
hat, und dass der Träge sich gerne an diese Blössen klam-
mert, um in seinem Nichtsthun zu verharren; zweitens war
sie aber im Princip selbst im grauen Alterthum bekannt.
denn in den Vorschriften, welche Moses den Juden in ihrem
Lager gab, finden sich solche, die sich nur durch diese
Theorie erklären lassen; so das Verbot ein schimmliches
Haus zu bewohnen, so die Verbrennung von gewissen Woll-
und Leinenstoffen und die Abscheuerung von Geräthen
u. s. w.

So wäre denn unser erster Lehrsatz zur Genüge dargethan, dass die Luft der Cloaken, die Gase, welche von
den Abfällen einer grossen Stadt abgegeben werden, höchst
schädlich auf den menschlichen Organismus wirken und die
Keime unzähliger Krankheiten in sich bergen. So leidet es

denn keinen Zweifel, dass die Spitäler überfüllt sein und
Epidemien grassiren werden, so lange die Menschen in grösseren Städten diese Fäulnisstoffe einathmen. 'Denn dass
die sogenannte Grundwassertheorie des Typhus und der
Cholera diesen Ansichten widerspräche, ist nicht der Fall.
Dr. Pettenkofer selbst, sowie jeder Jünger seiner Schule
legt das grösste Gewicht auf die Entfernung aller faulenden
Stoffe; ja noch mehr, die Grundwassertheorie ist eigentlich
nur die Ausführung des oben beschriebenen auf seine weiteren Folgen: sie behauptet die Verunreinigung des Bodens
selbst und will beweisen, dass kein Haus, keine Stadt gesund sein kann, so lange der Boden, auf welchem' sie steht,
verunreinigt bleibt. Die Nachforschungen der städtischen
Deputation in Berlin haben erwiesen, dass die Sterblichkeit
nachliess, sobald das Grundwasser stieg, und umgekehrt;
daraus schliesst sie aber nicht, dass das Grundwasser da-
bleiben soll, und dass der Mangel desselben die Krankheiten
verursache, sondern im Gegentheile, dass die unreine mit
Fäulnisstoffen geschwängerte Luft, welche sich im lockeren
Boden unter den Häusern befindet, eine der Hauptursachen
der Krankheiten sei, und dass, wenn dieser Boden zum
Theil wenigstens durch einen grösseren Niederschlag und
durch das zur Spree fliessende Grundwasser gereinigt sei,
der Krankheitszustand nachlasse. Alle Autoritäten sind darüber einig, dass die organischen Bestandtheile und Fäulnisstoffe sofort zu entfernen sind; alle legen das grösste
Gewicht auf eine durchgreifende Canalisation; die Anhänger
der Grundwassertheorie wollen noch dazu den Boden selbst
und das Wasser, welches darin ist, vollkommen gereinigt
sehen; sie legen ein grösseres Gewicht auf die Bodenluft
als ihre Gegner, und glauben weniger, obzwar auch bis zu
einem gewissen Grade, an die unmittelbare Fortpflanzung
der Epidemien durch organische Keime. Es handelt sich
also nicht allein um eine gute Canalisirung, sondern auch

um eine mögliche Reinhaltung des Bodens und eine vollkommene Entwässerung; in wie weit die Durchführung dieser Aufgabe Vortheile hat, in wie weit diese Ansichten ihre
Bestätigung durch die Praxis finden, wollen wir jetzt sehr
kurz untersuchen: dann sei es unsere Aufgabe zu bedenken,
ob und wie den Anforderungen, welche die Gesundheitspflege stellt, in Wien Genüge geleistet worden ist, und wenn
nicht, wie man das Nöthige am sichersten, schnellsten und
ökonomischesten machen kann.

Nehmen wir die Sterblichkeitsverhältnisse einiger Städte
vor und nach der Einführung einer vollkommenen Canalisirung und Entwässerung.

In London war die Sterblichkeit in 1835, 35 per mille
— in 1855 nach der Einführung einer theilweisen Canalisirung 25, jetzt, wo das Canalsystem und zugleich die Entwässerung beinahe vollständig sind, beträgt sie nur 21. In
Cardiff, Wales, einer Hafenstadt von 60.000 Einwohnern,
starben vor der Canalisation 33 per Tausend — seit der
Vollendung der sanitären Arbeiten ist das Sterblichkeitsverhältniss auf 22,5 gesunken. In Berlin erreicht die Mortalität die schreckliche Ziffer von 37 per Mille. Man darf den
Unterschied nicht dem Klima zuschreiben, denn heute noch
sterben in Manchester, einer von den wenigen englischen
Städten, welche zwar canalisirt, aber beim Fassel- oder
Tonnensystem der Abfuhr bleibt, etwa 30 per Mille. In Paris
war früher das Verhältniss 33 per Tausend — jetzt ist es 23.
Die Sterblichkeit in Wien war im vorigen Jahre etwa 35
per Tausend, wird 1873 jedenfalls höher sein. Diese Zahlen
weisen auf eine unbestreitbare Thatsache hin, nämlich, dass
die Fortschaffung der Excremente und Abfälle in einer oder
der anderen Art für die Gesundheit der Bewohner einer
Stadt absolut nothwendig ist, was schon theoretisch bewiesen war. Einen Theil der Schuld an den vielen unnöthigen
Todesfällen tragen jedenfalls, wie in Capiteln II und IV be-

merkt, die schlechten und überfüllten Wohnungen; aber einen
ebenso grossen Theil müssen wir den Dünsten der faulenden organischen Substanzen, in anderen Worten der mangelhaften Canalisation zuschreiben.

Vor einigen Jahrzehnten, als die sanitäre Technik noch
in ihrer Kindheit und das Wort Hygiene kaum erfunden
war, zählte Wien zu den am besten canalisirten Grosstädten.
Seit dieser Zeit d. h. seit dem Bau der sogenannten Cholera-
canäle, hat es aber wenig oder gar keine Fortschritte gemacht. Denn wir können doch nicht die Ausdehnung des
Canalnetzes auf die Stadterweiterungsgründe und die Errichtung von Ventilationsschläuchen in den neuen Häusern
sehr hoch anschlagen. Wenn meine geneigten Leser die
Richtigkeit dieses Urtheils bezweifeln, so mögen sie die Bedingungen, welche eine gute Canalisirung erfüllen muss, erwägen. Wir haben gesehen, aus welchen ungesunden, schlechten, ja giftigen Bestandtheilen die Canalluft besteht — umsomehr giftig ist natürlich der flüssige und feste Inhalt der
Canäle selbst. Er muss also fortgeschafft werden und zwar so
schnell wie möglich, denn es steht fest, dass in den ersten
Stunden, ehe die Zersetzung eintritt, selbst organische Stoffe
keine grosse Quantität Gase abgeben und verhältnissmässig
noch unschädlich sind: erst nach etwa einem Tage fängt
der in Gährung übergegangene Stoff an, auf den menschlichen Organismus durch den Geruch, die Lungen und die
Nerven unheilbringend zu wirken und zwar bei niedriger
Temperatur langsamer, bei höherer schneller. Wir haben
also 24 Stunden Zeit, um die faulen Stoffe zu entfernen; es
wird uns so zu sagen eine Frist zur Besserung gegönnt, ehe
das Urtheil geschöpft wird. Diese Frist müssen wir benützen; sie genügt auch, bei gehörigem Gefälle den Unrath
in den Canälen unter normalen Umständen ganz fortzuschaf-
fen. Aber auch nur bei normalen Umständen. Die Canäle,
welche die Abfälle der Häuser, der Menschen und Thiere

wegführen, dienen meistens noch dazu, das Tagwasser, welches sonst in den gepflasterten Strassen in ihren tiefsten Stellen stehen würde, und die Höfe und Keller überschwemmen, abzuleiten; und dieses Tagwasser spült auch die Canäle aus; kommt das Tagwasser nicht oder in ungenügender Quantität dazu, so stockt allmälig das Canalwasser, setzt seine schweren Bestandtheile ab, die kleineren Röhren werden verstopft, und es treten die Gase überall zum grossen Nachtheil der Gesundheit aus. Wenn die Dürre länger anhält, gehen die Stoffe gänzlich in Verwesung über. Durch die Verstopfung eines kleineren Canales hier und da — was bei der grössten Vorsicht unter solchen Umständen zuweilen unvermeidlich ist — wird das von den Häusern zufliessende, schmutzige Wasser gestaut; es entsteht ein hydrostatischer Druck, wodurch die Fugen der gemauerten Canalwand bald geöffnet werden; das Wasser verbreitet sich im Boden und da es den tiefsten Punkt sucht, werden die Brunnen — welche beinahe immer unmittelbar neben den Canälen liegen — leicht verunreinigt und vergiftet. Besonders häufig kommen solche Stauungen bei den Anschlüssen der Seiten- mit den Hauptcanälen vor, und sie verrathen sich leider gewöhnlich erst, wenn das Unheil schon angestiftet ist — d. h. wenn durch die Stauung die giftigen Gase durch die Abtritte oder Spülöffnungen schon in die Häuser zurückgetreten und sich deutlich bemerkbar gemacht haben. Wie oft das Brunnenwasser von den Sickerungen des Cloakenwassers durch die Canalwände verunreinigt wird, getraue ich mich kaum zu sagen — ich würde ausgelacht, wenn ich behaupten wollte, dass wenigstens ein Drittheil der Hausbrunnen Wiens direct durch Zuflüsse von den Canälen vergiftet wird. Denn leider hört diese Vergiftung nicht auf, sobald die Ursache derselben behoben ist.

Folgender Paragraph, welcher am 30. September 1873 erschien, nachdem obige Zeilen schon geraume Zeit geschrieben waren, bekräftiget die ausgesprochene Meinung des Verfassers:

„In Folge Auftrages der k. k. Statthalterei wurde eine Untersuchung der Brunnen bezüglich der Verwendbarkeit des Wassers derselben als Trinkwasser eingeleitet. Es wurden bis jetzt mehr als 400 Brunnen in den verschiedenen Bezirken untersucht und auch das Wasser derselben chemisch analysirt. Das Resultat war, wie der Stadtphysikus Dr. Innhauser an den Bürgermeister berichtete: „dass nicht Einer von allen diesen Brunnen ein in sanitärer Beziehung entsprechendes Trinkwasser enthält, obwohl die betreffenden Hausbesitzer insgesammt versicherten, dass ihre Brunnen vortreffliches Trinkwasser geben.“ Manche von diesen Brunnen mussten sogar gesperrt werden, weil das Wasser derselben schädliche Stoffe aller Art enthielt. Um das Wasser der Brunnen in allen 11.000 Häusern der Stadt Wien ordnungsmässig untersuchen zu können, wäre eine Zeitdauer von mindestens fünf Jahren erforderlich. Da es erwiesen ist, dass hauptsächlich durch schlechtes, verdorbenes Trinkwasser Seuchen entstehen, so hat der Stadtphysikus mit seinem Exposé zugleich die dringende Bitte an den Bürgermeister gerichtet, für die baldige Einleitung des Hochquellenwassers in die öffentlichen Brunnen von Wien und ebenso in alle Häuser wirken zu wollen, da von dem guten Willen der Hauseigenthümer allein nicht viel zu erwarten sei. Sicherem Vernehmen zufolge kann die vollständige Verbindung der Röhren von der Hochquellenleitung mit jenen der Ferdinands-Wasserleitung im Laufe der nächsten Tage gewärtigt werden, folglich können vorderhand wenigstens die Auslaufbrunnen gesundes und krystall-helles Wasser aus der Region des Hochgebirges spenden.“

Bekanntlich schliesst sich eine offene Fuge nicht wieder ganz so sie wie früher war, wenn der Druck aufhört. Hat also eine Entweichung des Canalwassers durch einen lockeren

Theil der Wand stattgefunden, so wird diese Entweichung
wenn auch in geringerem Maasse bei normaler Wasserhöhe
doch fortbestehen, den ganzen Boden mit giftigen Substanzen tränken und die benachbarten Brunnen fortwährend
verunreinigen. „Das specifische Gift" — sagt Dr.
Sonder-
egger — „welches sich in den Ausleerungen und der schmutzigen Wäsche Typhöser entwickelt, kann durch Düngung und
Ueberrieselung auf weite Quellgebiete vertheilt auch laufende
Brunnen zu Infectionsherden machen und schwere, anfangs
auffallend umschriebene Localepidemien erzeugen." Durch
die Hochquellenleitung wird hoffentlich diesem Uebel in
Wien zum Theil abgeholfen; so lange es aber dem Hauseigenthümer gestattet ist, bei gutem Brunnenwasser zu bleiben, wenn er ein solches hat, ist der Gefahr einer Vergiftung des Trinkwassers keineswegs vorgebeugt; denn es kann,
wie gesagt, eine Stauung und Beschädigung des Canales
eintreten, ohne dass Jemand es weiss, und ein Brunnen,
welcher als gut und gesund anerkannt wurde, wird plötzlich höchst schädlich. Die oben angeführte Autorität schreibt
ferner: „Es ist feststehende Thatsache, dass oft einzelne
doch sonst gut beleumundete Sodbrunnen durch benach-
barte Cloaken verunreinigt werden und unter ihrer ganzen
Kundschaft Typhus verbreiten und ebenso gewiss, dass Bäche
und Abwasser die Cholera weiter tragen; von Wechselfieber.
Ruhr und gelbem Fieber hat man ebenfalls Ansteckung durch
Trinkwasser ermittelt. Ganze Städte (z. B. Aarau vor 1860)
sind berüchtigte Typhusherde gewesen, so lange sie ihr
Trinkwasser sorglos aus Sodbrunnen und Bächen bezogen,
und haben erst mit der Beschaffung guten Quellwassers
normale Gesundheitsverhältnisse erlangt. An einem grossen
sonst gesunden Orte brach eine eng umgrenzte mörderische
Typhusepidemie aus, nachdem das Regenwasser aus einem
umgelegten Friedhof in die Leitung des Dorfbrunnens ge-
rathen war." Die Krankheiten, welche dem Genusse un-

reinen Wassers folgen, sind also so zahlreich, die Gefahr
desselben ist von Fachmännern so oft und so ausführlich
geschildert worden, dass es wohl unnöthig ist, hier diesen
Gegenstand näher zu behandeln. Allein es kann immer
nicht zu stark betont werden, dass selbst die Hochquellenleitung ihren günstigen Einfluss auf die sanitären Umstände
Wiens verfehlen wird, wenn eine Verbesserung der Canalisirung und Reinhaltung des Bodens nicht mit ihr Hand in
Hand geht; wir werden sonst riskiren, dass die Vortheile
der Zufuhr frischen Wassers durch die mangelhafte Abfuhr
des schmutzigen Wassers neutralisirt werden. Die Reinhaltung des Grund und Bodens und die Entwässerung desselben ist von Pettenkofer, Sonderegger, Virchow und allen
Autoritäten, sowohl Fremden als wie Deutschen, als unbe-
dingte Nothwendigkeit hingestellt worden. Der Boden, welcher nach Pettenkofer zwanzig bis fünfunddreissig Percent.
leere, d. i. mit Luft gefüllte Räume enthält, darf nicht in
diesen Zellen, wie Pandora, alle Krankheiten verschliessen;
wir müssen trachten, die Luft im Boden, sowie die Luft in
den Häusern und Zimmern, rein zu halten. Die Hauptur-
sache, ja beinahe die einzige der Verunreinigung der Bodenluft ist das Wasser, welches sich im Boden reutert, d. i.
seine Unreinlichkeit in demselben absetzt und ihn mit
seinen schädlichen Gasen füllt. Die Vergiftung durch die
Bodenluft ist allerdings nicht so rasch und unmittelbar wie
diejenige, welche durch das Geniessen von schlechterem Brunnenwasser erfolgt: sie ist aber ebenso gewiss; und wenn
man die Leichtigkeit bedenkt, mit welcher Wasser durch
jede auch die kleinste Oeffnung seinen Weg findet, sowie die
tausendfach grössere Leichtigkeit, mit welcher sich die schädlichen Canalgase verbreiten, so wird man verstehen, wie
weit sich die Verunreinigung der Bodenluft durch einen einzigen schadhaften Canal oder eine einzige Mistgrube, eine
Senkgrube oder einen Schweinestall verbreiten kann und

was für unheilvolle Folgen sie nach sich zieht. Wenn man
das Grundwasser ebenfalls reinigt, wenn man Sorge trägt,
dass überhaupt kein schmutziges Wasser in den Boden einer
Stadt dringt, wird sich der Boden bald reinigen. Der Boden nun muss durch eine vollkommene Entwässerung und
durch ein gutes mit genügendem Gefäll versehenes Canalnetz rein gehalten werden. Aber die schädlichen Dünste
steigen auch direct von den Canälen durch dieselben Gitter
hinauf, welche das Tagwasser hinunter lassen. Meine Leser
werden ersucht, die Wahrheit dieser Behauptung durch einen
praktischen Versuch zu erproben, jedoch werden sie im
eigenen Interesse gebeten, nicht zu lang über dem Gitter
stehen zu bleiben. Natürlich sind diese Gase und Dünste
um so ärger, je länger die faulenden Stoffe in den Canälen
verweilt haben; eine Beschleunigung der Abfuhr würde daher eine Verminderung der schlechten Gerüche zur Folge
haben. — Auch kann diese beschleunigte Abfuhr nur durch
natürliche oder künstliche Spülung bewerkstelligt werden:
in Wien ist man noch immer auf die erstere und zwar durch
den Regen angewiesen, und hat die natürlichen Folgen von
Stauung in den Canälen, gänzlichen Stillstand des Unrathes,
ekelhaften Gerüchen und Vergiftung des Bodens und des
Wassers zeitweilig zu ertragen.

Ehe wir daran gehen, wie diesen Uebelständen abzuhelfen sei, erwähnen wir noch kurz, dass bekannterweise,
zwei Systeme, den Unrath aus einer Stadt zu entfernen
empfohlen worden sind. Nach dem einen Plan fliesst wie
in Wien Alles in die Canäle, welche das Tagwasser ebenfalls fördern, so dass die festen Bestandtheile von den flüssigen fortgetragen werden. Nach dem anderen aber werden
die festen Bestandtheile in Senkgruben gesammelt, um nachher entweder wie in Paris in luftdichten Fässern, oder hy-
draulisch wie Liernur empfiehlt, kurz in irgend einer von
gwenistens zehn verschiedenen Methoden in Wägen entfernt

zu werden. Es ist hier nicht die Stelle, in eine längere Verhandlung über den Vortheil der Abfuhr auf eine oder die
andere Art einzugehen. Eine solche Discussion kann leicht
in Polemik ausarten und gehört mehr in eine speciell technische, als in eine allgemeine Schrift. Es soll nur auf folgende Thatsachen hingewiesen werden.

1) Dass trotz der Beseitigung der festen Bestandtheile
des Unrathes das Canalwasser in Städten, wo das
Fasselsystem besteht, ebenso unrein und schädlich gefunden worden ist, wie in solchen, wo aller Unrath
direct in die Canäle fliesst, dass also der für das Fasselsystem behauptete Vortheil — nämlich die Canäle ohne
Gefahr in Flüsse münden zu lassen, verloren geht.

2) Dass, da die flüssigen Bestandtheile im Verhältnisse
zu den festen sehr bedeutend sind, und die Canäle
doch immer auch für heftige Gewitter eingerichtet werden müssen, durch das Fasselsystem ein kaum nennens-
werthes Ersparniss in den Anlagekosten erzielt wird.

3) Dass trotz aller Desinfectionsmittel und Apparate die
Entleerung der Senkgrube immer eine lästige Operation
ist, und dass die Anwendung dieser Desinfectionsmittel den Hauptdüngwerth des Unraths zerstört.

4) Dass es unmöglich ist, die Senkgruben täglich auszu-
leeren, und dass daher die gefährlichsten Stoffe, in
Verwesung übergegangen, in den Häusern verbleiben
müssen. Trotz der besten Verschlüsse nun finden die
· verderblichen Gase immer einen Ausweg.

5) Endlich dass der Betrieb des Fasselsystems ein ungleich theurer ist, indem es auf der Hand liegt, dass
es mehr kosten muss Unrath mit grossen Vorsichtsmassregeln per Achse fortzufahren, als denselben im
Wasser von selbst fortfliessen zu lassen.

Es scheint übrigens jetzt so ziemlich allgemein anerkannt, dass wenn man genügendes Wasser zur Abspü-

lung der Canäle hat und in der ersten Anlage des Canalsystems mit gehöriger Umsicht vorgeht und immer nur das
beste Material verwendet, das Waterclosetsystem den Senkgruben bei Weitem vorzuziehen ist. Aber eines der Haupt-
argumente der Vertheidiger des Fasselsystems ist immer
gewesen und wird immer sein — wohin mit dem Canalwasser, welches allen Unrath von einer Riesenstadt und die
Keime aller Krankheiten mit sich trägt? Die Wiener lassen
es einfach in den Donaucanal fliessen, und ich habe bisher
noch nicht gehört, dass Jemand diese Procedur als unrich-
tig oder ungesund bezeichnet hätte. Die Strömung nimmt
ja Alles mit. Dies ist auch ein Irrthum; sie nimmt 'nicht
Alles mit; besonders bei eingetretener Dürre setzt sie riesig
viel ab, und das ganze Donaubett (wovon der geneigte
Leser sich übrigens auch durch einen praktischen Versuch
überzeugen kann) wird mit einer Schicht von schwarzem
Schlamm überzogen, welche aus den allerungesündesten
Theilen des Unrathes gebildet wird, und bis zu einem grossen Hochwasser dort bleibt, um Wasser und Luft zu vergiften. Aber selbst, wenn der Unrath ohne abzusetzen wirklich fortgeführt würde, so darf man nicht vergessen, dass
er von der Brigittenau aus bis zur Sophienbrücke zwischen
Stadt und Vorstadt knapp vor den schönsten Häusern, bei
den am dichtesten bevölkerten Strassen vorbeifliesst, und
vollständig Zeit hat, seine flüchtigen, giftigen Ausdünstungen
zu verbreiten, ja es ist sogar bei warmem Wetter und nie-
derem Wasserstand der Geruch am Donaucanal keineswegs
unmerklich — ein Beweis, dass die Verwesungsprocesse
schon weit vorgeschritten sind, und dass die Luft schon bedeutend verunreinigt ist.

Es scheint demnach die Canalisirung Wiens an ihrem An-
fang und ihrem Ende, ich möchte sagen, von α bis zum ω mangelhaft zu sein. Am Anfang haben wir wenig Wasser, wenig
Waterclosets, schlechte Röhren, stinkende Gitter — am Ende

führen wir unseren Unrath in den Fluss, welcher vor unseren Fenstern vorbeifliesst. So grell gesagt, ist es ungeheuerlich, unglaublich, aber wahr! Und dennoch ist das System gar nicht so schlecht, wie man aus dem Vorhergehenden schliessen möchte. Kopf und Füsse sind krank, der Leib ist so ziemlich gesund. Durch Verbesserungen am Anfang und am Ende, durch Flicken in der Mitte, durch Veränderungen hier und Schutzmittel dort, wäre es wohl möglich aus dem schon Bestehenden, ohne Alles umzuwerfen, ohne Jedes zu zerstören, ein System herzustellen, welches den Anforderungen der Sanität und den Erfahrungen der Wissenschaft entsprechen würde und mit verhältnissmässig geringen Kosten beinahe alle diejenigen Vortheile erringen, welche durch ein ganz neues Canalnetz zu erreichen wären. Der gänzliche Umbau der Wiener Canäle würde eine Summe erfordern, die allerdings nicht den Werth der in Capitel II erwähnten durch schlechte Gesundheitsverhältnisse verlorenen Menschenleben erreichen würde, jedoch so hoch ist, dass unsere Stadtväter sich nie und nimmer selbst in die Besprechung derselben einlassen würden. Es ist immer meine Lieblingsaufgabe gewesen, die Lösung einer Frage mit möglichst wenig Veränderung in schon Bestehendem zu erforschen, es mögen mir daher meine geneigten Leser verzeihen, wenn ich im nächsten Capitel meine Ideen über die in der Wiener Canalisation zu machenden Veränderungen kurz andeute.

Capitel IX.

Theorie und Praxis der Berieselung.

Entwässerung und Ableitung. — Möglichkeit beide in einem System zu vereinigen. — Werth der Abfälle. — Berieselung in England, Deutschland, Italien. — Versuche in Berlin und London. —

Die Canäle einer Stadt sollen, wie wir schon gesehen haben, zwei Zwecke erfüllen — nämlich alle Abfälle wegführen und den Boden entwässern. Um die Abfälle gefahrlos ohne Verunreinigung des Bodens und des Grundwassers fortzuführen, ist es, wie im vorigen Capitel genügend auseinandergesetzt wurde, eine Hauptbedingung, dass die Canalwände undurchdringlich seien und dass keine Stauung eintrete, welche einen Leck unter hydrostatischem Druck verursachen könnte. Zur Entwässerung des Bodens dagegen müssten die Röhren porös sein, damit das Wasser in dieselben dringen und abrinnen könne. Diese zwei Bedingungen, nämlich, dass die Canäle zugleich undurchdringlich und porös wären, sind natürlich widersprechend: es sind also mehrere Methoden vorgeschlagen und angenommen worden, um den doppelten Zweck der Abfuhr und der Entwässerung zu erreichen. Man hat in einigen englischen Städten ein durchgehendes Doppelsystem ausgeführt — nämlich ein Netz von tiefliegenden grösseren Drainröhren, um das Grundwasser abzuführen, und ein zweites höher liegendes Netz von undurchdringlichen Canälen für die Ableitung der Excremente und Abfälle, sowie des Tagwassers.

Die riesigen Kosten eines solchen Doppelnetzes in einer grossen Stadt, die Schwierigkeit für das tiefliegende Röhrennetz genügendes Gefälle und einen entsprechenden Abfluss herzustellen, sowie endlich die Spesen und die Zeitversäumniss bei Reparaturen werden verhindern, dass dieses System je eine grössere Anwendung finde. Man hat dann auch versucht, ganz ohne specielle Entwässerungsröhren auszukommen, und hat gehofft, dass die Canäle selbst den Boden zur Genüge entwässern würden; dies kann auch manchmal eintreten, namentlich, wenn durch die Erdarbeiten zum Einbau der Canäle mehrere Schichten von verschiedener Beschaffenheit und mehr oder minder poröser Natur durchgeschnitten werden. Das Wasser sammelt sich dann in dem für die Canäle gemachten Graben und selbst nach Vollendung und Dichtung der Cloake und noch so guter Einfüllung und Stampfung der Erde wird es seinen Weg noch immer unter, neben und über dem Mauerwerk den Graben entlang finden; daher kommt es, dass in manchen Fällen die Einführung einer Canalisation die Entwässerung des Grundes bewirkt hat, ohne dass bei Entwerfung des Projectes dieser letztere Zweck besonders berücksichtigt worden wäre. Aber in anderen Fällen hat es sich herausgestellt — wie übrigens zu erwarten war — dass die Canalisirungsarbeiten während ihrer Ausführung und unmittelbar nach ihrer Vollendung den Boden vollkommen entwässerten, dass aber mit jedem späteren Jahre das Grundwasser neuerdings stieg und die Entwässerung immer langsamer und schlechter vor sich ging. Es muss also jedenfalls die geologische Beschaffenheit des Bodens eingehend studirt werden, und darf man nur ganz ausnahmsweise und in ganz besonderen Fällen auf die Entwässerung des Bodens durch undurchdringliche Cloaken rechnen; denn nicht allein erfolgt sie höchst selten und nur, wenn der mit Erde gefüllte Graben, welcher für die Cloake ausgehoben wurde, mehr

10

porös ist als die Schichten auf beiden Seiten, sondern kann
eine solche Entwässerung nie ganz vollkommen sein und
muss es auch im günstigsten Falle für die Abfuhrcanäle als
sehr schlecht bezeichnet werden, fortwährend in einem nassen
getränkten Boden zu liegen. Es wird dann bei bedeuten-
dem Steigen des Grundwassers endlich einmal vorkommen,
dass der hydrostatische Druck von aussen bei einem zufällig leeren Canal die Fugen öffnet, und die Undurchdring-
lichkeit der Cloake somit aufhört.

Es muss hier also ein Mittelweg gesucht werden, durch
welchen sowohl die Kosten des Doppelsystems, wie die Gefahren der gänzlichen Unterlassung des Drainirens des Grundwassers vermieden würden. In Berlin wurde vorgeschlagen,*)
besondere Drains aus porösem also unglasirtem Thon, welche
in die eigentliche Abzugsleitung hineinmünden, anzulegen.
Dieser Plan ist wohl im Allgemeinen zweckentsprechend,
jedoch ist er kostspielig, weil von beinahe jedem Hause eine
doppelte Leitung in den Hauptcanal führen muss; er hat
auch den Nachtheil, dass die Lage der porösen Drainröhren
nicht nach der Höhe des Grundwassers — wie sie sein
sollte — berechnet werden kann, sondern von derjenigen
des Hauptcanales abhängen muss. In gewissen Fällen wäre
jedoch dies System zweifelsohne mit guten Resultaten anzuwenden, und kann man nicht im vorhinein bestimmen,
wie und wo solche Drainröhren anzulegen sind; im Verein
mit einer anderen Methode und als Aushilfe hat dies von
Herrn Dr. Virchow für Berlin empfohlene System auch für
Wien, dessen geologische und physische Verhältnisse ganz
andere sind, auch einen bedeutenden Werth.

In England ist mehrfach die Idee zur Ausführung gelangt, um Spesen bei der Anlage zu ersparen, ein doppel-
tes Rohr in jeden Graben einzulegen, dessen unterer Theil

---

*) Reinigung und Entwässerung Berlins 1873.

porös und zur Ableitung des Grundwassers, sein oberer
Theil aber undurchdringlich und zur Abfuhr bestimmt wäre.
Thonröhren wurden zu diesem Zwecke in besonderen Formen gefertigt; so z. B. ein rundes Rohr für die Abfuhr,
mit einem zweiten aber viertelmondförmigen Rohr an der
unteren Seite versehen, beide von glasirtem Thon, aber das
untere mit zahlreichen Löchern angebohrt. Die Dichtung
der Muffen oder Verbindungen eines derart complicirten
Doppelrohres hat sich als schwer erwiesen; in der Praxis
konnte sie selten derart hergestellt werden, dass das unreine Wasser nicht zuweilen auch in das untere Rohr und
so in den Boden seinen Weg fand. Es wurden daher wirklich zwei besondere Thonröhren versucht, die untere nicht
glasirt und mit Vorsprüngen oder Absätzen versehen, auf
welche die obere glasirte zu liegen kam. Dies hatte wieder die Nachtheile, dass erstens die Fabrication der unteren
mit Absätzen versehenen Röhren eine äusserst theuere war,
und zweitens, dass die gehörige Ausfüllung und Stampfung
der Erde zwischen den Vorsprüngen, um ein Lager für die
obere Röhre herzustellen, oft einen Bruch der unteren Röhre
oder der Vorsprünge selbst nach sich zog; wurde aber das
Lager nicht vollkommen fest hergestellt, so lag die obere
Röhre nur auf den Absätzen auf und barst gleich bei einem
höheren Druck; endlich wurde bei noch so gut gestampf-
tem Lager die Erde zwischen den Röhren nach und nach
durch das Wasser aufgeweicht, und es konnten wieder
Brüche eintreten. Endlich kam man aber auf eine Idee,
welche durch Herrn Ingenieur Wiebe in Danzig zur Ausführung gelangte, jede Schwierigkeit und jede Gefahr be-
seitigte und doch in ihrer Anlage allen Anforderungen der
Billigkeit entsprach. Die Cloake, gleichgiltig ob Röhre oder
gemauerter Canal, wurde in den Graben eingelegt, die Zwi-
schenräume mit Tegel ausgestampft und die Röhre auch mit
einer starken Tegellage gedeckt. Der Graben wurde dann

10*

mit einer, ein bis zweieinhalb Fuss starken Lage, von grobem
Schotter eingeschüttet, welcher wieder mit der gewöhnlichen
ausgehobenen Erde zugedeckt wurde. Bei äusserst wasser-
hältigem Unterboden wurden auf den Tegel ein oder zwei
poröse Thonröhren eingelegt, und das Grundwasser folgte
natürlich dem Gefälle des Canals und fand an derselben
Stelle, wie er, seinen Ausfluss. Durch diese Methode kann
das Cloaken-Wasser nicht entweichen; der Boden wird aber
vollkommen gereinigt und eine etwaige Undichtigkeit in der
Cloake ist viel minder schädlich, als wenn sich die Drain-
röhre unter derselben befindet. Die Anlage ist eine äusserst
billige und bedingt nur, dass die Cloake ziemlich tief eingelegt werde, was im Allgemeinen für die Reinhaltung des
Bodens, für die Abführung des Wassers von den Hausca-
nälen, und für die Vermeidung von Ausfrieren, von Sprüngen
durch Strassenverkehr u. s. w. von grossem Vortheil ist.
Im äussersten Falle kann in sehr niedrig gelegenen Stadttheilen, wo kein natürlicher Abfluss ist, der Drain an einigen Stellen in die Cloake münden, damit der Inhalt von
beiden denselben Ausfluss habe und zugleich ausgepumpt
werde.

Somit wäre denn der Entwässerung des Bodens Rechnung getragen. Jetzt entsteht die Frage, wohin mit dem
schmutzigen Wasser?

Es darf nicht länger in den Donaucanal geführt werden, — darüber soll doch kein Zweifel obwalten.

Dieser Flussarm ist weder breit noch tief genug, um
die Unreinlichkeiten, welche ihm durch die Cloaken zugeführt werden, genügend zu verdünnen — und es ist doch
abscheulich und ekelerregend, dass man dort Wäsche reinigt und Pferde zur Schwemme führt, wo man die Abfälle
einer Riesenstadt mit allen ihren namenlosen Verunreinigungen entleert. Ja noch mehr. Ein grosser Theil der Leopoldstadt und der angrenzenden Stadttheile liegt so niedrig,

dass das Grundwasser derselben vom Donaucanal aus ge-
speist wird, — die Folge einer fortgesetzten Abfuhr und
Entwässerung in den Donaucanal hiesse daher einfach: die
schädlichen Substanzen aus den Häusern und aus dem Boden zu entfernen, um so auf einem langen aber sicheren
Umweg durch Filtrirung vom Donaucanal wieder dem Boden und den Häusern, wenn nicht derselben, so doch anderer Stadttheile zuzuführen. Beim Schotterboden, welcher
das ganze nordöstliche Thalgebiet ausfüllt, ist eine Ableitung von Mariahilf und Wieden zum Donaucanal nichts
anderes als eine Tränkung des Bodens der Weissgärber mit
allem Schmutzigen und Schädlichen, welches von den ge-
nannten höher gelegenen Vorstädten abfliesst — also einfach die Dislocirung der Seuchen und Krankheiten von
einem Stadttheil zum andern. Und da die Krankheiten
sich nicht allein durch das Wasser und den Boden, sondern
auf vielen anderen Wegen verbreiten, so würde der *circulus
vitiosus* bald vollständig — die Cholera, der Typhus würden
von Mariahilf entfernt, um die Leopoldstadt oder die Weissgärber heimzusuchen und sich dann durch Verschleppung,
schmutzige Wäsche und andere Ursachen wieder langsam
bergauf nach Mariahilf zurückzubewegen.

Magna componere parvis — um Grosses mit Kleinem
zu vergleichen — wir dürfen nicht eine Mistpfütze vor unserer Thür liegen lassen — sie wird das ganze Haus an-
stecken, obgleich die Ableitung von einem jeden Zimmer
sehr gut in dieselbe ausgeführt sein mag. Wenn aber das
Schmutzwasser nicht in den Donaucanal gelassen werden
soll, so wäre es vielleicht zulässig, es in den Donaustrom
selbst zu führen? Allerdings kann man gegen ein derartiges
Vorgehen nicht dieselben Einwendungen machen, oder vielmehr werden die nachtheiligen Folgen bedeutend abge-
schwächt. Ganz abgeschafft werden sie nicht; denn da das
Donaubett meistens aus Schotter besteht, so kann eine Ver-

unreinigung des Bodens durch das mit Schmutz geschwängerte Donauwasser doch stattfinden. Natürlich wird diese
Verunreinigung eine bedeutend mindere sein; denn durch
das unverhältnissmässig grössere Wasserquantum, welches
die Donau führt, tritt eine solche Verdünnung ein, dass die
organischen Bestandtheile kaum mehr schädlich wirken werden. Wenn also das ganze Schmutzwasser Wiens u n t e r-
h a l b der neuen Donaustadt in den Strom abgeleitet würde,
so wären die meisten sanitären Bedenken behoben. Es
wäre dieser Vorgang, streng genommen, derselbe wie jetzt;
heute kommt der ganze Unrath ebenfalls in die grosse Donau, jedoch via Donaucanal, welchen wir zur offenen Cloake
gemacht haben; es handelt sich also nur diese offene, natürliche Cloake in eine künstliche umzuwandeln, und hat
die Errichtung von grossen Abfuhrcanälen an jedem Ufer
des Donaucanales, welche alle bestehenden Röhren und Canäle auffangen und daher das Donaucanalbett reinhalten
würden, wohl keine solche technische Schwierigkeit, dass
sie nicht von der Wissenschaft und Praxis der Ingenieure des
XIX. Jahrhunderts leicht zu überwinden wäre. Jedoch treten ganz andere Bedenken hinzu, und zwar die ökonomi-
schen. Das Schmutzwasser einer grossen Stadt hat einen
gewissen Werth. Die von jedem Menschen herrührenden
Abfälle haben zur Verwendung als Dünger einen Geldwerth,
der von verschiedenen Autoritäten verschieden geschätzt
worden ist, in England aber oft mit zehn Schilling per Kopf
und Jahr beziffert wurde. Dr. Corfield gibt als niedrig-
sten Geldwerth mit Berücksichtigung aller Umstände sechs
Schilling vier Pence, also etwa 3 fl. 50 kr. per Kopf und
Jahr an. Dr. Virchow hält diese Schätzung für zu hoch,
und will nur von zehn Sgr. per Kopf und Jahr wissen.
Wenn wir das Mittel zwischen den zwei letzten Schätzun-
gen annehmen, stellt sich der Werth der Abfälle auf 2 fl.
per Kopf und Jahr, also für die 900.000 Einwohner Wiens zu

1,800.000 fl. Capitalisirt zu sechs Procent hätten wir eine
Summe von 30 Millionen Gulden, welche wir durch die Nicht-
verwerthung der Abfälle vergeuden. In anderen Worten,
es würde sich finanziell lohnen, jede Summe bis auf etwa
30 Millionen Gulden in der Durchführung einer Canalisirung,
welche die Abfälle und das Schmutzwasser verwerthen würde,
auszugeben. Lieber also 30 Millionen anlegen, als die
Schmutzwässer unbenützt in die Donau abzuführen. Was
für den Menschen schädlich ist, ist für die Pflanzen nützlich, was aber das Wachsthum der Pflanzen fördert, nützt
wieder dem Menschen, der entweder unmittelbar — durch
Getreide, Gemüse, Obst — oder mittelbar — durch Fleisch,
Milch, Käse — von Pflanzen lebt. Wenn man nun zu den
oben erwähnten 30 Millionen Gulden noch den Geldwerth
einer Verbesserung der Gesundheitszustände Wiens, wie im
Capitel IV beschrieben, zurechnet, so erreicht man eine To-
talsumme, welche wohl mehr als genügen würde, eine dreimal so grosse Stadt gehörig zu canalisiren und zu entwässern.
Es kann eingewendet werden, dass die Verwendung des
Schmutzwassers zu landwirthschaftlichen Zwecken kostspielig und schwierig, auch der Gesundheit nachträglich sei.
Die Versuche der letzten Jahre, namentlich die systematischen
Anlagen bei Berlin und Paris, welche auf die Erfahrungen in
England gestützt, brauchbare und wissenschaftliche Resultate ergaben, haben das Gegentheil bewiesen. Berieselung
und Einstauung sind die wahren Mittel zur Benützung und
Unschädlichmachung des Schmutzwassers; die Praxis beweist
die Möglichkeit der Durchführung der Theorie: was von
den Pflanzen kommt, soll zu den Pflanzen zurückgehen;
was dem Menschen schadet, nützt den Pflanzen.

Der erste Versuch der Berieselung geschah in Schottland
im siebzehnten Jahrhundert. Trotz der mangelhaften Anlage und des noch schlechteren Betriebes gelang es, die sandi-
gen Dünen von Craigentinny in fruchtbare Wiesen umzuge-

stalten, welche von jener Zeit bis zum heutigen Tage prächtiges Gras erzeugt haben und der Gesundheit der Anrainer in keiner Hinsicht schädlich sind. Eine Caserne (Piershill) steht dicht daneben: die genaueste Beobachtung bestätigte, dass die Gesundheit der Soldaten keineswegs durch die Berieselung leide, trotzdem, dass die Wiesen mit Schmutzwasser viel zu stark überschwemmt werden, so dass bei dem dortigen schon so wie so feuchten Klima ein Theil gänzlich versumpft ist, und das ablaufende Wasser sehr unrein bleibt — das heisst in anderen Worten, dass man dem Boden zuviel zugetraut und ihn mit organischen Bestandtheilen überladen hat, so dass er die Nahrung, welche man ihm zuführt, nicht verdauen kann. Es kommen dort die Abfälle von etwa 550 Menschen auf ein Joch; so dass nach diesem Masstabe etwa 1800 Joch für die nützliche Verwendung der Schmutzwässer von ganz Wien genügen würden. Jedoch, wie gesagt, ist hier das System fehlerhaft angelegt und durchgeführt und wurde es auch nur deshalb erwähnt, weil es das älteste Beispiel der Berieselung zur Ableitung ist und selbst unter schlechten Umständen die erzielten finanziellen Resultate nur riesig genannt werden können. Vor der Berieselung trugen diese Dünen nämlich einen jährlichen Zins von 2 s. 6. d. per englischen Acker, oder etwa 1 fl. 75 kr. per Joch; jetzt tragen sie von L. 20 bis L. 30 per Acker oder 300 bis 400 fl. per Joch; von der letzten Summe wären die Betriebskosten und Interessen mit etwa 30 fl. abzuziehen.

Bei Croydon ist das Schmutzwasser von 30 – 40.000 Einwohner seit acht Jahren zur Berieselung von etwa 180 Joch verwendet worden (hier kommen also die Abfälle von nur 177—220 Personen auf das Joch). Der Boden ist zum Theil Schotter, zum Theil Lehm, und wider alles Erwarten sind die Erfolge auf dem Lehmboden noch günstiger gewesen, als auf dem durchlässigen Schotterboden; die Heu-

und Getreideernte ist verhältnissmässig schöner und das ab-
fliessende Wasser ist vollkom nen rein. Nur nach einem
anhaltenden Frost wird die vollständige Reinigung des Schmutzwassers beeinträchtigt, sonst kann es anstandslos in jeden
offenen Wasserlauf geleitet werden. Diese Bemerkung stimmt
mit den in Berlin gemachten Erfahrungen und weist beim
hiesigen Klima auf eine Einstauung während der kälteren
Tage des Winters hin. Die finanziellen Resultate sind in
Croydon nicht so glänzend gewesen, wie bei Edinburg, weil
der zur Berieselung benützte Grund bei der letzteren Stadt
früher fast gar keinen Werth hatte; sie sind aber doch vollkommen befriedigend, indem der Mehrzins des Grundes
schon die Interessen des zum Zweck der Entwässerung gemachten Anlehens und die Betriebskosten deckt; seit der
Vollendung dieses Systems ist die Sterblichkeits Croydons
um zwanzig Procent gesunken, von welchem Unterschied
der grösste Theil zu Gunsten der Kinder ausfällt. Die Anlagekosten des ganzen Canalisirung- und Berieselung-Systems
sammt Expropriation waren zwei Millionen Gulden, also etwa
40 bis 50 fl. per Kopf der Bevölkerung. Weit davon, dass
die Berieselung der Felder für die Gesundheit der Anrainer
schädliche Folgen gehabt hätte, hat man im Gegentheil in
den benachbarten Dörfern eine besonders niedere Sterblichkeitsziffer und die Gegenwart eines bedeutenden Ozon-
gehaltes der Luft, welcher durch die Fülle der Vegetation
erzeugt zu sein scheint, constatirt.

In Worthing, einer kleinen Stadt an der Südküste Englands, wo früher alle Abfälle in das Meer geführt wurden,
werden jetzt etwa 60 Joch mit dem Schmutzwasser von
7600 Menschen berieselt, also kommen hier nur 123 Menschen auf das Joch. Wie zu erwarten war, beklagt man
sich hier, dass das Schmutzwasser keinen genügenden Düng-
werth hat; trotzdem und obgleich der Grund, auf welchem
die Berieselung stattfindet, mit Lehm vermischter Sandboden

ist, welcher immer ziemliche Ernten trug, so sind doch die
Ausgaben anno 1869 nur L. 1045, die Einnahmen aber
L. 1807 gewesen. Es verblieb daher ein Nettoertrag von
circa L. 762, oder etwa fl. 1 per Kopf der Bevölkerung. Es
muss noch bemerkt werden, dass 520 fl. als Beitrag zu einem
Schutzdamm gegen das Meer behoben wurden, dass also das
Normaleinkommen sich noch günstiger stellt.

Bei Norwood (unweit London) wurde durch Berieselung
von nur 20 Joch ein Nettonutzen von 1500 fl. oder ein
Bruttoerträgniss von 7500 fl. erzielt, was für die Einwohnerzahl, deren Schmutzwasser benutzt wurde, einem Einkommen von 2 fl. per Kopf gleichkommt. Hier kommen
also 187 Personen auf das Joch und scheinen die englischen
Erfahrungen überhaupt dahin zu weisen, dass ein Joch Lehm-
oder gemischter Lehm- und Sandboden für die Abfälle von
200 Menschen genügt, dieser das Wasser gereinigt abzu-
geben im Stande ist, und dass der Boden in diesem Verhältnisse die fruchtbaren Bestandtheile des Schmutzwassers
vollkommen verwerthet. Ein grösseres Quantum Wasser
erzeugt Versumpfung: eine kleinere Zahl Einwohner erzeugt
ein allzuschwaches Dungmaterial.

Aber nicht allein in England ist die Verwendung des
Schmutzwassers zur Berieselung gelungen. In Danzig wurde
vom englischen Ingenieur Latham im Verein mit den Herren
Wiebe und Fegebeutel eine vollständige Canalisation ausgeführt, bei welcher das Schmutzwasser unter dem Mott-
laufluss mittelst Siphons und sogar durch den Weichsel-
strom einer unfruchtbaren Ebene mit grossem Erfolg zugeführt wurde. Wichtiger aber als alle anderen Versuche,
weil sie planmässig, wissenschaftlich und mit riesiger Ge-
nauigkeit ausgeführt wurden, sind die Erfahrungen der städtischen Deputation in Berlin. Nachdem dieselbe das Liernur'sche pneumatische Abfuhrsystem, das französische Fasselsystem und mehrere Methoden der Desinficirung des Ca-

nalwassers untersucht, praktisch erprobt und ihre Resultate
zusammengestellt hatte, kam sie zum Schluss, dass keines
der erwähnten Systeme den Anforderungen der öffentlichen
Gesundheit, der Bequemlichkeit und der Sparsamkeit ent-
spreche, und dass keines der bisher empfohlenen chemischen
Desinfectionsmittel die Schmutzwässer derart reinigt, dass
sie anstandslos den offenen Wasserläufen und Flüssen zugeführt werden können. „Das Endergebniss der Untersuchungen war, dass die Berieselung, wo sie ausführbar ist,
mit allem Nachdruck als das vorzüglichste Mittel für
die Reinigung der Schmutzwässer empfohlen wurde. Dagegen sollte von dem Einlass in die öffentlichen Wasser-
läufe ausgeschlossen sein jede Flüssigkeit, welche in 100.000
Theilen mehr als drei Theile suspendirter anorganischer oder
einen Theil suspendirter organischer Stoffe, oder mehr als
zwei Theile organischen Stickstoffes in Lösung enthält."*)

Die praktischen Versuche der städtischen Deputation
ergeben nun folgende Resultate: Das erste Rieselfeld bestand aus Dünen oder oberem Alluvialsand, äusserst mager
und porös, das Wasser wurde in riesigen Mengen zugeführt,
denn es kamen durchschnittlich mit Abzug der Unterbrech-
ungstage während sechs Monaten nicht weniger als 16.198
Cub. Fuss täglich auf wenig mehr als zwei Joch, was einer
Niederschlagshöhe von etwa anderthalb Zoll täglich entspricht; während der sechs Monate entsprach die ganze
zugeführte Wassermenge einer Regenhöhe von 120 Zoll;
der ganze Jahresniederschlag beträgt nun bei Berlin (auch
bei Wien) im Durchschnitt kaum 20 Zoll: factisch wurde
also etwa zwölfmal so viel Wasser zugeführt, als in der
entsprechenden Zeit vom Himmel zu fallen pflegt. Aber
das darauf gebrachte Wasser verschwand bis zum letzten
Tropfen. Es wurde nun durch genaue Versuche constatirt,

---

*) Reinigung und Entwässerung Berlins. Anhang I. II. S. 207.

dass das Grundwasser durch diese Berieselung bedeutend
verunreinigt wurde, dass aber die Verunreinigung einestheils
bei weitem nicht so bedeutend war, wie man es hätte erwarten können, ja sogar dass das derart durch eine fortwährende
Ueberschwemmung von Schmutzwasser verunreinigte Grundwasser noch immer bedeutend besser und reiner war, als
die meisten städtischen Brunnen, anderseits aber, dass eine
progressive Selbstreinigung schnell nach eingestellter Berieselung eintrat. „Selbst die ganz excessive Anfüllung des
jetzigen Rieselfeldes mit Schmutzwasser hat doch nur vorübergehend Verunreinigungen des Grund-Wassers herbeige-
führt, wie sie jetzt in manchen städtischen Brunnenwässern
dauernd vorhanden sind."*)

Was die landwirthschaftlichen Resultate anbelangt, so
wurde 1870 nur festgestellt, dass durch die Berieselung ein
sehr reichlicher Graswuchs zu erzielen war; in 1871 wurden die Versuche in mehr systematischer Weise angestellt.
Von der mit Gartengewächsen — nämlich Kraut, Kohl,
Bohnen, Kartoffeln und anderen Gemüsen — bepflanzten
Fläche wurde ein Erlös von 251 Thlr. 10 Sgr. per Morgen
erzielt, was ungefähr 900 fl. österr. Währung per Joch
gleichkommt. „Dabei ist zu erwähnen", — sagt Virchow —
„dass weder die Bestellung des Landes und die Zucht der
Früchte noch die Verwerthung derselben so sorgsam ausgeführt werden konnte, wie es bei einem regelmässigen
Gartenbetrieb möglich sein würde, und die Annahme, dass
unter günstigeren Umständen der doppelte Ertrag erzielt
werden könnte, erscheint nicht zu hoch gegriffen." Ein anderer Theil wurde nur zur Wiesencultur verwendet, und
waren die Graserträge im Durchschnitt 209 Pfund Gras auf
eine Quadratruthe, oder in runden Ziffern etwa 800 Ctr.
per Joch, während unberieselte Stellen von demselben Felde

---

*) Reinigung und Entwässerung Berlins S. 129.

nur 70 Pfund englisches oder 45 Pfund italienisches Ryegras
auf die Quadratruthe, also respective 280 und 180 Ctr. per
Joch lieferten. Der Gesammtertrag per Joch stellte sich auf
62.85 Thlr. per neupreussischen Morgen oder 215 fl. 87 kr.
österr. Währung per Joch für 1871, und auf 235 fl. österr.
Währung per Joch für 1872, wobei das Gras mit nur 5 Sgr.
per Centner berechnet ist, was einem Heupreis von etwa
20 Sgr. oder 1 fl. 10 kr. entspricht. Bekannterweise ist der
in Wien bestehende Heupreis mehr als zweimal so hoch,
so dass man das Reinerträgniss einer ähnlichen Wiese in
hiesiger Umgegend ganz gut mit wenigstens 400 fl. ö. W.
schätzen kann.

Die Berliner Deputation veranschlagte die für 110.000
Einwohner nöthige Fläche zur Absorbirung des Schmutzwassers auf 600 Morgen oder 280 Joch, wobei also auf ein
Joch etwa 400 Einwohner kommen würden; und stützt sich
diese Ziffer auf die Ergebnisse der Versuche auf den san-
digen Wiesen der Umgegend. Mit Berücksichtigung der
Bodenbeschaffenheit bekräftigt diese Rechnung nur die englische Ziffer von 200 Menschen für leichteren Lehmboden,
welcher viel weniger Hohlräume enthält.

Was nun die sanitären Bedenken gegen die Berieselung betrifft, schreibt Dr. Virchow folgendes: „Die Besorgniss, dass die Ausdünstungen des Rieselfeldes ernste Be-
lästigungen herbeiführen würden, hat sich nicht bestätigt;
zu keiner Zeit sind diese Ausdünstungen auf dem R“esel-
felde schlimmer gewesen, als die Ausdünstungen unserer
städtischen Abzugscanäle; meist waren sie sehr gering und
nur auf die Ausflussgegend beschränkt. Es liegt aber auf
der Hand, dass die Qualität desjenigen Wassers, welches
aus der Stadt dem Rieselfelde zugeführt wird, die Grösse des
Gestankes bestimmt. Gegenwärtig zersetzen sich die unreinen
Stoffe, welche den Strassencanälen zugeführt werden, zum Theil
schon in den Schlammfängen der Häuser, es schreitet so-

dann ihre Zersetzung fort in den schlechtfliessenden Rinn-
steinen und in den mit schlechtem Gefälle und unvollkom-
mener Spülung versehenen unterirdischen Strassencanälen.
Fallen bei einer geordneten Canalisation die Schlammfänge
und Rinnsteine fort, erhalten die unterirdischen Strassenca-
näle genügendes Gefälle und ausreichende Spülung, so werden die unreinen Stoffe in kürzester Zeit, höchstens in einigen Stunden, auf das Feld gelangen können, ohne irgendwo
Zeit und Anstoss zu weiterer Zersetzung gefunden zu haben.
Dieses Canalwasser der Zukunft wird nicht nur landwirth-
schaftlich einen viel höheren Werth haben, sondern es wird
auch sehr viel weniger riechen als das Wasser des gegen-
wärtigen Königgrätzer Canales“ — (welcher in Berlin zu den
Rieselversuchen benützt wurde).

Aus den beschriebenen ausgedehnten Versuchen in
England und Deutschland scheint es also endgiltig festzu-
stehen:

1. dass die Berieselung bei weitem die beste und öko-
   nomischeste Art ist, das Schmutzwasser zu entfernen und
   zu verwerthen;

2. dass die Berieselung keine sanitären Nachtheile hat
   und

3. dass besonders bei Sandboden sie sehr leicht durchzuführen ist, wenn die Felder, auf welche sie zur Anwendung kommt, nicht unmittelbar an der Stadt liegen, wo die (zwar nur zeitweilige und vorübergehende)
   Verunreinigung des Grundwassers auf die Gesundheit
   der Einwohner einen nachtheiligen Einfluss haben
   könnte.

Es scheint auch aus den englischen Versuchen bei
Lehmboden hervorzugehen, dass Wasser durch die Berieselung vollkommen gereinigt und anstandslos den öffentlichen Wasserläufen zugeführt werden kann. Sowohl bei

Lehmboden wie bei Sandboden hat sich also das System bewährt, indem beim ersteren das Schmutzwasser gereinigt abfliesst, beim letzteren aber vom Boden ganz verschlungen wird. Nur noch ein einziges Bedenken bliebe zu beheben, und die städtische Deputation von Berlin hat auch diesen Punkt eingehend berücksichtigt. Es handelt sich um die Verwendung des Schmutzwassers im Winter während andauernden Frostes. Allerdings behauptete der englische Ingenieur Herr Latham, dass die Berieselung auch im Winter anstandslos vor sich gehen könne, auch ist dies wohl im milderen Klima Englands möglich, doch haben die Berliner Versuche dargethan, dass das Schmutzwasser zwar wegen der grossen Wärme, welche es von den Häusern, den Küchen, dem Spülwasser und den menschlichen Abfällen erhält, nicht gefriert und sogar im strengsten Frost ohne Schwierigkeit gepumpt werden kann, dass aber die Berieselung nicht ohne Gefahr für die Pflanzen vor sich geht, und dass man bei fortgesetzter Zuleitung riskirt, das ganze Resultat der Berieselung durch die gänzliche Ausfrierung des Rasens zu verlieren. Auch würde bei eintretendem Thauwetter durch das Schmelzen einer grossen Eisfläche auf dem Schmutzwasser eine Ausdünstung entstehen, welche der Gesundheit nachträglich sein müsste. Die Berliner Deputation griff daher zu einem anderen Mittel, welches sich vollkommen bewährte und bei billigen Grundpreisen besonders in sandigem Terrain sehr zu empfehlen ist. Sie construirte Einstaubecken, in welchen das Schmutzwasser während des Frostes eingefangen wurde, um bei eintretendem Thauwetter vertheilt zu werden. Diese Einstauung gelang namentlich in den sogenannten Flachbassins, welche ohne Aushub auf dem Felde selbst, einfach durch das Aufwerfen eines Dammes von der Ackerkrume begrenzt angelegt waren, vollständig. Die Wasserhöhe in diesen Bassins sollte nie die Tiefe von 1' übersteigen, factisch aber versank in denselben die grösste Masse Flüssigkeit beinahe sofort; es versickerte selbst bei strengem Froste in den sogenannten Einstaugräben eine Wasserhöhe von 0·35 Meter, in den zwei Flachbassins respective 0·93 und 0·41 Meter, und in den Tiefbassins — welche ausgegraben und für eine Wasserhöhe von einem Meter angelegt waren — 0·08 bis 0·14 Meter, und es versickerten im Ganzen in den zwei Flachbassins, welche zusammen eine Fläche von nur 650 □ Meter boten, in 462-stündiger Zufuhr — also in etwas weniger als 20 Tagen — 5600 Cub.-Meter oder etwa 168.000 Cub.-Fuss Schmutzwasser. Es wäre daher leicht zu rechnen, wie gross die Bassins sein müssen, um während eines sechs Wochen andauernden Frostes — wohl das Maximum, was in unserem Klima vorkommt — das ganze Schmutzwasser harmlos versickern zu lassen. Die Berliner legen noch ein Reserve-Bassin mit grösserer Tiefe an, was auch seine Berechtigung für Ausnahmsfälle hat.

Selbst diese Bassins verbreiteten keinen lästigen Dunst — natürlich, weil sie nur während des Winters, in strenger Kälte zur Verwendung kamen. Im Sommer würde die Aufbewahrung einer solchen Quantität Schmutzwassers jedenfalls nachtheilige Folgen haben; um dieselben im Winter bei plötzlich eintretendem Thauwetter auch gänzlich hintanzuhalten, wird ein einfaches Desinfectionsverfahren mittelst Karbolsäure und Thonerde, welches billig und ausreichend ist, empfohlen. Man soll sich aber erinnern, dass diese Desinfection nur zeitweise bei der Einstauung stattfindet, und dass sie bei der Berieselung, welche während neun bis zehn Monaten des Jahres die Regel wäre, als unnöthig gänzlich entfällt.

Von mehreren Seiten tauchte die Furcht auf, das auf berieselten Wiesen geerntete Gras möchte für das Vieh ungesund sein, vielleicht sogar Entozoa (Eingeweidewürmer)

enthalten und schlimme Krankheiten durch die Milch und das
Fleisch unter den Menschen verbreiten. Diese Furcht hat
sich immer als gänzlich unbegründet erwiesen. In Berlin
wurde der Versuch praktisch und mit grosser Vorsicht gemacht, indem in der königlich preussischen Thierarznei-
Schule sechs Kühe von den übrigen getrennt wurden und
vier Wochen mit Rieselgras allein (ausser fünf Pfund Wei-
zenkleie per Stück, wie sie es immer früher erhalten hatten) gefüttert. Die Thiere frassen das Futter mit gutem
Appetit und erlitten keinerlei Störung in ihrem Befinden,
nicht einmal leichten Durchfall, wie es sonst bei Grünfutter zu Regenzeiten oft eintritt. Das Gewicht der Kühe
nahm zu und der Milchertrag stieg um etwa acht bis zehn
Procent. Die Milch selbst war tadelfrei und die chemische
Analyse ergab, dass die festen Bestandtheile sogar zugenommen hatten. Die Direction der Thierarznei-Schule schloss
daher ihren Bericht mit folgenden Worten:

„Das Grünfutter von dem Versuchsrieselfelde ist nicht
blos verwerthbar und ohne nachtheilige Folgen, es ist auch
ein gutes und nahrhaftes Futter für Milchkühe*)."

In England war man scheinbar darüber einig, dass
das Gras von berieselten Wiesen dem Vieh zuträglich und
der Milch nicht schädlich sei, bis eine Typhus-Epidemie,
welche im Sommer 1873 in einem der besten Stadttheile
Londons ausbrach, auf Milch zurückgeführt wurde, welche
von einer Meierei kam, auf welcher die Kühe durchwegs
solches Gras zu fressen bekamen. Der Schrecken war
gross und man wollte in diesem Resultate das Todesurtheil
der landwirthschaftlichen Zukunft der Berieselung sehen.
Jedoch stellte es sich bald heraus, dass man zu weit gegangen war. Der Ursprung des Typhus lag nicht in der
Meierei, viel weniger in der Berieselung der Wiesen, sondern bei dem Milchmaier selbst, welcher, wie die Fran-

*) Reinigung und Entwässerung Berlins VIII. S. 379.

11

zosen sagen, seine Milch getauft hatte. Das Brunnenwasser, welches er zur Taufe benützt hatte, war im höchsten Grade unrein, und enthielt ein sehr grosses Verhältniss organischer Bestandtheile. Ob nun der Milchmaier, — wie behauptet wird — wirklich die bewusste Milch mit diesem Wasser verdünnte, oder nur — wie er selbst beharrlich angab — die Milchgefässe mit demselben ausspülte, eines steht jedenfalls fest, sobald der Brunnen gesperrt wurde, hörte der schlechte Einfluss der Milch auf, und man kann daher mit Gewissheit schliessen, dass die Berieselung der Wiesen mit dem ausgebrochenen Typhus in ganz und gar keinem Zusammenhange stand.

Bei Mailand werden seit Jahren die Reisfelder und Wiesen berieselt. Ihre Fruchtbarkeit ist ausserordentlich und ihre Erzeugnisse sind immer tadellos gewesen, obgleich die Art und Weise, in welcher das mit menschlichen Abfällen überladene Schmutzwasser den Gründen zugeführt wird, eine stinkende und ungesunde ist. Bei Grasse in der Provence und Nizza am Mittelmeer werden menschliche Excremente in Fasseln aufbewahrt und auf die Gärten und Felder vertheilt, — hier, getränkt von solchen Substanzen, wachsen die berühmten Rosen, die duftenden Veilchen, die herrlichen Jasmine, welche nicht allein sogar mitten im Winter die Pariser Blumenmärkte zieren, sondern das Material zur riesigen Parfumfabrikation Südfrankreichs liefern. Das Erträgniss dieser Blumenfelder und Gärten ist unter der Sonne von Provence ein ungeheures, und wird ganz allein dem Düngmaterial zugeschrieben, ohne welches — wie die Leute behaupten — die Blumen fast keinen Wohlgeruch mehr haben würden.

Bei Paris ist die Berieselung seit 1871 in vollem Gange, und sind die Resultate ebenso glänzend wie in England. Es würde zu weit führen, diese Rieselversuche hier zu beschreiben, und muss der Verfasser sich darauf beschränken, den Erfolg derselben zu constatiren.

Capitel X.

Die Canalisation der Zukunft.

Anwendung des Vorhergesagten. — Das Marchfeld. — Oekonomische
Vortheile der Berieselung desselben. — Technische Durchführung. — Ge-
fahrlosigkeit. — Ventilation der bestehenden Canäle. — Spülung. —
Schluss.

So scheinen denn Beispiele genug zu beweisen, dass die
vortheilhafte Verwendung des Schmutzwassers möglich ist.
Hier in Wien brauchen wir uns gewiss nicht lange umzu-
sehen, um ein passendes Gebiet zu finden, auf welchem Berieselung im grössten Masstabe ausgeführt werden und nur
nutzbringend sein kann. Wir sprechen natürlich vom Marchfeld.

Diese 12 Quadrat-Meilen grosse Ebene, nur wenige
Fuss über dem Hochwasserspiegel der Donau erhöht, liegt
knapp vor Wien, und bildet in ihrer Dürre eine hässliche
Begrenzung der Weltstadt. Der Boden des Marchfeldes
besteht beinahe durchgehends aus Alluvial-Sand und Schotter bis auf eine bedeutende Tiefe: die Ackerkrume hat selten mehr als achtzehn Zoll, oft nur sechs Zoll oder noch
weniger, und ist selbst meistens mit Sand gemischt. Dieser im höchsten Grade durchlässige Boden ist nicht im
Stande in einem Durchschnittsjahr eine ordentliche Ernte
hervorzubringen. Ohne Feuchtigkeit nützt die ausgiebigste
Düngung nichts und sind die landwirthschaftlichen Verhält-

11 *

nisse des Marchfeldes, wie zu erwarten war, von Jahr zu
Jahr schlechter geworden. Von Herrn Ingenieur Altvatter
ist eine Bewässerung des Marchfeldes von der Donau bei
Korneuburg aus vorgeschlagen worden, und scheint dieses
Project auch vollkommen geeignet, diese dürre, trockene und
unergiebige Steppe in eine schöne fruchtbare Ebene umzuwandeln, aber unser Vorschlag geht nicht einmal so weit
und würde die Ausführung der Idee des obengenannten Herrn
nicht beeinträchtigen; wir wollen nur einen kleinen Theil
des Marchfeldes berieseln, dort, an den Thoren Wiens, Heu
erzeugen, welches jetzt von weither zugeführt werden muss ;
die herrliche physische Lage benützen, um grosse Küchen-
gärten anzulegen, welche zur Approvisionirung der Hauptstadt viel beitragen und den ärmeren Classen gesunde, frische
Gemüse zu billigen Preisen bieten, und endlich Vieh mästen,
welches die durch die Reise abgemagerten Thiere, die jetzt
meistens auf den Markt kommen, bedeutend im Werth übersteigen würden.

Herr Ingenieur Altvatter rechnet in seinem Kosten-
überschlag das Joch im Marchfelde mit 800 fl. und behauptet, dass diese Ziffer viel zu hoch gegriffen sei. Nehmen
wir aber an, dass sie richtig sei, und dass der Bauer sechs
Procent Reinerträgniss habe (was bekanntlich auch zu hoch
ist), so würde der jährliche Werth eines Joches jetzt 48 fl.
sein. Wir haben gesehen, dass das mit Schmutzwasser be-
rieselte Feld bei Berlin 400 fl. per Joch bei Grascultur
und 900 fl. per Joch bei Gemüsebau trug. Die letzten Ziffern sind gewiss bei den bestehenden Preisen der Nahrungsmittel in Wien noch zu niedrig. Jetzt wird für das Joch
gut bewässerter Wiesen bei Wien bis 250 fl. Pachtzins bezahlt und dabei muss natürlich der Pächter selbst (oder gar
nicht) düngen. Auch haben die Gewinnste, welche in England durch Berieselung erzielt wurden, diese Zahlen bedeutend überstiegen. Wir glauben also mit der grössten Zu-

versicht die oben angegebenen Ziffern von 400 und 900 fl.
per Joch als Bruttoerträgniss der beiden Culturarten annehmen zu können. Indem nun der Boden des Marchfeldes
sehr durchlässig ist, und also den Verhältnissen bei Berlin
eher entspricht als der englischen Bodenbeschaffenheit,
müssen wir mehr Schmutzwasser per Joch rechnen, als in
England, obzwar wir nicht so viel zu rechnen brauchen
als in Berlin, wo erwiesenermassen viel zu stark berieselt
wurde und das Versuchsterrain zu beschränkt war. Wir
können also etwa 330 Einwohner auf das Joch zählen, d. h.
dass das Schmutzwasser von 330 Einwohnern genügen würde,
um ein Joch vollständig zu berieseln. Für eine Million
Menschen würden wir demnach 3000 Joch brauchen, und
nehmen wir an, dass von diesen 3000 Joch ein Drittheil
zu Gemüsegärten, zwei Drittheile aber zu Wiesen verwendet
würden. Die Bruttoerträgnisse wären dann:

$$1000 \times 900 + 2000 \times 400 = 1{,}700.000 \text{ fl.}$$

Die Kosten der Bestellung des Bodens und des Betriebes der Gemüsegärten müssten in Abzug kommen, d. h.
für die Wiesen etwa 12 fl. per Joch, für die Gärten etwa
100 fl. Wir hätten dann ein Erträgniss von 1,576.000 fl.,
was unserer früher angenommenen Ziffer von 1,800.000 fl.
als dem absoluten Werth der Abfälle nicht um Vieles nachsteht, und zu sechs Procent capitalisirt eine Summe von
26,266.600 fl. ausmacht.

Die Gründe im Marchfeld sind, hoch gerechnet, heute
gewiss nicht 800 fl. per Joch werth, und es könnten vielleicht für die Anlagen, Reservoirs etc. noch 500 Joch höchstens erforderlich sein: 3500 Joch à 800 fl. oder 2,800.000 fl.
wären demnach noch von dem verfügbaren Anlage-Capital in Abzug zu bringen und es blieben für die Ausführung der Arbeiten 24,466.600 fl. Brutto oder mit Abzug der Kosten der Geldbeschaffung etwa zwanzig Millionen
netto.

Diese Summe von zwanzig Millionen würde allerdings
vielleicht nicht genügen, um ganz Wien vollkommen zu
canalisiren, dem Marchfelde das Schmutzwasser zuzuführen
und es auf demselben zu vertheilen; allein man kann dieses
Capital als direct nutzbringend betrachten, und wäre es
derjenigen Summe noch hinzuzuschlagen, welche als für die
sanitäre Verbesserung der Haupt- und Residenzstadt ver-
fügbar normirt wäre. In anderen Worten, durch die Verwendung des Schmutzwassers zur Berieselung des Marchfeldes wäre es möglich, mit einem viel geringeren Anlage-
capital ein vollständiges Canalisirungs-System auszuführen,
als auf irgend eine andere Weise, weil durch die Berieselung zwanzig Millionen verzinst werden, und daher nur der
Rest durch Umlagen, Mehrsteuern u. s. w. zu decken wäre.
Bei jedem anderen System, ob der Abfuhr, oder ob einfach
das Schmutzwasser ohne Nutzen in die Donau unterhalb
Wiens geleitet würde, wäre das Capital nur durch die
Steuern, welche ohnedies hoch genug sind, zu decken.

Die Durchführung der Ableitung zum Marchfelde bietet keine unüberwindliche Schwierigkeiten. Wegen der ganz
besonderen Höhenlage der Stadt Wien wäre es nicht wohl
möglich, das in Berlin empfohlene Radialsystem einzuführen, man müsste vielmehr, wie bei der Wasserleitung, verschiedene Höhenzonen einführen, von denen jede in einen
Hauptableitungs-Canal entwässert würde. Die Canäle der
höchsten und sogar der zweiten Zone, welche insgesammt
bedeutend höher, als der Nullpunkt im Donaucanal liegen,
würden auf Dämmen und Bogenstellungen über die Thäler,
auf eisernen Trägern, eventuell auf einer oder zwei der bestehenden Brücken über die Donau geführt werden, und
ihren Inhalt ohne Pumpen an geeigneten Stellen des Marchfeldes abgeben. So könnte z. B. der eine Hauptcanal von
Meidling aus durch die Wieden und Landstrasse mit einem
mässigen Gefälle den Donaucanal übersetzen und auf der

Staatsbahnbrücke bei Stadlau auf dem linken Donauufer
ausmünden; ein anderer von Fünfhaus und Mariahilf durch
Neubau und den höher gelegenen Theil der Josefstadt den
Alserbach auf Bögen überschreiten und mittelst der Nord-
bahnbrücke ein zweites Feld berieseln. Die Canäle der
zwei niederen Zonen würden dagegen mittelst Siphons die
Donau kreuzen und die Vertheilung des ganzen Gebietes
in Zonen würde es ermöglichen, diese Siphons von mässigen
Dimensionen herzustellen, indem nur die niedersten Stadttheile ihr Schmutzwasser in dieselben abgeben würden.
Am linken Ufer angelangt, wären grosse Wasserhaltungs-
maschinen — deren Dimensionen jedoch im Verhältniss zur
Pumpstation Barking bei London sehr mässig ausfielen —
bereit, das Schmutzwasser zu heben und es auf die Felder
zu vertheilen. Weder die Siphons noch das Pumpen bieten irgendwie bedeutende technische Schwierigkeiten. Das
Erstere ist mit grossem Erfolge bei Danzig, sowohl bei der
Weichsel, wie bei der Mottlau, mittelst gusseisernen Röhren,
ohne irgend welchen Unfall bei der Ausführung noch Störung beim Betrieb, durchgeführt worden; was das Pumpen
anbelangt, so braucht man gar nicht weiter zu erklären,
dass bei dem jetzigen Stande der Wissenschaft es sich einfach darum handelt, wie man das Wasser am billigsten
hebt, nicht ob man überhaupt irgend ein beliebiges Quantum auf eine beliebige Höhe heben kann. Auch würde
diese Höhe eine sehr mässige sein; die ganze Fläche des
Marchfeldes liegt niedrig, und man würde die zu berieseln-
den Gründe nicht gerade auf den höchsten Punkten wählen.
Es fehlen dem Verfasser natürlich die genauen Angaben
über die verschiedenen Höhenverhältnisse der Stadt gegenüber dem Marchfelde, jedoch kann man mit Rücksicht auf
die vorhandenen Daten mit Sicherheit annehmen, dass die
Höhe von zehn Metern beim Pumpen nie zu überschreiten
wäre. Ueberhaupt gibt es gewiss keine grosse Stadt, welche

durch ihre Höhenlage und durch die Nachbarschaft dieser
grossen Ebene zur Berieselung gleichsam geschaffen erscheint,
wie es Wien ist. Wir sollen nur diese Erleichterungen
und diese Möglichkeiten, welche uns gegeben sind, auszunützen wissen. Wenn man die Erfahrungen der städtischen Commission in Berlin genau studirt, so wird man zum Schluss kommen, dass im Sandboden des Marchfeldes eine Verunreinigung des Grundwassers durch die Berieselung nicht allein
möglich, sondern sogar sehr wahrscheinlich ist. Diese Verunreinigung hat jedoch in dem vorliegenden Falle keinen
Nachtheil. Denn erstens sind keine bevölkerten Städte in
der unmittelbaren Nähe, welche durch diese (meistens vorübergehende und jedenfalls ganz locale) Verunreinigung
Schaden leiden würden, zweitens aber fliesst dieses Grundwasser doch endlich zur Donau zurück und zwar weit unterhalb Wiens. Das Schmutzwasser wird aber — erstens
durch den Boden, welchen es berieselt, zweitens durch Ver-
mischung mit bestehendem Grundwasser, drittens durch die
lange Reise unter der Oberfläche, welche es beim schwachen
Gefälle des Marchfeldes noch machen muss, ehe es in die
Donau kommt, — derart verdünnt und gereinigt, dass absolut
kein schlechter Einfluss auf die Qualität des Wassers im
Strom zu befürchten steht. Jedenfalls wäre eine solche
homöopathische Verunreinigung im Verhältniss mit der heute
bestehenden, wo doch aller Schmutz, welcher nicht im
Wienflussbett, in den Canälen und im Boden stecken bleibt
— leider ist das sehr viel — direct in die Donau fliesst, verschwindend klein zu nennen, und in keiner Weise mit üblen
Folgen für die stromabwärts liegenden Städte behaftet. Gegen die durchgreifende Canalisirung Wiens mittelst Zonen
und die Verwendung des Schmutzwassers zur Berieselung
eines Theiles des Marchfeldes scheint es mir unmöglich irgend ein begründetes Bedenken zu haben, und die sanitären

Vortheile eines solchen Werkes sind schon so ausführlich
auseinandergesetzt worden, dass sie gewiss zur günstigen
Schlussfolgerung aus dem Vorhergehenden, keiner Wiederholung bedürfen. Wir glauben gezeigt zu haben, was mit dem Schmutzwasser Wiens zu thun ist, um es nicht allein los zu werden, sondern um auch einen Nutzen daraus zu schlagen.
Sei es uns jetzt gestattet, noch einige Worte über die Ventilation und Verschlüsse der Canäle selbst zu sagen. Es
ist klar, dass, da sich in einem Unrathscanal giftige Gase
anhäufen, dieselben aber meistens sehr flüchtig und immer
ziemlich warm sind, jede Oeffnung eines solchen Canales
von diesen Gasen zur Entweichung benützt werden wird.
Nun ist es allerdings wahr, dass wenn die Canäle ordentlich hergestellt, künstlich ausgespült, mit gehörigem Gefäll
versehen, die Abfälle binnen vierunzwanzig Stunden zu entfernen in der Lage sind, diese Gase sich viel weniger bilden werden. Allein da diese Bedingungen noch lange nicht
erfüllt sind und da bei der besten Anlage und dem zweck-
mässigsten Betriebe Störungen und Reparaturen doch zuweilen unvermeidlich sind, da endlich diese Ausdünstungen
der Abfälle auch vor dem Verlauf von 24 Stunden schädlich und ungesund sind, so scheint es doch gelegen auf ein
Mittel zu sinnen, ihre üblen Folgen abzuschaffen. Wo Wasser
hineinkann — und noch an vielen anderen Stellen — können Gase heraus. Es sind daher nicht allein die Abtritte
ohne Verschluss — deren es leider noch so viele gibt —
Quellen von Krankheiten jeder Art, sondern auch die Hof-
und Strassengitter, durch welche Spül- und Tagwasser in
die Canäle ihren Weg finden. Es ist sehr leicht, wie oben
gesagt, sich zu überzeugen, dass die übelriechendsten Gase
diesen Oeffnungen entströmen und sind sie auf zwei Wegen zu vermeiden. Erstens müssen die Canäle selbst ordentlich gelüftet werden, zweitens müssen aber alle Oeffnungen

derart verschlossen werden, dass wohl Wasser hinein kann, aber keine schädlichen Gase heraus können. Denn das hermetische Versiegeln aller Oeffnungen, welches man jetzt durchzuführen versucht, hat nur zur Folge, dass die Gase sich anhäufen, der Druck derselben zunimmt, und die giftigen Dünste sich endlich durch jede künstliche und natürliche Oeffnung Bahn brechen, in die Häuser dringen, und viel schädlicher wirken, als selbst durch die Strassengitter. *„Si naturam expelles furca, tamen usque recurret.“* Die Luft in den Canälen muss reingehalten werden; man darf nicht glauben, dass man dadurch, dass man sie einsperrt, dieselbe unschädlich macht.

Es gibt viele Mittel, die Zwecke der Lüftung zu verwirklichen, und es ist nicht hier an der Stelle, die verschiedenen Vorrichtungen, welche zu verschiedenen Zeiten erprobt worden sind, im Detail zu beschreiben. Es sei genug zu erwähnen, dass sich die einfachsten Ventilatoren und Verschlüsse als die besten erwiesen haben, und dass alle chemischerseits vorgeschlagenen Mittel, um die aufsteigenden Gase unschädlich zu machen, in der Praxis der Holzkohle nachstehen. Zwei Principien müssen festgehalten werden und zwar müssen erstens an allen Hauptunrathscanälen in den höher gelegenen Strecken wenigstens je 150 Meter, in den tiefer liegenden wenigstens je 250 Meter, Schächte zur Ventilation angebracht werden; zweitens müssen die Ursprünge d. h. die am höchst gelegenen Punkte aller Hauscanäle durch einen Schlauch, welcher wenigstens bis zum Giebel reicht, den giftigen Ausdünstungen einen leichten Ausgang bieten, damit diese Gase nicht durch die Abtritte sich in die Wohnungen verbreiten oder durch die Spülöffnungen aufsteigen. Diese letztere Massregel wird in den neuen Häusern durchgeführt, ist aber auf die alten, welche viel zahlreicher sind, nicht ausgedehnt worden.

Die Ventilationsschächte brauchen keineswegs sehr

hoch zu sein, wenn sie nur bis zum Strassenpflaster reichen, erfüllen sie ihren Zweck vollkommen, und gibt es eine grosse Zahl von verschiedenen Vorrichtungen, durch welche der Zweck, die Ausdünstungen dieser Schächte zu desinficiren, vollkommen erreicht wird. Erfahrungsgemäss ist das Princip der doppelten Spirale oder Schraube, in welcher ein Gewinde aus Drahtnetz mit Kohle gefüllt ist, das andere Gewinde aber dem Schmutzwasser zum Ablauf in den Canal dient, das beste und billigste. Dieser Verschluss wird jeden Monat leicht ausgehoben, das Wasserrohr gereinigt, und das Netz mit frischer Kohle gefüllt; die alte Kohle wird noch einmal geglüht und ist dann abermals vollkommen verwendbar. In London und in vielen englischen Städten haben diese oder ähnliche Verschlüsse durchwegs Anwendung gefunden und hat in Croyden z. B. ihre Beschaffung ein sofortiges Fallen der Morbilität durch Typhus zur Folge gehabt. Die Kosten der Kohle stellen sich ungeheuer gering: es genügen bei jedem Verschlusse etwa 2 fl. 50 kr. im Jahre, um den Betrieb in Stand zu halten, also bei 2000 Ventilatoren, welche einer Strassenlänge von etwa 400 Kilometern oder 55 Meilen genügen, 5000 fl. per anno. Die Anschaffungs- und Aufstellungskosten dieser Ventilatoren würden sich allerdings etwas höher stellen, und zwar dürften sie durchschnittlich grosse und kleine per Stück wohl auf 120 fl. kommen, was jedoch im Vergleich zu den riesigen sanitären Vortheilen dieser Vorrichtung äusserst wenig ist.

Die Unterbrechung des Gefälles aller Hauptcanäle durch eine Stufe, wo sich zugleich der Ventilationsschacht befindet, hat ein vollständiges Gelingen der empfohlenen Methode zur Folge gehabt.

Bei jedem, ob alten oder neuen Hause wäre ganz einfach eine Röhre, wie die jetzigen Regenwasserröhren, von der Senkgrube oder dem Anfangspunkte des Canales bis

zum Dach zu führen und müsste nur oben mit einer Haube
oder einem drehbaren Deckel versehen sein, damit Regenwasser nicht hineinkäme. Es ist ein Vortheil, diese Ven-
tilationsröhren neben den Rauchfängen herauf zu führen,
weil sie dann durch die Erwärmung der Luft besser wirken; ihre Oeffnung darf sich aber nicht unmittelbar neben dem Schornstein befinden, weil es dann denkbar ist,
dass die schädlichen Gase zufällig durch einen kalten Rauch-
fang in die Wohnungen zurückströmen könnten. Die Anlagekosten dieser Röhren sind bei Neubauten natürlich so
gering, dass sie gar nicht in's Gewicht fallen, bei älteren
Häusern wären sie meistens ohne grosse Auslagen anzubringen.

Ventilation durch künstliche Heizung der Luft (Va-
cuumsystem), durch mechanischen Druck und Fächer (Ple-
numsystem) und überhaupt jeder künstliche Modus, wie er
bei Bergwerken, Theatern oder grösseren Gebäuden seine
Anwendung findet, hat sich bei Canälen nicht bewährt und
haben die grossen Kosten, welche namentlich in London auf
die Heizventilation verwendet wurden, die Anrainer zeitweise den Gefahren einer gewaltigen Rückströmung von
schädlichen Gasen, welche alle Verschlüsse in den Spül-
küchen und Abtritten der Wohnungen aufzwängten, ausgesetzt.

Die Spülung der Canäle darf nicht vergessen werden.
Wir haben schon als einen Hauptfactor des schlechten Zu-
standes der Wiener Canäle den Mangel an künstlicher Spülung angegeben: bei einem gut angelegten System darf sie
nie fehlen, denn trotz aller cementirten Flächen und trotz
der günstigsten Gefälle kann es doch vorkommen, dass bei
anhaltender Dürre ein bedeutender Niederschlag von festen
Substanzen in den Canälen stattfindet, was die allerschäd-
lichsten Folgen hat. Die Engländer pflegen ihre Canäle
meistens durch das Schmutzwasser selbst zu spülen, welches

an einem gewissen Punkte durch einen Schieber abgesperrt und dann plötzlich losgelassen wird, so dass es in seinem Laufe Alles fortschleppt. Diese Aushilfe wäre wohl einzuführen, doch würde sie kaum genügen und wären zwei Mittel an der Hand, um auch zeitweise die Canäle mit reinem Wasser auszuwaschen. Wenn die in mehreren Projecten vorgeschlagenen Reservoirs bei Hütteldorf zur Ausführung gelangten, könnten Röhrenstränge von dort zu den Hauptcanälen mit Benützung des natürlichen Gefälles angelegt werden, oder aber, was im Betriebe allerdings kostspieliger, in der Anlage dagegen bedeutend billiger wäre: man sollte an mehreren der bestehenden öffentlichen Brunnen, welche durch die Hochquellenleitung unnöthig werden, kleine Pumpwerke errichten, welche bei längerer Dürre das Wasser aus denselben heben und in die Canäle vertheilen würden, so dass jede Zone an ihrem höchsten Punkte eine derartige Pumpstation bekäme. Das Wasser ist zum Trinken nicht gut genug, wäre aber zum Ausspülen der Canäle vollkommen geeignet.

Zum Schlusse also sei kurz zusammengefasst, was in diesen Capiteln empfohlen wurde:

Erstens: die vollkommene Entwässerung und Reinhaltung des Bodens durch ein durchgehendes Canalsystem von undurchlässigen Röhren, begleitet von thönernen Drainröhren, oder Drainirung durch Schotter.

Zweitens: die Eintheilung dieses Canalsystems in Zonen, welche durch mehrere Hauptcanäle, theilweise aber mittelst Siphons und Pumpen das Schmutzwasser zur Berieselung und Fruchtbarmachung von etwa 3000 Joch des Marchfeldes abgeben würden.

Drittens: die gehörige Ventilation dieser Canäle, sowie der Hauptcanäle durch zahlreiche mit Verschluss versehene Schächte und durch Hausröhren auf das Dach.

Viertens: endlich die künstliche Abspülung der Canäle bei eintretender trockener Witterung.

Und indem der Verfasser die zu erwartenden günstigen Folgen dieser Massregeln auf die öffentliche Gesundheit
noch einmal betont, erlaubt er sich den geneigten Leser zu
erinnern, dass es sich nicht darum handelt etwas Neues
und nie Versuchtes einzuführen, sondern wie im I. Capitel
gesagt wurde, um die Erfahrungen anderer Städte und Länder zu benützen; ferner aber auch, dass der empfohlene
Plan, wenn er systematisch und mit genügender Rücksicht
auf das schon Vorhandene ausgearbeitet und angelegt wäre,
keineswegs riesige Kosten verursachen, sondern meistens
durch das Erträgniss des Rieselfeldes und anderer bestehenden städtischen Steuern bedeckt würde; dass die Strassen-
und Canalreinigung weniger kosten und die Instandhaltung
der jetzigen, meistens zu kleinen Canäle gänzlich wegfallen
würde, dass endlich in Arbeitskraft, Gesundheit und Steuerbefähigung so viel, so riesig gewonnen würde, dass das
Anlagecapital kaum in die Wagschale fällt.

Capitel XI.

Aesthetisches.

Nirgends gibt es so grosse Zinshäuser, wie in Wien. In keiner Weltstadt, geschweige denn in kleineren Städten, werden so riesige Bauten zu Privatzwecken ausgeführt, wie an der Donau. Die Pariser Häuser des zweiten Kaiserreichs sind meistens fünf Stock hohe mit einer imposanten Façade ausgerüstete Bauten; in dem Flächenraum, welchen sie besetzen und in der Anzahl der Wohnungen, welche sie enthalten, werden sie vom Freihaus, vom Heinrichshof, vom Bürgerspital und von unzähligen anderen Wiener Häusern weit übertroffen.

Die Grösse der neueren Häuser hier ist jedenfalls durch die hohen Preise der Baugründe zum Theil bedungen. Es ist einleuchtend, dass im Verhältnisse zu der bebauten Fläche ein grosses, sehr hohes Haus in mehr Wohnungen abgetheilt werden kann, als zwei kleinere, minder hohe Häuser. Auch kann durch die Anlage mehrerer kleiner Höfe hintereinander, wenn die Tiefe der Parcelle eine bedeutende ist, das verfügbare Terrain sehr vortheilhaft ausgenützt werden.

Ausser dem pecuniären Vorzug der grossen Häuser lag wahrscheinlich die Idee nahe, dass das Aeussere durch die Grossartigkeit der Anlage gewinnen und die neuen Strassen ein imposantes Ansehen bekommen würden.

Um dieses, ins Auge fallende Thema zu allererst zu besprechen, so muss man gestehen, dass der Zweck im Allgemeinen nicht erreicht worden ist. Es liegt in der Natur eines Zinshauses, welches in unzählige Räume abgetheilt ist, von welchen jeder Fenster und Thüre braucht, dass eine kunstgerechte imposante Etagen-Eintheilung, grosse, der Ausdehnung des Gebäudes entsprechende Fenster, geräumige Eingänge und Stiegenhäuser, sowie eine grossartige Ausschmückung unmöglich ist. Ein casernenartiger Bau ist trotz jeder Anstrengung und allem Talent der Baumeister unvermeidlich. Die neuen Häuser Wiens sind, einzeln genommen, so schöne und imposante Gebäude, wie innerhalb der engen Grenzen, welche für Zinshäuser massgebend sind, wohl möglich war. Sie sollten es auch sein, denn die gediegensten Kräfte im Baufache haben mitgewirkt, um die neuen Strassen einer Weltstadt würdig zu machen.

Zwischen dem Stadtpark und dem neuen Opernhause sind wenigstens fünf oder sechs Gebäude, deren Anlage und äussere Ausschmückung sowohl den Erfordernissen der Kunst wie jenen der Neuzeit vollkommen Rechnung tragen. Jedoch ist der allgemeine Eindruck des Ringes auf den Zuschauer unbefriedigend. Das Auge findet keine Ruhe; die Gesimse und Cordons sind bei keinen zwei nebeneinanderstehenden Häusern in gleicher Höhe, der Eindruck der jeden Augenblick gebrochenen horizontalen Linien wirkt störend. Neben dem adeligen Casino mit seinem Hochparterre und grossartigen erstenStock steht ein in mehrere gleich hohe Stockwerke getheiltes Zinshaus; das Gesimse des schönen Henckelschen Palais ist einige Schuh unter dem Cordon des anstehenden Hauses. Ausser dem Schwarzenbergplatz ist keine Gruppe, welche die imposante Ruhe und zugleich die vollkommene Schönheit bietet, welche man von einer so grossartigen Strasse zu erwarten berechtigt ist. Kein Gebäude sieht vollkommen aus; einem jeden fehlt

sein natürlicher Abschluss. Der Architekt muss entweder
ein Auge immer schliessen, oder sich jedes zweite Haus
fortdenken. Ja, wenn nur die Baugruppen zwischen jeder
Querstrasse nach einem einheitlichen Plane ausgeführt wären,
so würde man sich schou den Mangel der langen fortlaufenden Gesimse und regelmässigen in der Perspective schwin-
denden horizontalen Linien, welche den Fremden im neuen
Paris überraschen, gefallen lassen. Was an Regelmässigkeit verloren wäre, würde an Mannigfaltigkeit gewonnen;
das Auge könnte befriedigt von einer Gruppe zur anderen
wandern, ohne fortwährend durch schroffe Uebergänge und
verschiedenartige Baustyle gestört zu werden; jede Querstrasse würde den Uebergang erleichtern und jedes Gebäude
stände, unbeeinträchtigt durch seine Nachbarn, als einheitliches Ganze da. Ein Beispiel der vorgeschlagenen Bauart finden wir im Heinrichshof und am Schwarzenbergplatz.
Bei letzterem wurde durch das Zusammenwirken zweier
berühmten Architekten ein grosser nicht wieder gut zu machen-
der Fehler vermieden, und ein Platz geschaffen, welcher gewiss der schönste in Wien ist und mit den berühmten Squares
anderer Weltstädte wetteifern kann. Trefflich bemerkt über
diesen Gegenstand Herr Emmerich Ranzoni („Wiener Bauten" S. 61):

„Ich möchte diesen Vorzug des (Schwarzenberg) Platzes
„deshalb recht stark betonen, weil die Nachahmung des
„Verfahrens, durch den dasselbe erreicht wurde, im Interesse
„des ästhetischen Gesammteindruckes, den das Wien der
„Zukunft machen soll, zu empfehlen ist. Wer auch nur ober-
„flächlich ausblickend einen Gang über die Ringstrasse ge-
„macht, der wird in mehr als einem Falle die Empfindung
„gehabt haben, er stehe halben Häusern gegenüber. Da
„und dort erhebt sich ein prätentiös auf mächtigem Unter-
„bau gestellter Zinspalast, an dem einen Ende der Façade
„mit einem weit ausgebauchten, thurmartigen Erker abge-

12

„schlossen; dieses so prononcirt vortretende Glied schreit
„förmlich nach einer Wiederholung an der anderen Seite
„da bricht aber das Haus plötzlich ab und stösst an eine
„ganz heterogen gegliederte Wand: es ist gerade so an-
„muthig, als wenn ein im Tenorschlüssel begonnenes Lied
„plötzlich im Basschlüssel weiter geführt würde."

Wenn ich diese Zeilen über schon ausgeführte Bauten niedergeschrieben habe, so ist gewiss damit nicht ge-
meint, dass der Kolowrat- und Kärntner-Ring unschön seien,
noch weniger ist es meine Absicht, das Grosse und Schöne,
welches Wien in den letzten zehn Jahren geleistet hat, herabzusetzen. Ich wünsche nur die Aufmerksamkeit des Publicums auf die Nothwendigkeit der einheitlichen Behandlung
von Neubauten, wenigstens in den grösseren und schöneren
Strassen, zu richten. Sie ist schon lange von unseren gediegenen Baumeistern anerkannt und wird glücklicherweise
durch gemeinschaftliches Vorgehen der Architekten jetzt häufig berücksichtigt. Man darf aber auf dieses Einverständ-
niss der Fachmänner nicht zu viel rechnen, denn bei Privatbauten sind dieselben so ganz von den Bauherren abhängig,
dass ein einziger reicher Stadt-Grundbesitzer, dessen künstlerische Erziehung zurückgeblieben ist, und der gute Rath-
schläge nicht annimmt, weil er sie nicht versteht, genügt,
um den ästhetischen Anblick einer ganzen Strasse gründlich zu verderben. Jedoch könnten die Behörden, welche
durch die Bauvorschriften in der Lage sind so Vieles zu
controliren, gewiss, ohne der Entwickelung neuer Ideen
allzugrosse Schranken zu setzen, einen Paragraphen denselben anhängen, welcher dahin lauten sollte, dass zwischen
zwei Querstrassen die Cordons und Gesimse aller Häuser
in gleicher Höhe gehalten und die Skizzen der Façade der
ganzen Baugruppe zugleich, dem Bauamte zur Genehmi-
gung vorgelegt werden müssten.

Die Bauvorschriften in Oesterreich behandeln die Aesthetik zu schnöde. Jede mögliche Vorsichtsmassregel wird gegen Feuersbrunst oder Einsturz angewendet; die Mauerstärken und Dimensionen der Dachstühle sind streng nach den früher üblichen Regeln gehalten; Abweichungen von theilweise veralteten Gebräuchen werden strenge verboten, Schönheitsfehler aber gar nicht.

Eine wie oben erwähnte neue Massregel würde wenigstens die eine gute Folge haben, dass die Anlage einer jeden zwischen zwei Strassen gelegenen Baugruppe immer nur einem Architekten anvertraut würde. Auf den zu adoptirenden Styl und auf die Details der Ausführung dürfte die Behörde natürlich keinen Einfluss nehmen; diese wären in den Händen der Wiener Baumeister sicher; der Ersteren Aufgabe wäre lediglich die einheitliche Anlage zu sichern und grelle störende Gegensätze an den Häusern in einem Strassenzuge zu vermeiden. Ein abschreckendes Beispiel haben wir in London und den meisten englischen Städten, wo die Häuser früher ganz ohne Rücksicht auf den äusserlichen Anblick gebaut waren und schwarz und verraucht blieben. Die angehäuften Reichthümer Londons, der riesige Wohlstand seiner Bewohner verriethen sich durch kein auswärtiges Zeichen. Reihen von hässlichen unästhetischen Bauten in verschiedenen Grössen, aber alle total geschmacklos ausgeführt, beherbergten Eigenthümer, deren Vermögen genügt hätte, um ganze Ringstrassen zu erbauen. Nur Wenige gaben dem Aeusseren etwas mehr Gewicht; ein schönes Haus war in London vor zwanzig Jahren eine Ausnahme. Das Innere der Wohnungen war mit jedem Comfort und Luxus ausgestattet, der das zu Hause bleiben angenehm machen konnte und selbst die weniger Bemittelten genossen weit mehr häusliche Bequemlichkeit, als man es auf dem Festlande gewohnt ist; das Aeussere dagegen war kahl, abstossend, hässlich.

In den letzten Jahren ist ein totaler Umschwung ein-

12*

getreten. Neue mit ausgedehnten Befugnissen ausgerüstete
Commissionen sind gebildet worden, welche die Verschönerung und Verbesserung Londons besorgen sollen; die ent-
standenen Neubauten können auch in jeder Beziehung mit
den schönsten Gebäuden am Festland wetteifern. Trotz der
mannigfachen Fehler des Parlamentsgebäudes in Westminster,
steht es vielleicht bisher allein als Anwendung des gothischen Styls auf einen grossartigen monumentalen Profanbau der
Neuzeit, und beweist wenigstens, was mit diesem Styl in
geschickten Händen für Riesiges geleistet werden kann.
Mit der Hauptfaçade gegen die breite Themse gelegen, von
zwei riesigen Thürmen gekrönt, macht es mit seinen regelmässigen und doch mannigfachen Formen auf den Beschauer
einen überraschenden Eindruck. Trotz der Vorsicht, mit
welcher der Sandstein, aus welchem die Façade besteht,
gewählt wurde, ist er heute schon von dem Kohlenrauch
und dem Nebel Londons bedeutend angegriffen: die Ver-
heerungen der Witterung sind jetzt gerade so weit gegangen, dass sie dem Gebäude ein ehrwürdiges Ansehen geben, und den falschen Eindruck, den ein nagelneues gothi-
sches Gebäude auf den Beschauer macht, vermeiden. Das
Innere ist weniger gut, als das Aeussere. Obzwar die Ausschmückung bis auf die kleinsten Details kunstgerecht projectirt und unübertrefflich ausgeführt ist, so sind viele Schön-
heiten durch den Mangel an Licht kaum sichtbar, und die
imposanten Dimensionen der Corridors und Gänge verfehlen,
in Dunkel gehüllt, ihren rechten Eindruck. Der Bera-
thungssaal des Unter-Hauses selbst ist so total gefehlt, dass
mehr als einmal die Rede gewesen ist, ihn schon jetzt umzubauen: er ist viel zu klein, ist schlecht ventilirt, und erscheint ärmlich und kleinlich. Wenn man durch das alte
prachtvolle Westminsterhall, durch das neue nicht minder
prächtige Stephenshall, und durch viele architektonisch schöne
Gänge endlich zum Sitzungssaal, dem eigentlichen Kern und

Zweck des Ganzen ankommt, muss man unwillkürlich an das Sprichwort denken: *Parturiunt montes, nascitur ridiculus mus.*

Dieses Gebäude habe ich auch deshalb besonders erwähnt, weil sein Entstehen die zweite architektonische Renaissance Englands bezeichnet. Seit dem Jahre 1851, dem Jahre der ersten Weltausstellung in London, hat die Zahl von schönen Neubauten in England jährlich zugenommen, und wenn der Umbau der Riesenstadt London bei weitem nicht mit dem raschen Fortschritt in Paris Schritt gehalten hat, so ist die Ursache des langsamen Vorgehens gerade diejenige, welche den Umbau Wiens erschwert und die besten Kräfte lahm legt — nämlich der Mangel an einheitlichem Vorgehen. Die Engländer sind trotz ihres praktischen Sinnes, vielleicht gerade deswegen, bisher in London beinahe ganz ohne Führung gewesen. Durch die Zersplitterung der Stadt in unzählige kleinere und grössere Gemeinden, von denen eine jede ihre eigene Autonomie hatte, war es vor zwanzig Jahren unmöglich ein grosses, der ganzen Stadt nützliches Werk zu schaffen. Die oben erwähnten neugeschaffenen Commissionen, deren Nothwendigkeit endlich dem Conservativsten einleuchtete, haben Vieles gethan: sie haben die Canalisation in einem der Weltstadt entsprechenden riesigen Massstab durchgeführt, und haben dadurch erzielt, dass trotz der drei Millionen Einwohner, trotz des feuchten Klimas, und des Kohlenrauches, trotz der schädlichen Ausdünstungen der vielen Fabriken, London jetzt absolut die gesündeste der grossen Städte Europas geworden ist. Sie haben die prächtigen Quai-Mauern der Themse von oberhalb London bis zur berühmten Londonbridge vollendet — ein Werk, welches die verwahrlosten, mit jeder Gattung Schmutz verunreinigten, hässlichen Ufer in eine schöne Strasse umgewandelt hat — sie haben den Holborn-Viaduct ausgeführt, welcher die Hauptader des Strassenverkehrs von Osten nach

Westen über das Thal der Fleet und die Dächer der Häuser hinwegführt, und so die zwei steilen Abhänge vermieden, welche bei Nebel oder Frost den Verkehr gänzlich in's Stocken brachten; sie haben in der City neue Strassenzüge mit imposanten Häusern ausgeführt, und in die engen Gassen der Geschäftsstadt etwas Licht und Sonne hineingebracht; dagegen haben sie nicht verhindern können, dass die einzige Strasse, von welcher aus die Façade der grossartigen Paulskirche zu sehen war, durch eine scheussliche Eisenbahnbrücke durchkreuzt und so die Aussicht der Kirche durch einen horizontalen Blechträger in zwei Theile geschnitten wird. Das letztere — unter allen Beispielen vielleicht der schrecklichste Fall der Aufopferung jedes ästhetischen Vorzuges einem noch zweifelhaften praktischen Vortheile, — beweist noch einmal die Gefahren einer Grosstadt ohne einheitlicher Leitung. Nicht allein bleiben die Verschönerungen und Verbesserungen, für welche die pecuniären Mittel in Hülle und Fülle vorhanden sind, zurück, sondern wird es auch einer grösseren, von energischen Kräften geleiteten Privat- oder Verkehrsgesellschaft möglich, Bauten, welche die Stadt verunstalten und in vielen Hinsichten verschlechtern, auszuführen, und so das Publicum zu Privatzwecken auszubeuten. Gegen solche kühne, von Geld und Klugheit unterstützte Angriffe kann nur ein einheitliches Zusammenwirken aller betreffenden Organe die Stadt vertheidigen, und so ein Zusammenwirken ist schwer zu erreichen, so lange die Leitung fehlt, weil der Feind durch allerlei reelle und unreelle Mittel eine oder die andere der interessirten Parteien wird gewinnen können. Zu dieser Einsicht ist man jetzt in London gekommen, und geht das Bestreben sowohl der Regierung, wie der Bewohner dahin, eine starke Municipalität für die ganze Riesenstadt zu schaffen, welche auch von dem Hofe und den Ministern aus mit den nöthigen Vollmachten ausgerüstet wäre.

Gewiss sind die Engländer das allerletzte Volk, welches das Praktische dem Schönen unterordnet, oder sich
gerne nach gewissen Regeln der Behörden richtet. Der
Engländer will nach Belieben auf seinem Grundstück schal-
ten und walten, er duldet die Einmischung des Bauamtes
nur, weil er überzeugt ist, dass er dadurch Nichts verliert,
das Publicum aber viel gewinnt. Die öffentliche Meinung Wiens ist bekanntlich sehr
gegen das »Massregeln« — in früheren Zeiten drang die
Intervention der Behörden so weit in jedes Geschäft des
Privatlebens ein, dass durch den natürlichen Rückschlag
selbst eine gesunde Controle jetzt als störend betrachtet
wird. Jedem Bürger soll jedoch die Schönheit seiner Stadt
am Herzen liegen, er soll bereit sein, dem allgemeinen Nutzen
hie und da etwas zu opfern, und wir sollen nicht warten,
bis Wien durch eine Ludgate-hill-Brücke, wie der oben erwähnte Fall in London, verunstaltet wird, um aus unserem
Schlafe zu erwachen. Es könnte wohl eine mässige Controle der Behörden, welche sich auf gewisse präcisirte Bedingungen beschränken würde, nur nutzbringend wirken.

Es braucht wohl kaum der Erwähnung, dass diese
Controle in Paris sehr streng und genau ist, und dass man
der Energie, mit welcher sie von dem früheren Präfecten
Haussmann durchgeführt wurde, die Regelmässigkeit und
Schönheit der neuen Boulevards zum grossen Theile ver-
dankt.

Obzwar ich den Wienern keineswegs eine ähnliche
strenge Handhabung von lästigen Regeln octroyiren möchte,
so sei es mir gestattet, auf Einiges in der neuen Stadtan-
lage von Paris aufmerksam zu machen. Der Präfect Haussmann hat bei seinen Anlagen immer zuerst den Gesammteindruck in's Auge gefasst, um nacher auf die Details über-
zugehen. So findet ein jeder der neuen Boulevards seinen
künstlerischen Abschluss; überall, von welchem Punkte auch

der Zuschauer die majestätischen Strassenzüge betrachtet,
wird das gebildete Auge im grossen Ganzen befriedigt.
Die Details der Häuser lassen wohl viel zu wünschen übrig,
sie sind zu viel nach der Schablone gebaut; es mangelt
ihnen der Ausdruck des Ideengangs, die lebende Kraft der
Kunst des Architekten, aber der Gesammteindruck ist gross-
artig und harmonisch. Steht zum Beispiel der Fremde an
der Kreuzung des neuen Boulevard Haussmann und der
ebenso breiten aber alten Rue Tronchet, so sieht er links
die Baumreihe durch das griechische Portal der Madeleine-
Kirche abgeschlossen; vor ihm dehnt sich die lange Perspective des Boulevard Haussmann aus, welche nach einer
sanften Steigung in der halbbyzantinischen mit einer Kup-
pel geschlossenen Façade der neuen Kirche St. Augustin
ihren Ruhepunkt findet. — Rechts und links dieser Kirche
verliert sich das Auge abermals in der verschwindenden
Aussicht der Avenue d'Eylau und des Boulevard Males-
herbes. Rechts vom Zuschauer führt die kurze, jetzt
regulirte Rue du Havre zum zwar alten und hässlich angelegten, jedoch durch seine erhöhte Lage ziemlich imposanten Bau des Westbahnhofes, welcher die Perspective
nach Norden schliesst. Wendet er nun die Augen stadt-
wärts nach Osten, so führen zwei breite im spitzen Winkel
divergirende Strassen, die eine zum Knotenpunkt des neuen
Opernhauses, die andere zu den alten Boulevards. Die
letztere ist zwar noch nicht vollendet und wird die Aussicht noch durch eine alte Baugruppe an der Ecke der
Boulevards gestört, jedoch wurde die Vervollständigung des
Ganzen nur durch den Krieg unterbrochen und wird jedenfalls bei der ersten günstigen Gelegenheit ausgeführt.

Dieses Beispiel ist eines unter vielen. Bei dem Umbau der Stadt wurden die alten Kirchen und alle bestehenden monumentalen Gebäude nicht allein geschont, sondern
durch den Durchstich neuer Strassenzüge und die Abtra-

gung von den ihnen zu nahe liegenden Häusern derart
verschönert, dass man sie kaum wieder erkennt und alle gerade in die allergünstigste Lage zu kommen scheinen. So
der Abschluss der Rue Lafayette und des Boulevard Ma-
genta durch den Nordbahnhof, dessen schöne Façade früher
nur von einem einzigen nahe liegenden Punkte gut sichtbar
war. So die Befreiung des schönen alten Thurmes St. Jacques;
vor zehn Jahren durch hässliche baufällige Häuser und in
engen Gassen derart versteckt, dass er factisch schwer zu
finden und überhaupt nie ordentlich zu sehen war; jetzt
von einer hübschen Gartenanlage umgeben, von vielen Punkten und grosser Entfernung sichtbar, steht er als eines der in-
teressantesten und ästhetisch schönsten Monumente des alten
Paris da.

Auf dieses Moment möchte ich in Wien grosses Gewicht legen. Die schönsten Gebäude der alten Stadt stehen
in so engen Strassen, dass man sie kaum entdecken kann,
und wenn man sie gefunden hat, sie nicht zu sehen ver-
mag. Die Stephanskirche selbst, das erhabene Muster gothischen Styls, ist von keinem Standpunkte aus ordentlich
zu betrachten, seine Majestät geht halb verloren, die schönen Details aber ganz, denn der Zuschauer muss sie von
unten mit zurückgeworfenem Kopfe betrachten, und sieht
sie in einer verkürzten Perspective, welche den ganzen Eindruck verdirbt. Denken wir uns nur die neue Wipplinger-
strasse durch den Judenplatz in gerader Linie verlängert,
und einige Häuser an der Brandstätte und am Bauernmarkt
abgetragen, so würde erstens ein ausserordentlich nützlicher
breiter Strassenzug die Stadt durchschneiden und den Verkehr erleichtern, zweitens aber die Stephanskirche in ihrer
vollen imposanten Schönheit vom Schottenring aus sichtbar
sein, und den Abschluss der neuen Strasse bilden, während
der alte aber grossartige Bau des Ministeriums des Innern
an eine breite Strasse gebracht und nicht mehr in einem
Winkel versteckt sein würde. Betrachten wir uns einmal

den Concordiaplatz in Paris als ästhetisches Beispiel. Seine
Lage ist allerdings eine derart günstige, dass es wohl schwerlich
gelingen wird, je etwas Schöneres und mehr Harmonisches
zu bieten. Nach Süden das griechische Gebäude des Ge-
setzgebenden Körpers, nach Norden die ebenfalls griechische
Madeleine Kirche, westlich die prächtige Allee der Elysäischen Felder, die ihren würdigen Abschluss im Triumphbogen findet; östlich die schönen Kastanienbäume der
Tuilerien mit dem alten Schloss im Hintergrunde, der Platz
selbst von den symmetrischen Gebäuden des Marine-Mini-
steriums und des sogenannten Staats-Möbel-Magazines ein-
gefasst — man weiss nicht, ob Zufall, ob Kunst am meisten dazu beigetragen hat, diesen Platz als Muster für ewige
Zeiten zu schaffen. Denn im Detail genommen, sind die
angrenzenden Gebäude keineswegs fehlerfrei; die Häuser
an der Nordseite sind in einem schwerfälligen Renaissance-
Styl ausgeführt; das Abgeordneten-Haus trägt das Gepräge
des imitirten Classicismus; das Schloss der Tuilerien selbst ist
mehr historisch, als ästhetisch interessant; die einzigen wirklich schönen Baulichkeiten sind die Madeleine und der ent-
fernte Triumphbogen, und doch ist der Gesammteindruck
wie gesagt unübertroffen, und kann der Platz vor dem Va-
tican in Rom kaum mit ihm wetteifern.

Von den sanitären Vortheilen und Erleichterungen für
den Verkehr, welche durch diese weiten Strassenzüge und
grossen Plätze gewährt werden, ist schon die Rede gewesen,
jetzt soll nur noch der ästhetische und künstlerische Eindruck in's Auge gefasst werden, und muss man gestehen,
dass in Wien noch Vieles in dieser Richtung zu thun bleibt.
Dass die alte Stadt im höchsten Grade unästhetisch ist,
wird wohl ein Jeder gestehen, — ich glaube aber beweisen
zu können, dass sie mit verhältnissmässig geringen Kosten
derart umgebaut werden kann, dass sie schöner, gesünder
und bequemer wäre. Mit wenig Abtragung und Zerstö-

rung könnte ein riesiges Resultat erzielt werden. Denn man muss nicht vergessen, dass die Neubauten, welche in den letzten Jahren aufgeführt wurden, zum weitaus grösseren Theil auf früher nicht occupirtem Terrain stehen; es ist kein Umbau sondern eine Vergrösserung der Stadt gewesen und die Schritte, welche Paris und London schon seit vielen Jahren zur gänzlichen Abschaffung ihrer alten Stadttheile gemacht haben, sind hier kaum noch eingeleitet. Ja, ihre Nothwendigkeit ist noch kaum anerkannt worden, und den meisten Wienern sind die engen Gassen und Höfe der inneren Stadt noch ein Heiligthum. Aber der Salzgries, der Bauernmarkt, die Himmelpfortgasse, ja vielleicht die historische Kärntnerstrasse selbst müssen vor der Macht des Fortschrittes weichen: sie müssen breiten Strassen und schönen Squares Platz machen; das XIX. Jahrhundert kann die alte Stadt weder in sanitärer, commerzieller noch ästhetischer Hinsicht dulden. Die ersteren zwei Gesichtspunkte sind wohl schon zur Genüge besprochen, bei der ästhetischen Entwicklung Neu-Wiens stehen aber noch andere Rücksichten in Frage. So viele schöne und historisch interessante Gebäude, die fast Niemand sieht, sind in der inneren Stadt verborgen, wie wohl kaum irgend wo anders auf einem so beschränkten Raum; wie in Paris müssen diese Gebäude geschont, von ihren hässlichen und ungesunden Nachbarn befreit und nur ja nicht verschönert werden. Eine Verschönerung der älteren Renaissance-Bauten im Style des XIX. Jahrhunderts würde das ganze eigenthümliche Gepräge derselben, das ganze historische Interesse vernichten. Es muss mit Energie und doch mit Umsicht vorgegangen werden, und nur ein eingehendes Studium durch gediegene Fachmänner kann die näheren Details der auszuführenden Strassenzüge und die genaue Zahl der abzutragenden Häuser bestimmen. Auch soll nur darauf hingewiesen werden, dass die Demolirungen, welche zur sanitären und ästhetischen Vervollkomm-

nung der Stadt und zur Erleichterung der Communication
in derselben keineswegs so zahlreich sind, wie man es vielleicht denken möchte. Eine Commission von Fachmännern, bei welcher die Hygiene, die Architektur, die Kunst,
die Technik und der Handel alle durch ausgezeichnete
Kräfte vertreten wären, würde schnell einen Plan entwer-
fen können, welcher all' den Anforderungen entsprechen
und wie ich glaube finanziell durchführbar wäre, doch wäre
natürlich die so oft erwähnte einheitliche Leitung die erste
Hauptbedingung. Ohne eine solche wird man immer nur
stückweise verbessern, hier ein Loch zustopfen, um dort
eines aufzumachen, nie aber zu einem grossartigen, praktischen und schönen Resultat kommen.

Nachdem wir nun den Ideengang angegeben, welcher
den Neubau Wiens, unserer unmassgeblichen Ansicht nach
im Grossen und Ganzen leiten sollte, erlauben wir uns einige
Bemerkungen über die ästhetischen Details beizufügen.

Bei jeder rationellen Construction soll die Façade den
Zweck des Gebäudes ausdrücken, Scheinconstructionen, wider-
sinnige Architraven, angeklebte Halbsäulen aus Verputz,
unechte Skulpturen müssen absolut ausgeschlossen bleiben.

Nichts ist der Kunst so feindlich, wie das Gekünstelte.
Ein einfaches, gänzlich schmuckloses Gebäude, wo jeder
Theil seine Aufgabe vollzieht, wo die Gurten von rohen
Backsteinen ausgeführt sind und das Gesimse einfach aus
den hervorragenden Dachsparren besteht, macht einen besseren Eindruck als ein verschmiertes, verkünsteltes Bauwerk mit verkröpften Gliederungen, Rundbögen aus Cement,
geschmückten Thürkrönungen oder Quaderbau aus Verputz.
Der eigentliche Zweck des Verputzes ist, die Backsteine
vor dem Einflusse der Witterung zu bewahren und trotz der
riesigen Anwendung, welchen er in der Neuzeit in Wien
nicht allein, sondern in ganz West-Europa gefunden hat,
trotz der Verbesserung und Zunahme in der Erzeugung des

hydraulischen Kalkes, welche es jetzt ermöglicht, mittelst
Verputz Natursteine täuschend nachzuahmen, will ich behaupten, dass er auf seinen eigentlichen Wirkungskreis beschränkt bleiben und nicht als architektonische Zierde, sondern als Schutzmittel gegen Frost und Unwetter dienen soll.
So weit ist man jetzt mit der Erzeugung von Cementen
gekommen, dass bei frisch ausgeführten Bauten selbst Baumeister oft getäuscht werden, und das für Stein ansehen,
was nur ein schlechter verdeckter Backstein ist.

Ein Fremder, welcher über Nacht in Wien ankommt
und nächsten Tages die Bauthätigkeit bewundert, welche
sich allerseits entwickelt, würde gewiss glauben, dass Oesterreich ein steinarmes Land sei. Ueberall sieht man nur
Ziegelbauten, Steine werden ausser in den grössten öffentlichen Gebäuden, nur zu Fenstergesimsen und hie und da
wie beim Heinrichshof, zu den Ecken und Sockeln verwendet. Verputz mehr oder minder gut, mehr oder minder
dauerhaft, dem Stein mehr oder minder ähnlich, ist die allgemeine Regel. Sieht man das rohe Aeussere des Hauses,
hat man gar keinen Begriff von der architektonischen Façade — was sie werden wird, das Imposante und Schöne,
was sie zur Schau tragen wird, ist sie dem Verputz allein
schuldig. Fünf Stock hohe Zinspaläste mit fünfzehn Fenstern Gassenfront werden aus Ziegeln ausgeführt, welche
ein jedes Control-Organ für den Bau eines zweischuhigen
Eisenbahndurchlasses abweisen würde. Der Verputz deckt
alle Sünden. Schlechte Ziegel werden zu massiven Quadern; Säulen, welche das ganze Haus zu tragen scheinen,
entstehen unter der Kelle des geschickten Maurers auf einer
ebenen Fläche. Geschmückte Hohlkehlen, welche Wochen
lang in Anspruch nehmen würden, um sie aus Stein zu
hauen, sind in einigen Stunden fertig. Der schönste Marmor (!) schmückt das Stiegenhaus — „man wusste nicht
woher sie kam" — denn Tags zuvor sah man nur eine

scheussliche Ziegelmauer. Und beinahe möchte man hinzufügen: „Und schnell war ihre Spur verloren, sobald der
Maurer Abschied nahm." — Denn bald bilden sich hässliche
Kleckse auf der platten Marmorfläche, bald werden die scharfen
Kanten der massiven Quadern abgestossen; bald zeigen sich
schwarze Flecken auf der schneeweissen Façade. — Man muss
hie und da repariren, bald ganz ausweissen. Der schöne Cement
fällt trotz seiner Qualität in Stücken ab; da er gut ist, hält er
länger und die Stücke, welche abfallen, sind grösser, aber
abfallen thut er doch meistens, da er in der Eile nur an-
geschmiert ist, und die Zeit oder das Geld immer gefehlt
haben, die Arbeit ganz vollkommen zu machen. Das ist
der wahre Haken. Die Preise aller Materialien sind riesig
hoch, die Arbeitslöhne sind in einem noch grösseren Verhältnisse gestiegen, man will aber doch um wenig Geld
einen imposanten Bau herstellen. Man möchte wohl Stein
verwenden, aber er kommt zu theuer; gute Ziegel sind gar
nicht zu haben; es bleibt also Nichts anderes übrig, als Alles
mit mehr oder minder gutem Cement oder Kalk zu ver-
kleiden. Abermals muss ich mich auf das Beispiel anderer
Länder und anderer Städte berufen. Abermals muss ich
sagen — und ich ersuche auch den geneigten Leser noch
einmal um Entschuldigung — Oesterreich ist reich an Stein,
reich an Ziegelerde, reich an allen Baumaterialien; nur wisst
Ihr nicht, wie Ihr es machen sollt, um das Alles billig herzustellen: die Engländer zeigen es Euch.

In London ist der Verputz die Ausnahme, Ziegelrohbau die Regel. Dass man aus guten Ziegeln Etwas eben
so schönes, ebenso künstlerisches ausführen kann, wie aus
Stein, braucht wohl kaum erst bewiesen zu werden. Jedoch
glaubt es wohl nicht ein Jeder — ich erlaube mir daher
einige Beispiele anzuführen:

Der Triumphbogen der Wienerberger Ziegelfabrik bei
der Kunsthalle in der Weltausstellung zeigt, was man mit

guter Thonerde, wenn sie gut manipulirt wird, machen kann.
Es ist bei diesem Bogen nichts Falsches, nichts Unechtes.
Die Verzierungen von Terra Cotta imitiren nicht den Marmor, und trachten nicht zu scheinen, was sie nicht sind;
sie tragen ihr eigenes künstlerisches Gepräge. Die Gurten
und Gesimse äffen nicht den Stein nach; sie sind aus geformten tüchtig gebrannten Ziegeln zusammengesetzt; jeder
oberflächliche Zuschauer sieht die Fugen, die der Baumeister
sonst sorgfältig verdeckt: und doch verliert das Ganze nicht
deshalb an Schönheit. Würde der Ziegelrohbau allgemein
verbreitet, so wäre es ein Leichtes, sich solche Quantitäten
gut gebrannter Ziegel von verschiedenen Formen, ohne besonders hohe Preise zu zahlen, zu verschaffen; jetzt ist es
freilich unmöglich, weil die Fabrikanten keinen Absatz für
eine Waare finden, welche nur durch einen grossen Absatz
so billig erzeugt werden kann, dass sie jedem zugänglich
wird.

Man wird sagen, der Triumphbogen sei nur als Reclame da, er sei kein Beweis der praktischen Verwendbarkeit von Ziegelrohbau. Reclame oder nicht, er ist jedenfalls ohne Verputz aus Ziegeln ausgeführt, und obzwar
viele der Verzierungen nicht überall Anwendung finden
würden, so ist bei diesem Bauobject die Möglichkeit bewiesen, Ziegelrohbau mit grosser Schönheit und Mannigfaltigkeit zu verwirklichen. Aber wir haben in der Nähe ein
noch viel praktischeres Beispiel, in welchem sehr wenig verschiedenartige Formen verwendet sind und wo dennoch
die reinste Kunst ihren Ausdruck findet. Ich spreche natürlich von dem Museum am Stubenring. Was mit wenig
Stein, mit einfärbigen Ziegeln und sehr mässiger Farben-
verzierung geleistet werden kann, hat Herr Architekt Ferstel
für ewige Zeiten bewiesen. Es ist in ganz Wien kaum ein
Gebäude zu finden, dessen Aeusseres den Zuschauer so
ganz befriedigt, wo die Kritik keinen Fehler entdeckt und

selbst der Missmuthigste Nichts auszubessern wüsste. Harmonisch, freundlich, und doch imposant steht das beinahe
schlichte Gebäude da; Nichts stört die ruhige Augenweide,
kein Glied ist verstellt, kein Gesims ist zu klein oder zu
gross, kein greller Farbencontrast verwirrt, keine auffal-
lende Vergoldung blitzt dem Zuschauer lärmend entgegen.

Um mir aber nicht vorwerfen zu lassen, dass dies
ein einziges gelungenes Beispiel sei, dass es wohl dem Architekten Ferstel für ein Museum nicht aber einem Anderen
für ein Zinshaus gelingen würde, etwas Schönes und Imposantes aus Ziegelrohbau herzustellen, berufe ich mich auf
englische Muster. Einem Jeden, welcher die fremden Kunst-
zeitungen nur oberflächlich anschaut, werden viele Beispiele
sofort in das Gedächtniss kommen, und diejenigen, welche
glauben, dass ohne Verputz kein verziertes Fenster herzustellen sei, werden ersucht die Fenster im Arsenal und
Waffenmuseum sowohl wie die Zeichnungen englischer Architekten, mit den Fenstern eines Wiener Zinshauses zu vergleichen. Damit ist die Bemerkung verknüpft, dass in den Ziegelfen-
stern nicht mehr und nicht weniger Stein zu verwenden ist, wie
in Wien allgemein bei allen Fenstern üblich ist. Ganz
ohne Stein ist die Aufgabe auch zu lösen, wenn auch nicht
so leicht und vielleicht weniger befriedigend. Ich wage zu
behaupten, dass die mit geformten Ziegeln angelegten Fenster nicht weniger schön sind, als die, welche mit Verputz
verziert sind — und was an einem Fenster wahr ist, bezieht sich ebenfalls auf ein ganzes Haus. Gute Ziegel sind
auch ganz in der Lage, den klimatischen Einflüssen Wiens
zu widerstehen. Obzwar die Winter hier strenger und die
Sommer heisser sind, als in England, obgleich der rasche
Temperaturwechsel im Frühjahr und im Herbst auf alle
Baumaterialien nachtheilig wirkt, so ist dagegen der berüchtigte Steinkohlenrauch Londons in seinen chemischen Folgen noch schädlicher — ein Backstein, welcher diesem wider-

steht, wird den Frost und die Sonnenhitze Wiens leicht vertragen. Dass ein Ziegelrohbau aus gutem Material das hie-
sige Klima vollkommen aushält, beweisen ja das obenerwähnte Museum, die Rudolfscaserne, die Franz Josefs-Caserne,
das Gymnasium und viele andere Bauten. Natürlich müssen die Fugen gut ausgekratzt und verbräunt, und die Ziegel selbst von vorzüglicher Qualität sein. Aber gerade in
der Erfüllung der letzteren Bedingung liegt die Haupt-
schwierigkeit. So viele Millionen Backsteine werden jährlich in Wien verwendet, dass der Vorrath an gutem Materiale keineswegs ausreicht und ungeheuer viel Schund auf
den Markt kommt. Durch die hohen Preise angeregt, werden Ziegeleien in Stellen angelegt, wo die Erde gar nicht
zum Erzeugnisse passt; das verwendete Material ist häufig
zu sandig und der Ziegel wird niemals hart, oder aber enthält
es Kalkbestandtheile und der Ziegel springt während des Bren-
nens. Ferner wird die Fabrication übereilt und schleuderhaft betrieben; viele der Werkführer, welche sich als Ziegelmacher
ausgeben, verstehen so gut wie gar nichts von den Eigen-
schaften, welche ein gutes Backsteinmaterial besitzen sollte
und von der Art es zu manipuliren: und endlich wird das
Brennmaterial gespart, statt dass man die Oefen vernünftig
anlegt. Diese Ziegel, von schlechter Erde gemacht und
schlecht gebrannt, finden doch Abnehmer; die Poliere, welche
bei vielen Bauten angestellt sind, werden gewissen Einflüssen zugänglich gemacht: der Baumeister hat so viel zu
thun, dass er die Beschaffenheit der Ziegel nicht immer
genau prüfen kann, und wenn er es könnte, würde er sich
kaum getrauen sie abzuweisen, weil sonst wahrscheinlich
ein Verzug im Bau eintreten würde, eine Verantwortlich-
keit, welche er seinem Bauherrn gegenüber sehr ungern
übernimmt. Uebrigens wird ja Alles verschmiert und ver-
putzt, es kommt auf gute Ziegel also nicht so sehr an.

Durch die grössere Verbreitung der Ringöfen wird es
jedenfalls möglich werden, gute Ziegel ohne besondere Preis-
erhöhung massenweise zu erzeugen — man soll nur in der
Wahl des Materiales vorsichtiger umgehen und nicht die
grossen Spesen machen, welche die Anlage einer ordentlichen Ziegelfabrik beansprucht, wenn man sich nicht über
die Qualität desselben vollkommene Gewissheit verschafft
hat. Die Localbahnen werden das Ihrige dazu beitragen,
um die Transportspesen zu vermindern, und werden die
Möglichkeit bieten, grosse Quantitäten in kürzester Zeit zu
verfrachten: man wird aber, um sowohl Umladekosten wie
das Zerbrechen der Ziegel möglichst zu vermeiden, gut
thun, das System der Hilfsbahnen auch auf Ziegeleien aus-
zudehnen, und wo immer möglich dieselben mit den zukünftigen Localschienensträngen derart in Verbindung zu setzen,
dass die Eisenbahnwaggons bis an die Ringöfen anfahren
können. Solche Hilfsbahnen, welche mit halbrunden Schwellen
und sehr leichten, oder aber auch mit alten Schienen gelegt
werden können, sind im Verhältniss zu den grossen Vortheilen, welche sie bieten, gar nicht theuer: sie haben in
der Umgegend Wiens fast noch keine Anwendung gefunden, weil die Hauptbahnen von den Ziegeleien und Fabriken meistens zu weit entfernt sind; mit dem Ausbau des
Localbahnnetzes wird hoffentlich dieser Uebelstand behoben
und wird es möglich werden, ohne grossen Zeit- und Geldverlust das Baumaterial an verschiedenen Punkten der
Hauptstadt zu vertheilen. Man überlege nur, dass ja das
Umladen von Ziegeln allein wenigstens 1 fl. pr. 1000 kostet, und
dass man sie um 3 fl. pr. 1000 per Axe nicht weit führen kann.
Ferner verliert man beim Auf- und Abladen selbst bei guten Ziegeln von drei bis sechs Procent durch Zerbrechen,
bei schlechten aber oft zehn Procent; es ist daher leicht ersichtlich, dass der durch die jetzige Transportweise erwach-

sende Schaden sehr bedeutend ist, und dass sich Hilfsbahnen bei grösseren Quantitäten rasch rentiren würden. Obige Bemerkungen verlieren ihre Bedeutung nicht, wenn man sie auf die Steinbrüche anwendet. Es würde in Wien viel mehr aus Stein gebaut, wenn der Transport desselben nicht so theuer wäre. Dass in der Umgegend ein Ueberfluss an verwendbarem Baustein zu finden ist, leidet keinen Zweifel — der Besucher der Baustein-Sammlung des österreich. Ingenieur-Architekten-Vereins wird sich überzeugen, dass Oesterreich in dieser Hinsicht keinem anderen Lande nachstcht. Im Interesse der Kunst und der Aesthetik wäre es erwünscht, dass man in Wien mehr mit gutem Stein, und weniger mit schlechten Ziegeln bauen würde; das Aufschliessen und Betreiben von gut situirten Steinbrüchen ist zwar in der letzten Periode von grosser Bauthätigkeit auch bedeutend vorwärts gegangen, doch begegnet man hier denselben Schwierigkeiten, wie bei den Ziegeleien; nämlich dass selbst schlechtes Materiale einen Absatz findet, und dass die hohen Transportspesen oft das gute Materiale verhindern, auf den Markt zu kommen. In dieser Hinsicht kann man von den Localbahnen auch nur gute Erfolge erwarten. Dass eine selbst bedeutende Bahnentfernung nicht hindernd wirkt, wenn der Bruch nicht zu weit vom Schienenstrang liegt, sehen wir bei Wöllersdorf und anderen Steinbrüchen über Wiener Neustadt hinaus; würde man mit dem Centrum am Stephansplatz und einem Radius von sechs Meilen einen Kreis auf der Karte beschreiben, so kämen unzählige Steinbrüche, welche ebensogut wie Wöllersdorf sind, innerhalb desselben zu liegen, nur können sie wegen der hohen Axenfracht nicht mit den näher gelegenen concurriren. Das Resultat eines energischen Versuches, Ziegelrohbau und Steinbau statt verkleideten Ziegelmauern in Wien einzuführen, wäre jedenfalls die Hebung und die Verbesserung der Ziegelfabrication und die Auf-

13 *

schliessung neuer Steinbrüche; das Aussehen der Stadt könnte dadurch nur gewinnen und die Erzeugung von Terra-Cotta-Waaren zur Verzierung von solchen Gebäuden wäre eine neue Industrie, welche sich in den letzten Jahren in England sehr entwickelt hat, hier aber nur eben im Entstehen begriffen ist. Hand in Hand mit dieser Industrie wären Dach- und Fussboden-Ziegel von besserer Qualität und eventuell glasirt, mit verschiedenen Mustern geschmückt zu machen. Jedem Besucher der neueren Privatbauten in England sind gewiss die schönen, reinlichen Fussböden der Vorzimmer und Gänge aufgefallen, welche aus glasirten, porzellanähnlichen Ziegeln gemacht sind. Sie eignen sich auch vortrefflich zur Verkleidung von Küchen, Waschküchen, Badezimmern und Herrschaftsställen, besonders aber für Schulen, überhaupt eines jeden Raumes, wo Feuchtigkeit und Hitze verbunden, die Verwendung von Verputz unzweckmässig machen. Solche Wände sind mit Wasser und Seife vollkommen zu reinigen, benöthigen, ausser wenn sie gewaltsam beschädigt werden, gar keiner Reparatur und sind für die Gesundheit äusserst zuträglich. Durch die Verbindung zweifarbiger Ziegel kann man sehr hübsche Muster zusammenstellen, welche auch dem Auge angenehmer sind, als eine durch Ausdünstungen und Rauch geschwärzte Cementwand, welche man jedesmal ausweissen muss, um sie zu reinigen. Die englische Abtheilung der Weltausstellung hat uns einige sehr schöne Muster dieser Waare gezeigt, welche im Preis von den bescheidensten bis zu den höchsten variiren.

Die schablonmässige Arbeit, welche in Wien leider zu gewöhnlich ist, die Ausführung des Inneren der Neubauten, welche gewöhnlich so einförmig ist, dass, wenn man Einen gesehen hat, man Alle oder doch wenigstens die Meisten kennt, wird die Andeutungen entschuldigen, welche ich in obigen Zeilen zu geben gewagt habe. Die Neuzeit liefert so viele Mittel, die uns von der Natur

gebotenen Vortheile auszunützen, dass wir nie mit einem
System zufrieden sein sollen, uns nicht damit begnügen, unsere Treppenhäuser fortwährend mit lichtgelbem imitirten
Marmor und einem braunen Streifen anzustreichen, unsere
Vorzimmer mit derselben Schablone — auch gewöhnlich
braun und gelb — zu malen, unsere Friese mit Verzierungen aus Cement auszuschmücken. Im Gegentheile; aus
aller Herren Länder sollen wir etwas lernen; wir sollen be-
obachten, was die Leute in England, Frankreich, Deutschland oder Amerika zur Förderung der Schönheit und des
Geschmackes thun; wir sollen ihre Erfahrungen benützen
und ihre Vorgänge hier probiren; wir sollen unter ihren
verschiedenartigen Einrichtungen unsere Wahl treffen und
was uns geschmackvoll und für unsere Verhältnisse geeignet erscheint, nachahmen und hier anpassen. In der inneren
Einrichtung der Empfangs- und Damen-Zimmer haben die
Franzosen einen besonderen Vorrang; ihre Möbel und Ta-
peten sind geschmackvoll; jährlich haben sie etwas Neues
erzeugt — nicht Alles ist schön, aber selbst ihre einfachsten
Gegenstände haben gewöhnlich ein graziöses und feines Gepräge. Was Pendulen, Leuchter, Lampen und Nippsachen
anbelangt, stehen sie unstreitig, sowohl in der Idee wie in
der Ausführung, an der Spitze; dagegen haben wir von den
Engländern in der Einrichtung von Schulen, Küchen, Badezimmern und besonders von Ställen und Wirthschaftsgebäuden
riesig viel zu lernen. Der Hof ist beim Engländer nicht *ipso
facto* schmutzig: er versteht überall eine Reinlichkeit einzuführen, welche allein beinahe schön zu nennen ist, und jedenfalls einen grossen Schritt zur Schönheit bildet. Die Kunst-
schulen, welche in dem letzten Jahrzehent in England durch
die Regierung gegründet worden sind, haben viel beigetragen, selbst den einfachsten Gegenständen das Gepräge
von gutem Geschmack zu verleihen, und den Vorwurf der
Plumpheit, welche man den ehrlichen Britten früher mit

Recht machen konnte, abzuweisen. Dagegen scheinen sie absolut nicht im Stande zu sein, einen hübschen Salon zusammenzustellen: hier hantiren sie mit den grellsten Farben, und der Reichthum der Gewebe sowie die Gediegenheit der Ausführung ersetzen nicht den Mangel an Harmonie und die groben Contraste. Sonderbar, dass Leute, welche aus einem einfachen Schlafzimmer fast einen Kunsttempel ohne Mühe und ohne grosse Auslagen machen können, einen ästhetischen Schiffbruch erleiden, sobald sie sich an die Empfangszimmer wagen.

Das Aeussere von Landwohnungen und Villen wird vielleicht nirgends so geschmackvoll ausgeführt, wie in Oesterreich.

Trotz der vielen hässlichen Zins- oder Bauernhäuser bietet die Umgebung von Wien in dieser Beziehung einen schlagenden Beweis der Ueberlegenheit. Nach den lächerlichen, gothischen, englischen Villen, welche immer zu zwei und zwei zusammengekuppelt, alle Strassen der Umgegend Londons verunzieren, nach den grellen französischen Landhäusern, welche weiss angestrichen mit grünen Fensterläden, den blendenden Glanz der Sonne dem Auge noch unerträglicher machen, wirken die hübschen, kühlen Schweizerhäuschen Oesterreichs, mit ihren aus Holz geschnitzten Geländern und ihrer mit Schlingpflanzen bedeckten Façade wahrhaft erquickend. Es liegt in diesen Villen gerade die Einfachheit, deren Mangel an Wiener Häusern gerügt wurde. Das Holz wird nicht angestrichen, um auszuschauen wie Stein; es steht als Holz da, und ist um so schöner. Die Veranda ist gebaut, um die Sonnenstrahlen abzuwehren, sie erfüllt ihren Zweck, ist graziös und geschmackvoll, obgleich sie nur aus einfachen Pfosten und einem Schindeldache besteht. Damit will ich nicht behaupten, dass ein Wiener Zinshaus in demselben Styl gebaut werden soll, wie ein

Cottage: diese Zumuthung wäre lächerlich; es soll aber auch mit Wahrheitsliebe und aus echtem Material aufgeführt werden, nicht Verputz für Stein, Cement für Marmor und sich selbst als Palast ausgeben wollen. Auch in Süddeutschland versteht man den Bau der Landhäuser, wenigstens das Aeussere, sehr gut. Die Curorte am Rhein, in Baden und in Bayern liefern uns zahlreiche Beispiele einer lieblichen und doch wohlfeilen Bauart, welche den englischen Baumeistern der Villen bei London als würdiges Beispiel dienen könnte.

Die Umgebung Wiens ist mit Wien selbst so eng verbunden, dass der geneigte Leser wohl entschuldigen wird, dass ich mit Obigem mich etwas von der Hauptstadt entfernt habe, besonders da der Ausflug gemacht wurde, um zu bewundern.

Zum Schluss dieses Capitels summire ich noch kurz die Massregeln, welche zur Vervollkommnung Wiens in ästhetischer Beziehung nöthig zu sein scheinen.

1. Die Befreiung der bestehenden alten und schönen Gebäude Wiens von den sie zu nahe umringenden Häusern.

2. Ein neues Reglement über die Höhe der Stockwerke und den Baustyl anstossender neuer Häuser oder wenigstens ein vollkommenes Zusammenwirken der Architekten zu demselben Zwecke.

3. Die mögliche Einführung von Ziegelrohbau, womit die Erzeugung von Terra Cotta und glasirten Ziegeln zusammenhängt; die Folge wäre, dass die Ziegelerzeugung bedeutend gehoben würde.

4. Die Ersetzung von Steinbau für Bau aus schlechten Ziegeln, wo immer möglich.

5. Endlich das Studium fremder Muster für die innere Ausschmückung der Häuser.

Und der Zweck der im ersten Capitel erwähnten Commission wäre es, nebst der sich von selbst verstehenden kunstgerechten Anlage von neuen Strassenzügen, freien Plätzen und öffentlichen Gebäuden, in jeder Art dahin zu wirken, dass die Massregeln allgemein anerkannt und so viel wie möglich ausgeführt würden.

Capitel XII.

Die Hausmeisterwirthschaft.

Zur Verbesserung der inneren Einrichtung der Häuser und zur Vermehrung des allgemeinen Comforts gehört die Hausmeisterfrage. Meine geneigten Leser sollen nicht lächeln und meinen, dass diese Frage in ein zu ernsten Zwecken geschriebenes Werk doch nicht hineingehört; sie sei etwa von zu geringer Bedeutung und nur im Spass zu besprechen. Ich halte sie für hochwichtig und wird es mir vielleicht gelingen, Einen oder den Anderen von der Wichtigkeit dieses Gegenstandes zu überzeugen.

Was ist eigentlich die Aufgabe des Hausmeisters? Er soll das Haus bewachen, so dass keine Unberufenen hineinkommen können; er soll dem Fremden Auskünfte geben, wo sich das Quartier einer oder der anderen seiner Parteien befindet; er soll Briefe und Aufträge in Empfang nehmen, um sie den etwa ausgegangenen Personen zu übermitteln, er soll zuweilen beim Reinigen und anderen häuslichen Arbeiten als Aushilfe dienen, und besonders bei solchen, die nur weibliche Dienstboten haben, hier und da beim Tragen von schweren Lasten u. s. w. sich nützlich verwenden; endlich soll er bei Nacht das Thor zu- und aufmachen.

Zu diesen Zwecken scheint es vor Allem nothwendig, dass die Hausmeister-Wohnung einem Jeden, der in das

Haus tritt, sogleich ins Auge fällt, und zweitens, dass der Hausmeister wirklich immer zu Hause sei. In wie fern werden diese Bedingungen bei den Wiener Hausmeistern erfüllt? In den meisten Fällen so gut wie gar nicht.

In den älteren und sogar in vielen neuen Häusern fällt es Jemandem, der nicht schon im Hause bekannt ist, sehr schwer, überhaupt die Hausmeisterwohnung zu finden. Er tritt durch das Hausthor ein; rechts und links sind Stiegen, im Eingang ist kein Hausmeister; er tritt in den ersten Hof, unzählige Thüren umringen ihn. Er probirt die eine, sie führt ihn in einen nicht wohlriechenden Ort; die zweite ist die Werkstätte eines Tischlers, ein roher Geselle begrüsst ihn mit ungeschliffenen Worten; die dritte führt ihn in einen Stall und die Pferde drehen die Köpfe, um den Fremden zu begrüssen, sie können ihm jedoch nicht sagen, wo der Hausmeister ist; die vierte ist zugesperrt. Er geht in einen zweiten Hof; endlich glaubt er über einer kleinen Thür in ferner Ecke die halbverwischten magischen Worte „Hausbesorger" lesen zu können. Er klopft, Niemand antwortet, er klopft noch einmal und stärker: da tönt eine kreischende Frauenstimme von einem rückwärtigen Zimmer heraus: „Was wollen S'? Nachdem er sein Anliegen zurückgerufen, und eine Zeit lang gewartet, tritt ein Weib mit einem Säugling am Arme und einem zweiten Kinde an der Hand heraus. „Was suchen Sie?" wiederholt dieselbe. „Herrn X —", sagt der Fremde; „Es ist kein Herr X — hier" — antwortet sie kurz und macht Miene zurückzugehen. Der Fremde, in Verzweiflung, dass sein einziger Rettungsanker ihm verloren zu gehen droht, sagt: „Aber ich bitte liebe Frau, seien Sie so gut, er muss ja hier wohnen, er gab mir gestern diese Adresse —", und wenn er verständig ist, bringt er sofort ein paar Sechser zum Vorschein. Wahrscheinlich wird dann die Hausmeisterin ihm noch ein paar Minuten widmen — sonst geht sie hinein und

schlägt die Thüre zu. „A! — sagt sie nach längerer Ueber-
legung — Sie meinen vielleicht Herrn von *I.* — einen Hofrath?" „Nein" — behauptet der Fremde entschieden —
„es ist kein Hofrath, sondern ein Handlungsbeamte." Endlich! „Das wird ein junger blonder Herr sein, der immer
einen grauen Rock trägt: a so, seinen Namen hab' ich mir
nicht merken können, wir nennen ihn halt den Herrn von
A. — Er wohnt im dritten Stock, Thür 27." — Beruhigt
geht der Fremde fort — besteigt drei Stockwerke und findet keine Thür 27, oder aber sind die Nummern auf den
Thüren derart verwischt, dass sie unleserlich sind. Nachdem er an allen sechs Thüren geklingelt hat, nachdem man
ihm überall entweder gar nicht oder nur nach langem Zö-
gern und Besichtigung durch die Lucke geöffnet, muss er
unverrichteter Dinge die drei Stockwerke wieder hinunter.
Er wendet sich noch einmal an die Hausmeisterin, welche
jetzt angefangen hat, das Mittagsmahl zu kochen, sich daher ungern von einem Unberufenen stören lässt, umsomehr
da ihr Säugling unterdessen unausgesetzt schreit und das
andere Kind sich mit harmlosem Quälen einer Katze beschäftigt. Unser Fremde muss diesmal in das eher mehr
als minder dunstende Heiligthum eindringen, da die Frau
nicht herauskommen kann. Sich das Taschentuch unwillkürlich vor die Nase haltend, erzählt er seine verunglückte
Reise in den dritten Stock, wobei ihn das Kind mehreremal mit Bemerkungen über die bevorstehende Mittagsmahl-
zeit unterbricht und er seine Erzählung wegen des fort-
während̃en Geschreies des Säuglings auch noch wiederholen muss. Als er endlich fertig wird, erklärt ihm die
Frau, welche trotz der zwei Sechser jetzt anfängt die Geduld zu verlieren, dass es der dritte Stock auf der z w e i-
te n Stiege ist, wo sich sein Freund befindet.

Jetzt geht das Suchen für diese zweite Stiege los; er
besteigt vielleicht aus Versehen — weil ihn Niemand eines

Besseren belehren kann, noch früher die dritte und vierte
Stiege, endlich gelangt er zu seinem Freunde, und erfährt, dass
er eine halbe Stunde auf ihn gewartet, jetzt aber ausgegangen
sei, wahrscheinlich während der Reisen, welche der Fremde in
die verschiedenen Stockwerke des Hauses hat machen müssen.
Es ist ihm aber noch gnädig gegangen; dem Verfasser dieser
Zeilen ist es öfters passirt, dass die Hausmeister-Wohnung gänzlich zugesperrt war, und dass in einer grossen
Zinscaserne absolut Niemand zugegen war, um Auskunft
zu geben oder Briefe in Empfang zu nehmen. Der Hausmeister war Maurer seines Zeichens und arbeitete vor der
Favoriten-Linie; seine Frau war auswärts bedienstet, oder
war sie nur auf einem Gange zum Greisler. In so einem
Falle müsste man entweder warten bis es ihnen zurückzukommen beliebt, oder unverrichteter Sache fortgehen, wenn
nicht zufällig ein gnädiges Schicksal in Gestalt des Brief-
trägers oder eines Bäckerjungen über den Hof ging, von
welchen man dann eine genauere Anweisung zu bekommen
das Glück hatte.

Dass obige Schilderung keineswegs übertrieben ist,
wird ein Jeder, welcher in Wien in die unangenehme Lage
gekommen ist, einen Bekannten zu Hause aufsuchen zu
müssen, bestätigen; die Gemüthlichkeit der Wiener tolerirt
ruhig das, was einem jeden Anderen absolut unausstehlich
würde.

Gesetzt aber den Fall, dass es nicht ein anständiger
Fremde ist, welcher einen Bekannten aufsucht, sondern ein
Strolch, welcher umherspäht, um etwas zu erwischen. Die
Aufgabe des Hausmeisters wäre, den Unberufenen zu be-
obachten und zu entfernen. Wie kann er aber dies thun,
da er draussen arbeitet? Wie kann es eine Frau, die mit
dem Kochen und den Kindern in der dunstigen Stube rückwärts beschäftigt ist? So ein Industrieritter kann jede Stiege
besteigen, alle Hofräume untersuchen, stehlen was zu steh-

len ist, und vollkommen ruhig und ungestört seiner Wege
gehen. Obzwar solche Diebstähle zu den Seltenheiten
gehören, weil jede Partei sich in ihrem Quartier wie in
einer belagerten Stadt verbarricadirt, so gehören die Bett-
ler und Hausirer, welche dreist im ganzen Hause ihr Geschäft treiben, bei jeder Thür anläuten und ihre Waare oder
ihre Gebrechen vorzeigen, zu den stündlichen Plagen Wiens.
Ist die Hitze noch so drückend, ist noch gar ein Auszug
oder Einzug im Gange, so traut sich Niemand die Thür
der Wohnung eine Minute unbewacht offen zu lassen.
Wenn die einzige Magd in den Keller geht, so nimmt
sie den Schlüssel mit; wenn man drinnen vor Hitze erstickt, so muss sich die Hausfrau auf die Stiege vor die
Thür setzen, sonst wird etwas aus dem Vorzimmer abhan-
den kommen. Der Hausmeister ist für Nichts verantwort-
lich: er hat sich bei seinem Diensteintritt bedungen, auswärts arbeiten zu können, oder wenn er es sich nicht bedungen hat, so thut er es doch. Er ist zuckersüss gegen
seinen Dienstgeber, gegen alle anderen Bewohner des Hauses barsch und grob. Braucht einer oder der andere eine
Aushilfe, will er ein schweres Möbelstück hinauftragen oder
einen Teppich ausklopfen, so muss er einen Dienstmann
von weither holen; ist der Hausmeister zufällig da, so lässt
er sich zweimal so viel zahlen. Abends ist es noch ärger.
Die Sperrstunde ist derart eingerichtet, dass es beinahe unmöglich wird, nach dem Theater sie einzuhalten. In jedem
Wetter muss man anläuten und warten, bis es dem Hausbesorger beliebt, aufzusperren. Bei Schnee und Regen bleiben zarte Frauen oft viertelstundenlang vor dem Thor stehen,
dem Ungewitter und den Bemerkungen der verspäteten
Passanten ausgesetzt. Es gehört zu den Ausnahmen, wenn
nach zweimaligem Klingeln aufgesperrt wird. Der tarif-
mässige Sechser wird dann von den Meisten mit sichtba-
rem Unwillen angenommen; wenn man gerade kein kleines

Geld hat und den Cerberus auf morgen vertröstet, so erhält man oft obendrein Grobheiten. Alle Lichter sind ausgelöscht, man tappt im Finstern über den nassen Hof und die steile Stiege hinauf; wenn der Hausmeister leuchtet, so verlangt er noch ein Trinkgeld mehr. Fremde Gäste, welche die Wiener Gebräuche nicht kennen und nicht immer einen Sechser in der Hand haben, werden in einer ihnen unbegreiflichen Weise misshandelt; das Thor wird ihnen vor der Nase zugeschlagen, wenn sie Abends ausgehen wollen, ihre Briefe werden abgewiesen oder verloren, Aufträge werden nicht effectuirt, sie müssen stundenlang warten, bis ihnen aufgemacht wird; endlich beklagen sie sich bei ihrem Gastgeber, welcher ihnen dann die nöthigen Aufschlüsse gibt.

Endlich kommt noch dazu, dass obgleich der Hausmeister sich nicht im Geringsten um die Bequemlichkeit und den Comfort seiner Parteien scheert, er Alles, was er oder seine Frau auszuspioniren vermögen, in seiner Art auslegt und ausklatscht, so dass aus den unschuldigsten Dingen oft Märchen wachsen, welche den Hausfrieden stören, die eine Partei gegen die andere hetzen und den Aufenthalt im Hause unerträglich machen. Denjenigen, welche ohne Rücksicht auf Geld ihm Alles doppelt und dreifach zahlen, werden allerhand Begünstigungen eingeräumt; dafür müssen die Uebrigen leiden und die häuslichen Arbeiten im stetigen Kampf mit dem Haustyrannen verrichten. Ihre Stiegen werden nicht gereinigt, die Lichter werden vernachlässigt, ihre Gäste werden beleidigt, bis es dem Hausbesorger oft gelingt, die sparsame Partei zu vertreiben.

Dass diese Schilderung nicht übertrieben ist, wird uns jeder Fremde und ein grosser Theil der Einheimischen bestätigen. Das Uebel wird allgemein anerkannt; es geschieht aber nichts, um es abzuschaffen. Ein bekannter Finanzmann machte einmal die Bemerkung, welche gewiss nicht grundlos ist, dass Wien so lange kleinstädtisch bleiben würde,

bis die Hausmeisterwirthschaft nicht abgeschafft würde. Glaubt
man wirklich, dass die öffentliche Sittlichkeit und Moral dadurch aufrecht erhalten wird, dass jedes Hausthor um zehn
Uhr gesperrt werden muss, und dass der Verspätete für
sein Ausbleiben 10 kr. Strafe zahlt? Haben die Wiener
es wirklich nöthig, in dieser Art bevormundet zu werden,
und wenn sie es nöthig haben, ist die Bevormundung ge-
recht und zweckentsprechend? Keineswegs. Erstens ist die
Taxe viel zu niedrig, um diejenigen, welche länger ausbleiben
wollen, früher nach Hause zu bringen; sie drückt nur die
ärmere Classe, die Dienstboten und den Handwerker, welche
nach einem langen heissen Tage saurer Arbeit gerne in
der frischen Luft oder in Unterhaltungsorten sich einige
Erholung suchen möchten: den Lumpen lockt sie nicht
früher nach Hause, er bleibt aus und bezahlt murrend seinen
Sechser; den Reichen genirt sie, weil er draussen warten
muss, bis geöffnet wird; alle Classen werden also von dieser Taxe belästigt, ohne dass der geringste Vortheil erreicht
wird. Um nach Theaterschluss noch zu rechter Zeit nach
Hause zu kommen, ist 10 Uhr viel zu früh, besonders seit-
dem der Anfang der meisten Theater im Sommer auf halb
acht Uhr fixirt wurde. Im Winter bemerkt man besonders, wie
lästig die Sperrstunde wirkt. Da sieht man zarte Frauen und
alte Herren, die sich das allgemein beliebte Vergnügen des
Theaterbesuches gegönnt haben, im Winde oder im Schnee
vor der Thüre zitternd stehen, um nach ihrem raschen er-
wärmenden Gange vom Theater sich um so gewisser eine
Lungenentzündung oder mindestens einen Schnupfen zuzu-
ziehen. Wozu dies Alles? Hat man dadurch die öffentliche Sittlichkeit nicht gefördert, so ist zu hoffen, dass wenigstens die Sicherheit des Eigenthums vergrössert wird.
Auch dies nicht, denn wie schon früher bemerkt wurde, ist
der Hausmeister gewöhnlich die allerletzte Person, welche
von dem Eindringen eines Unberufenen Kenntniss erlangt.

Einbruchsdiebstähle werden durch die Sperrstunde nicht verhindert. Der Dieb führt sein Vorhaben um 9 Uhr aus, statt um Zehn, und es gelingt ihm wegen der Sperrstunde nicht weniger und nicht mehr. — Wäre jedoch all' das Obige unwahr, würde die öffentliche Moral durch das Sperrsystem günstig beeinflusst, wäre selbst das Eigenthum durch dieses System sicherer, so liesse sich noch fragen, mit welchem Recht der erwachsene Bürger, welcher seine Wohnung und seine Steuern bezahlt hat und allen seinen Pflichten nachkommt, bevormundet wird? Der Staat hat schon lange eine solche Vormundschaft in allen civilisirten Ländern aufgegeben, sie wird jetzt in Wien nicht einmal von der Gemeinde, sondern von Privatpersonen, von Hausbesitzern, welche durch ihre Hausmeister vertreten sind, ausgeführt. Der Hausmeister hat de facto ein Recht zu spioniren, zu erfragen, ja noch mehr, auf seine gemachten Erfahrungen hin zu handeln, diesen oder jenen nicht hinein- und hinauszulassen, ihn in jedem Wetter zum Warten zu zwingen, und überhaupt ihn in einer Art und Weise zu belästigen, welche der strengsten Polizei mit Standrecht verbunden nie eingefallen wäre, weil ihr Eingreifen, wenn auch ausnahmsweise willkürlich auf den öffentlichen Nutzen zielte und nach gewissen Regeln normirt war. Die Wiener Parteien dagegen sind, mit Händen und Füssen gebunden, dem Gutdünken der Hausmeister ausgeliefert. Klagen an den Hausbesitzer nützen selten etwas, aus dem einfachen Grunde, weil der Hausmeister Alles und Jedes leugnet, und weil der Besitzer ein Interesse hat, den Hausmeister nicht zahlen zu müssen, sondern ihn seinen Posten manchesmal sogar zahlen lässt. Dafür muss natürlich der Hausmeister das Mögliche von den Parteien einbringen, und kann er es durch die ihm bewilligten, schon viel zu weitgehenden Rechte nicht thun, so greift er zu Zwangsmitteln, zu Seccaturen jeder Art, die schwer gerichtlich nach-

zuweisen sind, welche jedoch jeder Bewohner merkt und
die nichts anderes sind, als Erpressungsversuche. Wäre
der Sperrsechser nicht da, wäre die Sperrstunde abgeschafft,
so müsste jeder Hausherr seinen Thürhüter wie einen anderen Bediensteten zahlen; das Interesse der Hausbesitzer,
welche natürlich die grosse Stimme führen, ist es also, die
jetzt bestehende Ordnung (oder Unordnung?) aufrecht zu
erhalten. Allgemeine Interessen dürfen aber anerkannter-
weise Privat- oder Classeninteressen nicht nachgestellt werden; würde es also einmal allgemein zugestanden, dass die
Abschaffung der Hausmeisterwirthschaft für Alle, ausser für
die Hausbesitzer und Hausmeister selbst, vortheilhaft ist, so
hätte ihre letzte Stunde geschlagen. Daher entstehen die
anderen Gründe, welche fortwährend zur Aufrechthaltung
dieses unausstehlichen Scandals hervorgebracht werden; alle
möglichen Ausflüchte, wie die obenerwähnte Aufrechthaltung der Sittlichkeit und der Sicherheit dienen immer dazu,
die wahre Ursache, nämlich den Schutz des Hausherrn-
säckels, zu verdecken.

Es ist aber unstreitig, dass die jetzige eklige Wirth-
schaft abgeschafft werden kann, ohne deshalb dem ohne-
hin durch Steuern und Zuschläge schwer belasteten Hausbesitzer noch eine weitere Last aufzubürden, und doch die
öffentliche Moral und die Sicherheit, des Eigenthums noch
viel besser zu bewahren, als jetzt geschieht. Freilich
wäre es nöthig, die Anlage der Hausmeisterwohnungen
zu verändern, und eine ganz andere Organisation einzuführen, jedoch bietet eine solche keine besonderen Schwierigkeiten.

Es soll die Hausmeisterwohnung unter dem Einfahrts-
thor derart angebracht werden, dass sie mit einem kleinen
Fenster und einer Thür, beide gegen die Einfahrt zu, versehen ist. Sie fällt dann einem Jeden sofort in die Augen
Das kleine Fenster hat eine Scheibe zum Oeffnen und Schlies-

14

sen, so dass der Hausmeister, ohne hinauszugehen, Jeden, der das Haus betritt, sprechen kann. Am Tage steht vor diesem Fenster ein Stuhl, welcher immer besetzt ist. In Paris pflegt die Hausmeisterin hier zu sitzen und zu nähen; jedenfalls aber muss der Stuhl immer besetzt sein; daraus folgt natürlich, dass diejenige Person, welcher diese Pflicht obliegt, höchstens nähen oder andere häusliche Arbeiten verrichten, sich aber nie auf längere Zeit zum Kochen, zum Spazierengehen u. s. w. entfernen kann. Nachts wird der Stuhl entfernt und durch das Bett des Hausmeisters ersetzt. Die Glocke, welche von draussen gezogen wird, hängt knapp über dem Fenster; daneben ist ein Drahtzug angebracht, welcher eine kleine, im Hausthor angebrachte Thür für Fussgänger leicht öffnet. Wenn das Hausthor geschlossen ist und Jemand eintreten will, so wird der Portier sofort durch die über seinem Kopfe hängende Glocke aufgeweckt. Ohne aufzustehen, zieht er den Drahtzug, und besichtigt durch sein kleines Fenster die eintretende Person, welche durch den fortwährend beleuchteten Eingang an ihm vorbei muss. Ist es eine seiner Parteien, so legt er sich ruhig wieder schlafen; das Ganze ist das Werk einer halben Minute. Ist es ein Unbekannter, fragt er: wohin? und kann derselbe keine genügende Auskunft geben, so steht er auf und weist ihn zurück. Ebenso mit dem Herausgehen. Man klopft an das kleine Fenster, worauf sich dann die kleine Thür sofort aufmacht, und man wirft sie dann selbst in die Angeln. So wird durch eine höchst einfache Anlage und schon längst bekannte mechanische Vorrichtung die ganze lästige Procedur, welche in Wien besteht, sowohl zum Vortheil des Publicums wie des Hausmeisters (welcher fast nie aufzustehen braucht) ersetzt. Es ist wirklich lächerlich, dass im XIX. Jahrhundert ein Thorhüter wie in alten Zeiten mit grosser Schwierigkeit aus dem Bette geweckt, über einen oder mehrere offene Höfe, noch verschlafen, mit einem

Bund Schlüssel versehen, sich hinschleppen muss, um für
eine Person ein Thor aufzusperren, welches für einen Heu-
wagen angelegt ist. Riesige Mittel zur Erzielung des aller-
geringsten Nutzeffectes. Die Neuzeit lehrt uns überall an
Kraft zu sparen, die menschlichen Arme wo nur möglich
durch Maschinen zu ersetzen und die Maschinen selber
durch jede erdenkliche Erfindung dahin zu bringen, dass
möglich wenig Heizmaterial, Gas oder Wasser, überhaupt
Kraft, verwendet wird. Bei der Hausmeisterwirthschaft
dagegen ist gerade das Umgekehrte der Fall. Der Portier
und die Partei müssen sich beide längere Zeit plagen und
Mühe geben, um eine Thür aufzumachen, eine Arbeit, die
durch den Druck des kleinen Fingers ohne die geringste
Störung zu bewerkstelligen wäre. Wenn man mit Recht
mechanische Vorrichtungen zur Wasserversorgung, zur Gas-
beleuchtung und zum elektrischen Läuten in den Wohnungen einführt, immer um Arbeit zu ersparen, so scheint es
umsomehr geboten, die viel einfachere oben besprochene
Einrichtung in jedem neuen oder umgebauten Hause zu
treffen, und sie wo immer möglich den alten Häusern an-
zupassen, was meistens mit ganz unbedeutenden Auslagen
zu bewerkstelligen ist.

Dass durch die beständig nothwendige Anwesenheit
der Hausmeisterin oder wenigstens einer Ersatzperson in
der sogenannten Portiersloge Spesen erwachsen würden, ist
klar, jedoch würden diese Mehrspesen im Vergleich zu dem
gewonnenen Vortheil sehr gering ausfallen. In einem Hause
z. B. mit 5000 fl. Zinserträgniss — eine Summe, die in Wien
gewiss zu den mässigeren gehört — müsste man selbst bei
den jetzt abnorm hohen Arbeitslöhnen dem Hausmeister für
die stetige Anwesenheit einer Person gewiss nicht mehr als
150 fl. jährlich extra zahlen. Dies entspricht drei Kreuzern
per Gulden vom Zins, so dass eine Partei, welche jetzt
600 fl. Zins zahlt, 618 fl. zahlen müsste, dagegen vom Sperr-

14*

geld ganz erlöst wäre, ein Tausch, welchen die Meisten gewiss eingehen würden. Es ist dabei selbstverständlich, dass in den grösseren Häusern der Zuschlag noch geringer wäre. So wäre dann den Hausherren sowohl wie den Parteien gedient, und selbst Hausmeister, wenn sie vernünftig wären, könnten mit der Pauschalirung ihrer Bezüge nur zufrieden sein.

Die polizeiliche Sperrstunde ist in Paris zwölf Uhr In Wien scheint zehn unter den jetzigen Verhältnissen zu früh, jedoch könnte diese Stunde nach der oben skizzirten Veränderung ganz gut beibehalten , und selbst den Besorgnissen Derjenigen Rechnung getragen werden, welche die Sittlichkeit durch längeres Ausbleiben Nachts für so arg gefährdet halten. Es würde aber damit die zuchthäusliche Einsperrung der Bürger von zehn bis sechs Uhr ein Ende nehmen, und die endlosen Nergeleien, sowie die für Fremde bestehende Schwierigkeit, Jemanden ausfindig zu machen, von selbst verschwinden.

Wenn eine der zahlreichen Baugesellschaften, die neue Zinshäuser auf ihre Rechnung aufführen, oder ein unternehmender Hausbesitzer einmal diese Neuerung einführte, so bin ich überzeugt, dass er seine Rechnung dabei finden und schnell Nachahmer haben würde.

Auf die Zinspaläste, welche jetzt mit einem pompös ausgestatteten, in Pelz gehüllten und mit dreieckigem Hute bedeckten Portier versehen sind, bezieht sich natürlich das oben gesagte nicht. Solche Häuser gehören nicht zur Mehrzahl und werden von so reichen Parteien bewohnt, dass eine Intervention zu ihrem Schutze gewiss weder von Seite des Publicums, noch von ihnen selbst verlangt wird.

Schluss.

Es scheint mir, dass ich dies bescheidene Werk nicht besser als mit einem Raub beschliessen kann und zwar mit einigen Aphorismen aus dem vielerwähnten Referat des Herrn Gustav v. Pacher: „Zur Entwickelung des Localbahnenverkehrs der Stadt Wien." Es sind in dieser kleinen Broschüre so viele Wahrheiten so klar und verständlich ausgedrückt, dass man nur lebhaft bedauern muss, dass dies Werk nicht mehr die öffentliche Aufmerksamkeit erregt hat. Leider wurde keine Reclame gemacht und ohne Reclame kann selbst die Wahrheit schwer überall Eingang finden.

Herr v. Pacher schreibt:

Zur Nothwendigkeit der einheitlichen Leitung: „Die verschiedenen entscheidenden Behörden und betheiligten Körperschaften sind ohne alle und jede nöthige Fühlung untereinander, Handelsministerium und Generalinspection der Eisenbahnen einerseits, dann Commune und Magistrat andererseits; ferner das Hofärar, die General-Artillerieinspection, die General-Genieinspection, die n. ö. Statthalterei, der Landesausschuss, die Stadterweiterungscommission, die Donauregulirungscommission, die Handelskammer, die Polizeidirection, die Vorortegemeinden, die Eisenbahngesellschaften u. s. w. schicken da von Fall zu Fall eines vorkommenden Projectes ihre commissionellen Vertreter ab und sofort stösst man in der Verhandlung auf principielle Hindernisse, auf unausgetragene Localfragen, welche im Interesse des grossen Ganzen längst hätten gelöst sein sollen, welche aber keine einzelne der Behörden für sich allein zu lösen im Stande gewesen wäre."

„Ausser der Angelegenheit der Wienflussregulirung wäre da noch die Feststellung leitender Grundsätze für Localcommunicationen, Bahnhofsanlagen, neue Strassenzüge und Grundparcellirungen, Anlage von Centralentrepôts, Pratercommunication, Canalisirung, Lösung der Wohnungsfrage etc. etc. zu nennen. Alle diese Angelegenheiten stehen in innigem Zusammenhange unter einander und können jede für sich allein nur mangelhaft und einseitig gelöst werden."

„.... Durch die Schaffung einer permanenten Centralcommission, auf rationelle Weise zusammengesetzt aus den Vertretern sämmtlicher in Frage kommenden Behörden und öffentlichen Körperschaften, eventuell der wichtigsten Fachvereine, könnte all' dem abgeholfen, könnte in richtiger leidenschaftsloser Erkenntniss Vieles geschaffen werden, was heute unmöglich, und abgestellt, was unabänderlich scheint und unsere Stadt auf eine viel höhere Stufe der Cultur und Entwickelung gehoben werden, als dieselbe bis heute einnimmt."

Zur Nothwendigkeit der Berücksichtigung aller Verhältnisse bei Stadtverbesserungen: „Bei der Parcellirung von Gründen für künftige Stadtanlagen wird das Lineal zur Hand genommen und das Terrain auf dem Papiere durch ununterbrochene rechtwinkelige Kreuzung von Längs- und Querstrassen in die officielle Form gezwängt, bis der Platz dem Roste des heiligen Laurentius gleichsieht, ohne Rücksicht, ob vielleicht der letzte Platz für eine grössere Bahnhofsanlage, für eine zu erbauende Localbahn, für irgend welches naheliegende Erforderniss des künftigen Verkehres präjudicirt wird. Ein solcher Parcellirungsplan erhält dann, sobald er genehmigt ist, Gesetzeskraft und wehe dem, der für irgend ein Verkehrsobject es wagen wollte, daran zu rütteln."

Zur Woh nungsnoth: „Wessen Beruf es bedingt, dass er mit dem Centrum im Verkehre sei oder wer in nahem gesellschaftlichen Contact mit der grossen Menge aus den wohlhabenden und gebildeten Ständen bleiben will, der hat nur die Wahl, entweder im Verhältniss zu seinen Mitteln enge und unbequem zu wohnen, oder auf zeitraubende oder kostspielige Weise grosse Wege zurückzulegen." .... „All' dies kommt mit innerer Nothwendigkeit, so lange die natürliche Schwierigkeit, grössere Wege zurückzulegen, nicht durch ein der Höhe der Stadtentwickelung entsprechendes Communicationssystem auf den kleinstmöglichen Theil beschränkt ist. Durch ein solches muss aber der Bodenwerth der entfernteren Stadttheile und damit Wohlstand und Steuerkraft der Gemeinde in ausserordentlicher Weise gehoben und über das hinaus die räumliche Entfaltung und häusliche Behaglichkeit des grössten Theiles der Bevölkerung wesentlich begünstigt und gesteigert werden."

Zur Localbahnfrage: „Man komme uns nur für unterirdische Bahnen nicht mit dem Beispiele Londons; die dortigen Bauverhältnisse sind von den unserigen zu verschieden. Dort hat man meist schmale leichtgebaute Familienhäuser, die selten über zwei Treppen hoch sind. Dieselben üben also einerseits einen viel geringeren Druck aus und sind andererseits, sowohl wenn es die Bequemlichkeit des Eisenbahnbaues als die Sicherheit der Häuser selbst verlangt, verhältnissmässig leicht einzulösen und wieder herzustellen. Wie sieht es dagegen mit unseren Zinscasernen aus? Auch in den Vorstädten sind dreistöckige Häuser der Durchschnitt, vierstöckige bekanntlich keine Seltenheit. Zu der vermehrten Höhe kommt noch die ungleich grössere Mauerstärke und was die Einlösungskosten betrifft, ausserdem die grosse horizontale Ausdehnung. Die Nothwendigkeit irgend welcher Häusereinlösungen müsste eine Tunnelbahn in Wien ganz einfach finanziell unmöglich machen."

Ueber den Werth von Kleinigkeiten bei Localbahnen: „Man
halte es nicht für kleinlich, dass wir einen derartigen Werth
auf Minuten legen. Bei Fahrten von ein- bis drei Viertel-
stunden, welche aber von hunderttausenden von Menschen
im Jahr, oder von zehntausenden täglich zurückgelegt
werden sollen, fallen die zehn bis fünfzehn Minuten, um
welche es sich hier handelt, so gewaltig in's Gewicht, dass
von ihrer Ersparniss das Gelingen des Unternehmens abhängen kann. ...."

„.... Da macht es denn einen grossen Unterschied,
ob der regelmässige Passagier durch doppelte Wartezeit,
Umsteigen, langsames Fahren, Billetnehmen, grösseren Zeit-
spielraum für das Zurechtkommen u. s. w., 25—40 Minuten bei
Hin- und Rückfahrt einbüsst, oder andererseits anstatt 20 Kreuzer für die Localbahn, 1 fl. 50 kr. für einen Fiaker bezahlt."

Vom Betriebe der Localbahnen: „Denn man vergesse
nie, dass das Publicum immer zwischen den Locomotivbahnen einerseits und den heute bestehenden Fahrmitteln andererseits die Wahl haben wird. Nun haben wir aber noch
einen wichtigen Umstand zu erwähnen: bis jetzt war immer
nur vom Personenverkehr die Rede; es ist aber die Möglichkeit durchaus nicht ausgeschlossen, dass wenigstens zur
Nachtzeit gewisse Kategorien von städtischen Frachtgütern
durch die Localeisenbahnen befördert werden könnten. ...."

„.... Eine Einrichtung, welche zwar schon vor Erbauung der Localbahn Platz haben kann, aber durch diese
jedenfalls noch sehr erleichtert wird, ist die Bildung eines
Institutes, welches die Beförderung des Passagiergutes von
und nach den Bahnhöfen übernimmt. Es ist geradezu unbe-
greiflich, dass ein derartiges Institut nicht schon jahrelang
existirt. Es ist wohl den wenigsten Reisenden darum zu
thun, ihr Gepäck eine Stunde früher zu erhalten oder eine
Stunde später aufzugeben und doch ist jeder Reisende,
welcher einen grösseren Koffer mit sich führt, gezwungen,

seinetwegen anstatt im Omnibus in einem Fiaker oder Einspänner nach dem Bahnhofe und von demselben wegzufah-
ren, während eine Unternehmung, die auf jedem Bahnhofe
fünf bis sechs Frachtfuhrwerke aufstellen würde, diese Ex-
pedition nach allen Bezirken um einen sehr geringen Preis
herstellen könnte."

*Zum Schluss noch einmal die Zusammenwirkung von Staat
und Stadt*: „Diese Beiden müssen im Verein diese Angelegenheit in die Hand nehmen, um sie entsprechend zu or-
ganisiren und die Durchführung derselben zu sichern; sie
werden beide in ihrem eigenen Vortheil handeln, wenn sie
die Unternehmer nicht blos gewähren lassen, sondern durch
ausreichende finanzielle Unterstützung dem Werke unter die
Arme greifen und sich damit auch in die Lage setzen, ge-
staltend auf das Gesammtunternehmen einzuwirken. Wer
einen Blick auf den Lauf des jetzigen Wienflusses von den
oberen Vorstädten bis Schönbrunn werfen will, muss sich
überzeugen, dass ein so unwürdiger und verderblicher Zustand der Dinge nicht bleiben kann, dass wenn ihr durch
Privatgesellschaften nicht der grösste Theil der Kosten abgenommen wird, die Commune da in den nächsten Jahren
viele Millionen ausgeben muss, um eine Regulirung durchzuführen."

Mein Raub soll mir verziehen werden, denn ich hätte
mich weder so klar, so kurz, noch so deutlich ausdrücken
können. Und da die Worte des Herrn von Pacher mehr
Gewicht tragen als meine, so habe ich sie zum Schluss
angeführt und hoffe etwas Weniges zur Verwirklichung
unseres gemeinsamen Zieles beigetragen zu haben, zur

Einheitlichen Leitung!

15

Inhalt.

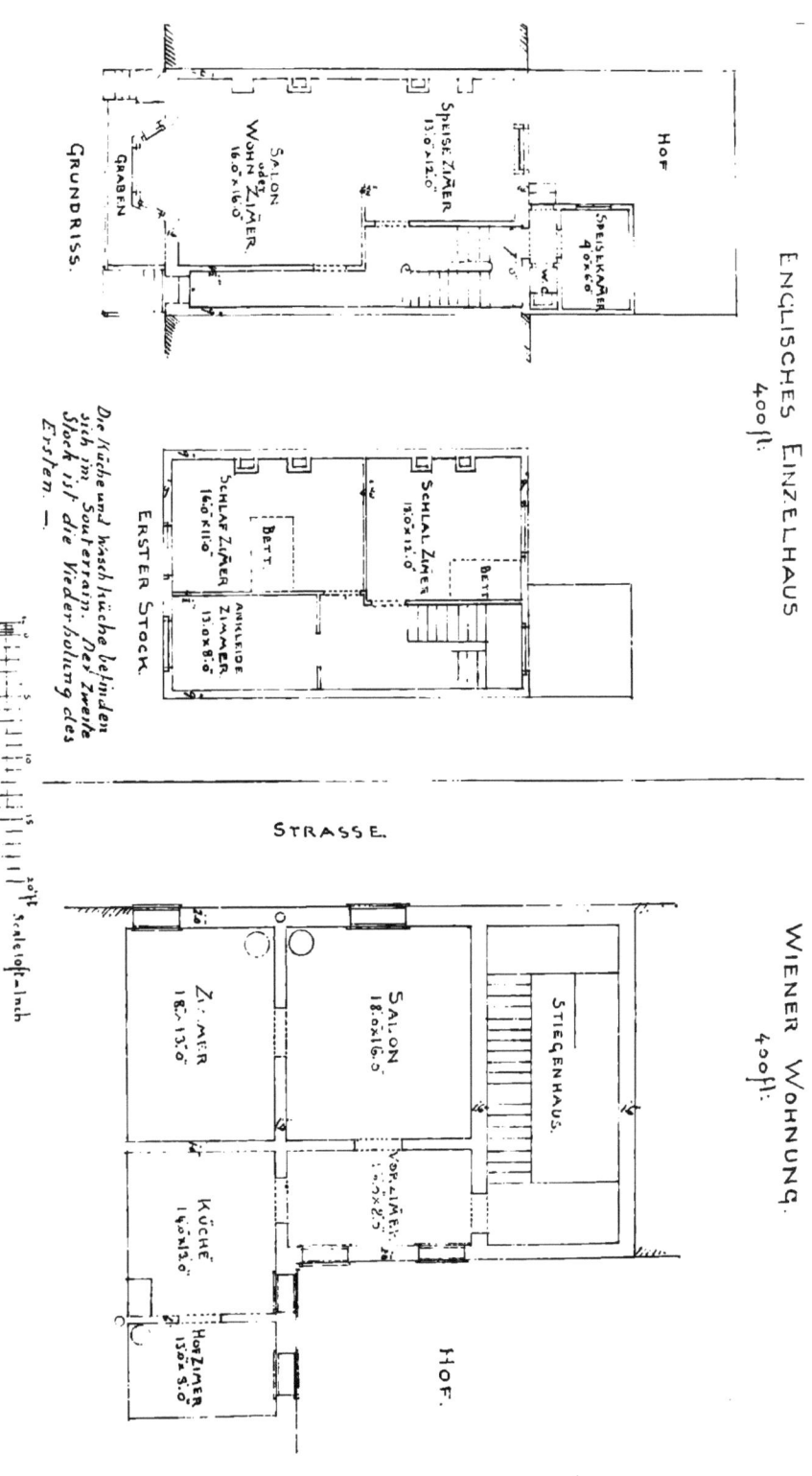

ENGLISCHES EINZELHAUS
400 ft:

GRUNDRISS.

GRABEN.

HOF.

SALON
oder
WOHN ZIMMER.
16.0 × 16.0

SPEISE ZIMMER.
13.0 × 12.0

SPEISEKAMER.
4.0 × 6.0

ERSTER STOCK.

SCHLAF ZIMMER
16.0 × 11.0

BETT.

ANKLEIDE
ZIMMER
13.0 × 8.0

SCHLAF ZIMMER
13.0 × 12.0

BETT.

BETT.

Die Küche und Waschküche befinden
sich im Souterrain. Der Zweite
Stock ist die Wiederholung des
Ersten. —

STRASSE.

WIENER WOHNUNG.
400 ft:

STIEGENHAUS.

SALON
18.0 × 16.0

ZIMMER
18.0 × 13.0

VORZIMMER.
11.0 × 8.5

KÜCHE
14.0 × 12.0

HOFZIMMER
13.0 × 8.0

HOF.

Scale 10ft = 1 Inch

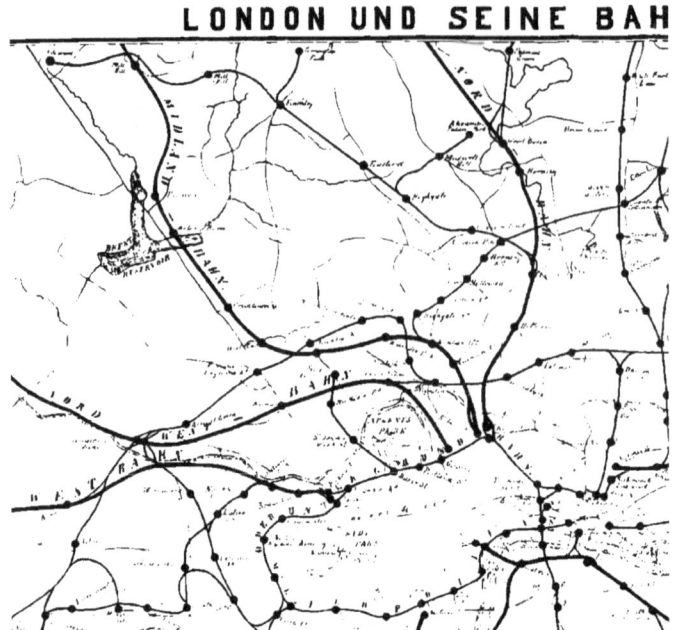